"*El evangelio según Dios* es una excelente
evangelio de Jesucristo como lo revela el pr
el carro del funcionario etíope, MacArtht
desde Isaías, ¡nos predica a Jesús! La obr.
cional, un recurso para enseñar el evangelio a la iglesia y u....
para la evangelización, tanto de judíos como de gentiles".

Paul David Washer, director de la sociedad misionera HeartCry y
autor de *El poder y el mensaje del evangelio, El llamado del evangelio
y la conversión verdadera*, y *El único Dios verdadero*

"La magistral exposición que John MacArthur hace de Isaías 53 nos pone
frente a frente con el evangelio del Cristo crucificado. En la muerte de nuestro
sustituto divino contemplamos el pináculo del amor de Dios y la profundidad
de nuestra iniquidad. La claridad de esta profecía es mucho más asombrosa
cuando nos damos cuenta de que Dios se la reveló a Israel siete siglos antes
que Jesús viniera. Aunque los cristianos tenemos diferentes interpretaciones
del pacto de Dios y del final de la era, nos encontramos unidos cuando nos
inclinamos a los pies de la cruz en adoración y gozo humildes".

Joel R. Beeke, presidente del Puritan Reformed Theological Seminary

"MacArthur lo hace cada vez mejor. *El evangelio según Dios* seguramente se
convertirá en la mejor exposición de Isaías 53 en los años venideros. Un logro
sobresaliente de uno de nuestros principales pastores-teólogos".

Derek W. H. Thomas, pastor principal de First Presbyterian Church,
Columbia, Carolina del Sur; investigador docente de Ligonier
Ministries; y profesor distinguido del Reformed Theological Seminary

"Este maestro expositor y hábil teólogo ha dedicado todo su ministerio a definir
y defender el evangelio de Jesucristo. En estas páginas usted descubrirá la base
bíblica de las buenas noticias de la salvación que se encuentran en la persona
y la obra del Hijo de Dios, Jesucristo. Su corazón se emocionará mientras
contempla la gloria de Dios en la imagen de quien es el único Salvador de
pecadores, el Señor del cielo y la tierra. He aquí otro libro doctrinalmente
profundo pero de fácil comprensión escrito por este autor exitoso. Escriba
lo que escriba MacArthur, léalo para el bien de su alma. Este libro no es la
excepción".

Steven J. Lawson, presidente de OnePassion Ministries, Dallas, Texas

"*El evangelio según Dios* es una exposición poderosa, clara y bíblica que John MacArthur hace de Isaías 52:13—53:12. Es un deleite particular 'oír' predicar en estas páginas a MacArthur el evangelio del Antiguo Testamento. Quédese aquí un tiempo y aprenda de Cristo mediante el pasaje que Dios usó para transformar la vida del eunuco etíope (Hch. 8:27-38)".

Ligon Duncan es profesor de teología sistemática e histórica en la cátedra John E. Richards y rector del Reformed Theological Seminary

"Isaías 52:13—53:12 muestra lo alto, lo profundo y lo ancho de la sabiduría de Dios, e incluso la infalibilidad de su Palabra. Toda esa riqueza queda clara en este libro de parte de uno de los maestros más dotados y saturados de la Biblia en nuestros tiempos. MacArthur lo hizo otra vez; este es el resultado de investigar, creer y exponer las Escrituras durante casi medio siglo. Al leer este estudio profundo, nuestro Redentor aparece más bondadoso, misericordioso, deseable y digno. ¡Esta es una lectura obligada!".

Miguel Núñez, pastor principal de la Iglesia Bautista Internacional de Santo Domingo; presidente y fundador de Ministerios Sabiduría e Integridad; y miembro del consejo de Coalición por el Evangelio

"Siendo un niño de ocho años en una escuela estatal escocesa me 'obligaron' a aprender de memoria Isaías 53. La maestra dijo que se trataba de Jesús. Y tenía razón. Pero ojalá ella hubiera podido leer *El evangelio según Dios*. Así me habría mostrado cómo la profecía de Isaías se cumpliría en detalle. Además pudo haberme ayudado a entender el significado de la terrible soledad, violencia, vergüenza y rechazo que el Salvador soportó por mí. Eso es lo que hace *El evangelio según Dios*. Y lo realiza con toda la audacia saturada de la Biblia que hemos llegado a esperar de su autor, John MacArthur".

Sinclair B. Ferguson, profesor titular de Teología Sistemática en el Reformed Theological Seminary

"Todos nos hemos beneficiado de la pluma y la predicación de John MacArthur durante casi medio siglo debido a su fidelidad inquebrantable a las Escrituras. Él se encuentra de nuevo en su elemento cuando en *El evangelio según Dios* trata con un tema que está en el mismo centro del evangelio cristiano: el sacrificio expiatorio de Cristo. Isaías 53 es una veta rara pero muy rica de la verdad del evangelio, el doctor MacArthur extrae su riqueza con su precisión habitual y calidez evangélica. Si usted desea obtener una nueva visión del amor del Calvario para agrandar su mente y corazón, ¡este es el libro que debe comprar y leer!".

Conrad Mbewe, pastor de la Iglesia Bautista Kabwata, y rector de la Universidad Cristiana Africana en Lusaka, Zambia

EL EVANGELIO SEGÚN DIOS

EL EVANGELIO SEGÚN DIOS

EL CAPÍTULO MÁS NOTABLE DEL
ANTIGUO TESTAMENTO

JOHN MACARTHUR

Editorial
PORTAVOZ

La misión de *Editorial Portavoz* consiste en proporcionar productos de calidad —con integridad y excelencia—, desde una perspectiva bíblica y confiable, que animen a las personas a conocer y servir a Jesucristo.

Título del original: *The Gospel According to God* © 2018 por John MacArthur y publicado por Crossway, 1300 Crescent Street, Wheaton, Illinois 60187. Traducido con permiso.

Edición en castellano: *El evangelio según Dios*, © 2018 por Editorial Portavoz, filial de Kregel Inc., Grand Rapids, Michigan 49505. Todos los derechos reservados.

Imagen de la portada: Agnus Dei, *c.* 1635-1640 (pintura al óleo), Francisco de Zurbarán, Bridgeman Images.

Ninguna parte de esta publicación podrá ser reproducida, almacenada en un sistema de recuperación de datos, o transmitida en cualquier forma o por cualquier medio, sea electrónico, mecánico, fotocopia, grabación o cualquier otro, sin el permiso escrito previo de los editores, con la excepción de citas breves o reseñas.

A menos que se indique lo contrario, todas las citas bíblicas han sido tomadas de la versión Reina-Valera © 1960 Sociedades Bíblicas en América Latina; © renovado 1988 Sociedades Bíblicas Unidas. Utilizado con permiso. Reina-Valera 1960™ es una marca registrada de American Bible Society, y puede ser usada solamente bajo licencia.

El texto bíblico indicado con "rvc" ha sido tomado de Reina Valera Contemporánea® © Sociedades Bíblicas Unidas, 2009, 2011. Usado con permiso. Todos los derechos reservados.

El texto bíblico indicado con "lbla" ha sido tomado de La Biblia de las Américas, © 1986, 1995, 1997 por The Lockman Foundation. Usado con permiso. Todos los derechos reservados.

El texto bíblico indicado con "nvi" ha sido tomado de *La Santa Biblia, Nueva Versión Internacional®*, copyright © 1999 por Biblica, Inc.® Todos los derechos reservados.

El texto bíblico indicado con "ntv" ha sido tomado de la *Santa Biblia*, Nueva Traducción Viviente, © Tyndale House Foundation, 2010. Usado con permiso de Tyndale House Publishers, Inc., 351 Executive Dr., Carol Stream, IL 60188, Estados Unidos de América. Todos los derechos reservados.

El texto bíblico indicado con "pdt" ha sido tomado de la versión Palabra de Dios para Todos © 2005, 2008, 2012 Centro Mundial de Traducción de La Biblia © 2005, 2008, 2012 World Bible Translation Center.

Las cursivas añadidas en los versículos bíblicos son énfasis del autor.

EDITORIAL PORTAVOZ
2450 Oak Industrial Drive NE
Grand Rapids, MI 49505 USA
Visítenos en: www.portavoz.com

ISBN 978-0-8254-5789-0 (rústica)
ISBN 978-0-8254-6703-5 (Kindle)
ISBN 978-0-8254-7523-8 (epub)

1 2 3 4 5 edición / año 27 26 25 24 23 22 21 20 19 18

Impreso en los Estados Unidos de América
Printed in the United States of America

A Stan Broder:

Mi amigo y consiervo amado… un verdadero
israelita en quien no hay engaño.

Stan fundó los ministerios internacionales *Gracia a
vosotros* hace casi cuatro décadas, extendiendo el alcance
de mi ministerio de predicación a India, Sudáfrica,
Australia, Nueva Zelanda, Singapur, Inglaterra y
finalmente a todo el mundo de habla inglesa.

Ningún obrero en nuestros ministerios ha servido más
tiempo, ha visto más fruto, o ha sido más fiel, y nadie
en nuestro equipo es más amado por todos que él.

"Por ti, oh hermano, han sido confortados
los corazones de los santos" (Flm. 7).

Contenido

Introducción

Toda la historia de la salvación en profecía

Una vez le preguntaron al famoso evangelista Moody si tenía su credo impreso. A su propia manera rápida, respondió: "Sí señor, lo puede encontrar en Isaías 53". En este capítulo se encuentra condensada la Biblia. Ahí tiene el evangelio completo.

Charles Spurgeon[1]

Isaías significa "el Señor es salvación". Este es un nombre apropiado para el profeta, porque predijo el mensaje del evangelio con detalles minuciosos, vívidos y exactos.

Hasta ahora todas las predicciones que Isaías escribió se han cumplido. Las únicas profecías que aún no se han cumplido son las que pertenecen al reinado futuro del Mesías, cuando "el Señor hará brotar justicia y alabanza delante de todas las naciones" (Is. 61:11). Los pueblos "volverán sus espadas en rejas de arado, y sus lanzas en hoces; no alzará espada nación contra nación, ni se adiestrarán más para la guerra" (2:4). Por último, toda la humanidad redimida entrará en una eternidad de felicidad perfecta en la que el cielo y la tierra se unirán, en la que Dios creará "nuevos cielos y nueva tierra. Las cosas de antes se olvidarán; no habrá recuerdos de ellas" (65:17, PDT).

---

1. Charles H. Spurgeon, *The Metropolitan Tabernacle Pulpit*, 63 vols. (Londres: Passmore & Alabaster, 1893), 39:22.

En ese sentido, Isaías proporciona un respaldo rotundo al valor de conocer a fondo las Escrituras para ver la profecía cumplida. Al tomar en su conjunto todas las profecías mesiánicas del Antiguo Testamento, los temas paralelos de sufrimiento y gloria eran comprensiblemente misteriosos antes de la crucifixión de Cristo. Incluso después de la resurrección, cuando Cristo se apareció a dos de sus discípulos en el camino a Emaús, es claro que estos estaban desconcertados y desanimados por lo que había sucedido. Declararon: "Nosotros esperábamos que él era el que había de redimir a Israel" (Lc. 24:21).

La respuesta de Jesús fue una reprensión suave: "¡Oh insensatos, y tardos de corazón para creer todo lo que los profetas han dicho! ¿No era necesario que el Cristo padeciera estas cosas, y que entrara en su gloria?" (vv. 25-26). Luego comenzó a hablarles por medio de las muchas profecías mesiánicas del Antiguo Testamento: "Comenzando desde Moisés, y siguiendo por todos los profetas, les declaraba en todas las Escrituras lo que de él decían" (v. 27).

La Biblia no registra el contenido de ese discurso, pero podemos estar absolutamente seguros de que el Mesías resucitado los llevó a Isaías 53. Muy bien pudo haber pasado una cantidad significativa de tiempo allí, mostrándoles que todo lo que padeció estaba claramente profetizado. La muerte en la cruz no fue un accidente ni una interrupción del plan de Dios, sino que fue "el determinado consejo y anticipado conocimiento de Dios" (Hch. 2:23), a fin de ser "una vez para siempre... el sacrificio de sí mismo para quitar de en medio el pecado" (He. 9:26).

A lo largo del Nuevo Testamento, Isaías es el más citado de todos los profetas del Antiguo Testamento. Jesús y los escritores del Nuevo Testamento lo citaron al menos sesenta y cinco veces, y se le menciona por nombre veintidós veces en el Nuevo Testamento. (Por el contrario, el nombre del profeta solo aparece dieciséis veces en los libros históricos del Antiguo Testamento). Tenemos muy poca información acerca del hombre mismo. En la segunda parte de este libro examinaremos la vida del profeta y el tiempo en el que él ministró.

Las predicciones de Isaías son abundantes y fascinantes, llenas de imágenes y temas doctrinales que constituyen las verdades cardinales del evangelio cristiano: depravación humana, gracia divina, justificación, expiación sustitutiva, etc. Jerónimo, el teólogo e historiador del siglo IV que tradujo la mayor parte de la Biblia al latín, señaló acertadamente que a Isaías "se le debería llamar evangelista en vez de profeta, porque describe todos los misterios de Cristo y la Iglesia con tanta claridad que podría creerse que está redactando una historia de lo que ya sucedió en lugar de profetizar lo que está por venir".²

Es más, Isaías predijo acontecimientos venideros con una exactitud tan notable que rígidos y escépticos racionalistas en la comunidad académica *insisten* obstinadamente en que el libro que lleva ese nombre debieron haberlo escrito al menos tres autores que vivieron en siglos separados, y que en realidad escribían historia en lugar de profecía. Uno de tales críticos afirmó de manera arrogante que "prácticamente nadie sostiene que todo el libro (o incluso la mayor parte de este) fue escrito por una sola persona".³

Tal afirmación bulle con la desatinada presunción del modernismo. *Todos* los creyentes fieles que aceptan la Biblia como la Palabra de Dios (junto con innumerables eruditos judíos) sostienen la autoría única de Isaías. De hecho, durante al menos dos mil cuatrocientos años después de la vida del profeta *nadie* de alguna importancia sugirió alguna vez que más de una persona escribió Isaías. Jesús mismo, junto con todos los escritores del Nuevo Testamento, sostuvieron claramente que Isaías era un solo individuo. El Evangelio de Mateo cita muchas partes diversas de Isaías y siempre atribuye las palabras al profeta.⁴

---

2. Del prólogo de Jerónimo a Isaías en la Vulgata, *Biblia Sacra: Iuxta Vulgatam Versionem*, ed. Robert Weber, 2 vols. (Stuttgart: Deutsche Bibelgesellschaft, 1975), 2:1096.
3. David L. Petersen, *The Prophetic Literature: An Introduction* (Louisville: Westminster John Knox, 2002), p. 48.
4. Mateo 13:14-15 es una cita de Isaías 6:9-10, y Mateo 15:8-9 cita a Isaías 29:13. En ambos lugares Jesús atribuye específicamente las palabras al profeta Isaías. Mateo mismo cita repetidamente de Isaías (Mt. 3:3 cita a Is. 40:3; Mt. 4:15-16 es de Is. 9:1-2; Mt. 8:17 cita a Is. 53:4-5; y Mt. 12:18-21 viene de Is. 42:1-4). En cada caso Mateo dice que esto fue "lo dicho por el profeta Isaías". El Evangelio de Juan incluye un pasaje corto (12:38-41) donde el apóstol cita de Isaías 53:1 e Isaías 6:10. Sin excepción, todos los críticos liberales afirmarían que esas dos secciones de Isaías las debieron escribir autores diferentes, pero Juan atribuye ambas al "profeta Isaías".

La crítica moderna se basa en el racionalismo del filósofo holandés Baruch de Espinoza (1632-1677). Es bien sabido que Espinoza cuestionó la autoría mosaica y la fecha temprana del Pentateuco. En el siglo siguiente varios eruditos europeos experimentaron con el enfoque agnóstico y conjetural de Espinoza acerca del texto bíblico (conocido hoy como el *método histórico-crítico* o *alta crítica*). Finalmente ese enfoque fue adoptado y desarrollado mucho más por el teólogo alemán Friedrich Schleiermacher (1768-1834). A mediados del siglo xix la alta crítica había diezmado las comunidades académicas religiosas de Europa, y a su vez ayudó a engendrar el liberalismo teológico que destruyó a muchas denominaciones principales en el siglo xx.

Isaías es el blanco favorito de los partidarios de la alta crítica precisamente porque no pueden mantener su escepticismo en contra de lo sobrenatural si reconocen la precisión asombrosa de las predicciones del profeta. Y en ninguna parte el origen sobrenatural del texto bíblico es más obvio que en Isaías 53, con su poderosa descripción profética del sufrimiento y muerte del Mesías.

El escepticismo crítico recibió un duro golpe con el descubrimiento de los Manuscritos del Mar Muerto en 1947. Uno de los primeros y mejor conservados de esos documentos fue un rollo completo de Isaías. (Conocido como el Gran Rollo de Isaías, está ahora en exhibición permanente en el Santuario del Libro, un ala especial del Museo de Israel). El rollo es mil años más antiguo que cualquier otro manuscrito existente y data de más de un siglo antes de Cristo, en algún momento entre el 150 y el 125 a.C. También se descubrió un segundo rollo de Isaías no tan antiguo (pero aún de una época no más reciente que finales del siglo i a.C.). Está muy bien conservado, pero no del todo completo. Investigaciones posteriores han identificado fragmentos de por lo menos otros veinte rollos de Isaías. La existencia de tantos fragmentos de Isaías confirma lo que el Nuevo Testamento sugiere: La profecía de Isaías fue muy apreciada y conocida en el primer siglo.

El erudito evangélico Gleason Archer examinó meticulosamente los rollos de Isaías de la colección del Mar Muerto. Después escribió:

No obstante que las dos copias de *Isaías* descubiertas en la cueva número 1 de Qumram, en las proximidades del mar Muerto, en el año 1947, eran mil años más antiguas que el más antiguo manuscrito conocido hasta el momento (980 d.c.), resultaron ser idénticamente iguales, palabra por palabra, con la Biblia hebrea tradicional, en más de un 95 por ciento del texto... El 5 por ciento de las variantes consisten principalmente en obvios errores del copista y diferencias de ortografía.[5]

Nótese en primer lugar que casi doscientos años antes del tiempo de los apóstoles, el libro de Isaías ya estaba bien establecido y documentado a conciencia *exactamente en la misma forma y el mismo contenido que tenemos hoy día*. Universalmente se le consideraba una pieza, la obra de un autor individual, no una antología recopilada a lo largo del tiempo.

Además, el argumento de los críticos modernos depende en gran manera de la afirmación de que nadie pudo prever acontecimientos futuros con el nivel de exactitud reflejado en el libro de Isaías. Por ejemplo, Isaías 13:17-22 es una profecía que declara que los medos destruirían la ciudad de Babilonia: "Babilonia, hermosura de reinos y ornamento de la grandeza de los caldeos, será como Sodoma y Gomorra, a las que trastornó Dios. Nunca más será habitada, ni se morará en ella de generación en generación" (vv. 19-20). Cuando Isaías hizo esa predicción, Asiria era el imperio dominante, y los medos eran débiles y estaban divididos. A los cien años de la muerte de Isaías, Babilonia creció hasta convertirse en la ciudad más grande del mundo. Para cualquier observador de la política mundial en aquel tiempo, el augurio de Isaías podría haber descrito un escenario imposible.

Pero más de trescientos años después de que Isaías lo dejara documentado, la profecía se cumplió realmente. La caída de Babilonia comenzó en la época de Daniel. "Fue muerto Belsasar rey de los caldeos. Y Darío de Media tomó el reino" (Dn. 5:30-31). Babilonia fue finalmente destruida por los medos tal como Isaías predijo, y

---

5. Gleason Archer, *Reseña crítica de una introducción al Antiguo Testamento* (Grand Rapids: Portavoz, 1987), p. 27.

hasta el día de hoy el lugar (como a ochenta kilómetros al sur de Bagdad) permanece deshabitado. Aunque se han hecho intentos por reconstruirla (más recientemente desde 1983 hasta 2003 por parte de Saddam Hussein), Babilonia es hoy día en gran parte un montículo de escombros con algunas estructuras inconclusas de ladrillo. No ha habido allí una ciudad sostenible por siglos, tal como Isaías profetizó.

Profecías dispersas por todo el libro de Isaías describen exactamente otros sucesos más que ocurrieron después de la vida del profeta. La precisión de tales predicciones es francamente la única razón que tienen los críticos para afirmar que partes del libro debieron escribirlas varios autores separados por algunos siglos después del tiempo de Isaías.

Pero Isaías 53 echa por tierra esas hipótesis debido a la forma detallada en que presagia perfectamente el hecho más épico (la crucifixión de Jesús) que sucedió casi doscientos años *después* del más antiguo rollo existente de Isaías. Por supuesto, ese es el pasaje en que nos centraremos en este libro. Se necesitaría un corazón frío de incredulidad obstinada para estudiar Isaías 53 con algún cuidado y concluir que no tiene nada que ver con los acontecimientos descritos en los relatos del evangelio en el Nuevo Testamento. Un comentarista afirma de manera acertada que Isaías 53 "habla tan elocuentemente de la obra de Cristo que incluso la inclusión de su nombre habría añadido muy poco más a la amplitud de su revelación de él".[6]

Puede que el capítulo 53 sea más conocido por los lectores cristianos que otras partes de Isaías, pero todo el libro contiene repercusiones importantes para la fe cristiana. Muchas doctrinas básicas del cristianismo están iluminadas por pasajes en Isaías.

Al libro de Isaías a veces se le llama el "quinto evangelio". En realidad es más que eso. Contiene en un microcosmos la amplia gama de la verdad redentora. Es como un compendio en miniatura de la Biblia. Es más, existen algunos paralelismos interesantes entre cómo se nos presenta el libro de Isaías y la disposición de la Biblia como un todo.

---

6. Geoffrey W. Grogan, "Isaías", en *The Expositor's Bible Commentary*, Frank E. Gaebelein, ed., 12 vols. (Grand Rapids, MI: Zondervan, 1986), 6:305.

Por supuesto, no había separación de capítulos ni números de versículos en los manuscritos originales hebreos. (Estos se añadieron a mediados del siglo xvi, cuando las Biblias se produjeron con más facilidad y rapidez en imprentas, haciendo a las Escrituras accesibles a la gente común). Sin embargo, por lo general las divisiones en capítulos y versículos siguen la composición lógica del texto, y a veces pueden revelar de forma extraordinaria la asombrosa simetría de la estructura de la Biblia.

Isaías está dividido en dos secciones: la primera contiene treinta y nueve capítulos y la segunda veintisiete. La Biblia también está dividida en dos secciones: los treinta y nueve libros del Antiguo Testamento y los veintisiete del Nuevo.

Esa segunda división importante de Isaías empieza y termina exactamente donde el Nuevo Testamento comienza y concluye. Inicia con el ministerio de Juan el Bautista (Is. 40:3-5), igual que el Nuevo Testamento (Mt. 3:3; Mr. 1:3; Lc. 3:4-6; Jn. 1:23). Concluye con los cielos nuevos y la tierra nueva (Is. 65:17; 66:22), que es también como termina el Nuevo Testamento (Ap. 21—22). Así que la profecía increíble de Isaías anticipa y profetiza con exactitud el flujo del Nuevo Testamento, aunque fue escrito siglos antes del nacimiento del Mesías.

La segunda parte de Isaías incluye cuatro cantos proféticos sobre el Mesías, a quien se le llama el Siervo del Señor. El primero se encuentra en 42:1-9, y revela que será escogido por Dios y facultado por el Espíritu Santo. El siervo traerá justicia, rectitud y salvación al mundo, liberando a prisioneros ciegos del calabozo del pecado.

El segundo canto del Siervo se encuentra en 49:1-13. Aquí vemos la autoridad del siervo sobre las naciones gentiles, a las que ordena escuchar y prestarle atención. Él será un hombre, no un ser angelical, ya que Dios lo llama mientras aún está en el vientre de su madre. Traerá salvación tanto a Israel como a los gentiles, y será glorificado.

El tercer canto (50:4-11) presenta el sufrimiento del Siervo, por medio del cual finalmente será reivindicado. Los detalles dados acerca de él en este canto son más completos y asombrosos que los de los primeros cantos.

El cuarto y último canto del Siervo es el texto que más nos interesa en este volumen: Isaías 52:13—53:12. Este pasaje revela detalles precisos de la misión del siervo que nadie más que Dios pudo haber conocido. Aquí se vuelve claro que el siervo es más que simplemente alguien escogido por Dios y facultado por el Espíritu Santo, y que aprende obediencia a través de humillación y sufrimiento. Él es el Mesías, aquel que traerá justicia y salvación al mundo; y que morirá como sacrificio por el pecado. Su gloria completa no se revelaría hasta después que padeciera. Ese solo hecho era sorprendente, inesperado y desconcertante para la mayoría de los lectores judíos. Les resultaba imposible imaginar que el Ungido del Señor sería un esclavo sufriente antes que apareciera como un rey conquistador.

Aún más escandalosa era la idea de que el siervo del Señor sufriría no por algún mal que hubiera cometido, sino por los pecados de los demás. Sería un sustituto que moriría por otros que (a diferencia de él mismo) merecían ese destino. "Se dispuso con los impíos su sepultura, mas con los ricos fue en su muerte; aunque nunca hizo maldad, ni hubo engaño en su boca. Con todo eso, Jehová quiso quebrantarlo… cuando haya puesto su vida en expiación por el pecado" (Is. 53:9-10). Él cargó con la culpa de su pueblo, y "herido fue por nuestras rebeliones" (v. 5).

Hoy día las palabras de Isaías siguen siendo tan increíbles para los oídos no arrepentidos, y su mensaje igual de esencial para la salvación de ellos. Estas páginas representan mi mejor esfuerzo por explicar Isaías 52:13—53:12 en un volumen legible de tamaño manejable. Al ir estudiando juntos el texto, espero iluminar con claridad el contexto histórico y profético de este pasaje, señalar algunas de sus características sorprendentes que tal vez usted nunca ha visto, y (al comparar Escrituras con Escrituras) intentar deducir la esencia de lo que Jesús pudo haber dicho respecto a este texto el día de su resurrección cuando intentaba explicar a sus discípulos en el camino a Emaús que el Mesías tenía que sufrir estas vicisitudes antes de que pudiera entrar en su gloria.

Parte I

EL SIERVO SUFRIENTE

El capítulo más extraordinario en el Antiguo Testamento

Este es uno de los capítulos que constituyen la mismísima esencia de las Escrituras. Se trata del lugar santísimo de la escritura divina. Por tanto, quitémonos los zapatos de nuestros pies, porque el lugar en que estamos parados es especialmente tierra santa. El capítulo cincuenta y tres de Isaías es una Biblia en miniatura. Es la esencia condensada del evangelio.

Charles Spurgeon[1]

Ningún texto en todo el Antiguo Testamento es más trascendental que Isaías 52:13—53:12. Esta es una profecía que empieza y termina con la voz del mismo Jehová. Él llama nuestra atención a una sola persona: "He aquí... mi siervo" (52:13) y "mi siervo justo" (53:11).

El Siervo es el Ungido de Israel, el Mesías. Sabemos esto por varias razones. Para empezar, estas palabras iniciales son un claro eco de Isaías 42:1: "He aquí mi siervo, yo le sostendré; mi escogido, en quien mi alma tiene contentamiento; he puesto sobre él mi Espíritu; *él traerá justicia a las naciones*". En la introducción observamos que Isaías escribió cuatro pasajes en forma de salmos que

---

1. Charles Spurgeon, *The Metropolitan Tabernacle Pulpit*, 63 vols. (Londres: Passmore & Alabaster, 1903), 49:189.

representan de modo destacado a una persona que el profeta llama el siervo de Jehová: Isaías 42:1-9; 49:1-13; 50:4-11; y 52:13—53:12. Todos ellos (denominados a menudo como Cantos del Siervo de Isaías) hablan del carácter tierno del siervo y de su misión mundial. Los cuatro cantos son claramente profecías mesiánicas.

Esos pasajes de Isaías tienen el mismo tono de Zacarías 3:8, otra famosa profecía mesiánica: "*He aquí*, yo traigo *a mi siervo* el Renuevo". Anteriormente Isaías había escrito de esta misma persona: "El principado [estará] sobre su hombro... [y] lo dilatado de su imperio y la paz no tendrán límite, sobre el trono de David y sobre su reino, disponiéndolo y confirmándolo en juicio y en justicia desde ahora y para siempre" (9:6-7).

Así que las palabras introductorias de Isaías 52:13 clarifican que lo que sigue es una profecía relacionada con el Mesías, el Redentor prometido de Israel: "He aquí que *mi siervo* será prosperado, será engrandecido y exaltado, y será puesto muy en alto".

Todo el pasaje se enfoca entonces en el siervo del Señor, descrito en términos simples como una persona específica. El pasaje no trata de ninguna nación, tribu, grupo étnico, o categoría general de individuos oprimidos. Tiene que ver con el sufrimiento de una persona, el siervo del Señor, quien sigue siendo el enfoque singular del pasaje hasta el final de Isaías 53.

Como también observamos en la introducción de este libro, las divisiones en capítulos y versículos en nuestras Biblias modernas no se encuentran en los manuscritos originales. Aunque generalmente útiles y convenientes, las pausas de capítulos y números de versículos no fueron divinamente inspiradas. En el caso de nuestro texto, la pausa entre capítulos se ha insertado en un lugar más bien desafortunado. La profecía cambia claramente de un tema a otro después de Isaías 52:12. Tanto el contexto como el contenido dejan en claro que los últimos tres versículos de Isaías 52 en realidad inician (y pertenecen) al pasaje que abarca todo el capítulo 53. Entonces, por conveniencia entiéndase por favor que cuando a lo largo de este libro hablo en términos generales de Isaías 53 sin citar versículos específicos, tengo en mente todo el texto, incluso esos tres últimos versículos del capítulo 52.

El texto

He aquí el pasaje completo, formateado para reflejar el hecho de que Isaías escribe en verso poético:

He aquí que mi siervo será prosperado,
    será engrandecido y exaltado,
    y será puesto muy en alto.
Como se asombraron de ti muchos,
    de tal manera fue desfigurado de los hombres su parecer,
    y su hermosura más que la de los hijos de los hombres,
así asombrará él a muchas naciones;
    los reyes cerrarán ante él la boca,
porque verán lo que nunca les fue contado,
    y entenderán lo que jamás habían oído.

¿Quién ha creído a nuestro anuncio?
    ¿y sobre quién se ha manifestado el brazo de Jehová?
Subirá cual renuevo delante de él,
    y como raíz de tierra seca;
no hay parecer en él, ni hermosura; le veremos,
    mas sin atractivo para que le deseemos.
Despreciado y desechado entre los hombres,
    varón de dolores, experimentado en quebranto;
y como que escondimos de él el rostro,
    fue menospreciado, y no lo estimamos.

Ciertamente llevó él nuestras enfermedades,
    y sufrió nuestros dolores;
y nosotros le tuvimos por azotado,
    por herido de Dios y abatido.
Mas él herido fue por nuestras rebeliones,
    molido por nuestros pecados;
el castigo de nuestra paz fue sobre él,
    y por su llaga fuimos nosotros curados.
Todos nosotros nos descarriamos como ovejas,
    cada cual se apartó por su camino;

mas Jehová cargó en él
el pecado de todos nosotros.

Angustiado él, y afligido,
 no abrió su boca;
como cordero fue llevado al matadero;
 y como oveja delante de sus trasquiladores, enmudeció,
 y no abrió su boca.
Por cárcel y por juicio fue quitado;
 y su generación, ¿quién la contará?
Porque fue cortado de la tierra de los vivientes,
 y por la rebelión de mi pueblo fue herido.
Y se dispuso con los impíos su sepultura,
 mas con los ricos fue en su muerte;
aunque nunca hizo maldad,
 ni hubo engaño en su boca.

Con todo eso, Jehová quiso quebrantarlo,
 sujetándole a padecimiento.
Cuando haya puesto su vida en expiación por el pecado,
 verá linaje, vivirá por largos días,
y la voluntad de Jehová será en su mano prosperada.
Verá el fruto de la aflicción de su alma, y quedará
 satisfecho;
por su conocimiento justificará mi siervo justo a muchos,
 y llevará las iniquidades de ellos.
Por tanto, yo le daré parte con los grandes,
 y con los fuertes repartirá despojos;
por cuanto derramó su vida hasta la muerte,
 y fue contado con los pecadores,
habiendo él llevado el pecado de muchos,
 y orado por los transgresores.

Esa porción breve pero fundamental de Isaías es una profecía clarísima sobre el ministerio, la muerte, la resurrección y la coronación del Mesías, escrita más de siete siglos antes de su llegada. Es el evangelio según Dios. De todas las profecías mesiánicas del Antiguo Testamento, esta sobresale por su riqueza sublime y claridad sin paralelo. En particular, Isaías pinta un retrato profético exacto de los padecimientos del Mesías. También explica en detalles vívidos el verdadero significado de la muerte del Mesías como sacrificio expiatorio por los pecados de su pueblo.

Muchos detalles históricos clave de los acontecimientos que rodean la muerte del Mesías se señalan expresamente en este pasaje. Por ejemplo, Isaías habla de la salvaje brutalidad de las heridas infligidas al siervo del Señor (52:14), del silencio total delante de sus acusadores (53:7), de su muerte (vv. 8-9), del lugar de su sepultura (v. 9) y del triunfo final de su obra culminada (v. 11). El profeta incluso alude a la resurrección de los muertos: "Vivirá por largos días, y la voluntad de Jehová será en su mano prosperada" (v. 10).

El pasaje también está cargado de temas doctrinales: el sacrificio sustitutivo (vv. 4-6, 10), el perdón de pecados por medio del derramamiento de la sangre del Mesías (v. 5), la pureza de este siervo "despreciado y desechado" que muere por su pueblo (v. 9), la iniciativa soberana de Dios al proveer expiación para los pecadores (vv. 10-11), la justificación de muchos (v. 11), y la obra intercesora de aquel que se ofrece a sí mismo como sacrificio (v. 12).

¿Quién es este Siervo sufriente?

Antiguos comentaristas judíos reconocieron y admitieron el significado mesiánico de Isaías 53. Una creencia temprana entre algunos rabinos era que el Mesías sería débil y enfermizo —considerado un leproso— debido a cómo se describe al siervo sufriente en Isaías 53:3: "Despreciado y desechado... como que escondimos de él el rostro". El Talmud es un enorme compendio de enseñanza rabínica que cubre varios siglos de tradición, comentarios, opiniones legales, filosofía, ética y otros asuntos de la costumbre judía. Data del siglo v d.C., pero incluye un registro de tradiciones orales desde dos o tres siglos antes de Cristo. Una sección del Talmud presenta un debate sobre el Mesías y cómo se le llamaría. El escritor pregunta: "¿Cuál es su nombre?". Alguien contesta: "Siloh", basado en Génesis 49:10

("No será quitado el cetro de Judá... hasta que venga Siloh"). No obstante, el escritor declara: "[nuestros] rabinos sostienen que su nombre es 'el leproso de la escuela del rabino Judá el príncipe', ya que dice 'ciertamente llevó él nuestras enfermedades, y sufrió nuestros dolores; y nosotros le tuvimos por azotado, por herido de Dios y abatido'".[2] Está claro que esos rabinos reconocían el significado mesiánico de Isaías 53, aunque malinterpretaron sus detalles clave.

Por ejemplo, he aquí cómo usaron Isaías 53 en una oración judía formal tomada de una liturgia del siglo ix (d.C.) para el Día de la Expiación:

El Mesías nuestra justicia (o "nuestro Mesías justo") ha partido de nosotros: Horror se ha apoderado de nosotros, y no tenemos quién nos justifique. Él ha llevado el yugo de nuestras iniquidades y nuestras transgresiones, y es herido a causa de nuestra transgresión. Cargó nuestros pecados sobre su hombro, a fin de encontrar perdón para nuestras iniquidades. Seremos sanados por su herida en el momento que el Eterno lo cree (al Mesías) como nueva criatura. Oh, sácalo del círculo de la tierra, levántalo del Seir para reunirnos la segunda vez en el monte Líbano, por la mano de Yinnon.[3]

Un rabino erudito y muy estimado del siglo xvi estudió la literatura judía sobre Isaías 53 y notó que desde una perspectiva estrictamente judía, el pasaje es "difícil de ajustar o preparar en forma literal". No obstante, él reconoció que "nuestros rabinos aceptan unánimes y reafirman la opinión de que el profeta está hablando del Rey Mesías". Como un tradicionalista, el rabino escribió: "Nosotros también nos adherimos al mismo punto de vista".

---

2. Talmud Bavli, tratado Sanedrín 98b. Esta traducción se cita en Yehoiakin ben Ya'ocov, *Concepts of Messiah: A Study of the Messianic Concepts of Islam, Judaism, Messianic Judaism, and Christianity* (Bloomington, IN: Westbow, 2012), p. 34.

3. Se cree que fue compuesto por Eleazar ben Kalir. "Yinnon" era un nombre rabínico para el Mesías. Citado en David Baron, *The Servant of Jehovah: The Sufferings of the Messiah and the Glory That Should Follow* (Nueva York: Marshall, Morgan & Scott, 1922), p. 14.

Pero para no admitir que el pasaje habla de Jesús, rápidamente añadió: "El Mesías es por supuesto David".[4]

Para quienes vivían en la época del Antiguo Testamento era comprensible que tuvieran algo de confusión sobre cómo interpretar este pasaje. Al igual que la mayoría de predicciones del Antiguo Testamento acerca del Mesías venidero, Isaías 53 estaba de alguna manera envuelto en misterio hasta que el cumplimiento de la profecía clarificó su significado. El apóstol Pedro reconoce que incluso "los profetas... inquirieron y diligentemente indagaron acerca de esta salvación, escudriñando qué persona y qué tiempo indicaba el Espíritu de Cristo que estaba en ellos, el cual anunciaba de antemano los sufrimientos de Cristo, y las glorias que vendrían tras ellos" (1 P. 1:10-11).

No lo dude; el Antiguo Testamento está lleno de profecías acerca del Mesías que señalan exclusivamente a Jesús. Él es el tema central no solo de la predicación del Nuevo Testamento (Hch. 5:42; 8:12; 9:27; 11:20; 17:18; Ro. 16:25; Tit. 2:8), sino también de la profecía del Antiguo Testamento. Después que Jesús llamó a Felipe como discípulo, "Felipe halló a Natanael, y le dijo: Hemos hallado a aquél de quien escribió Moisés en la ley, así como los profetas: a Jesús, el hijo de José, de Nazaret" (Jn. 1:45). En realidad, "el testimonio de Jesús es el espíritu de la profecía" (Ap. 19:10).

En Juan 5:39 Jesús dijo a los líderes religiosos judíos: "Escudriñad las Escrituras; porque a vosotros os parece que en ellas tenéis la vida eterna; y ellas son las que dan testimonio de mí". Más adelante en ese debate el Señor añadió: "Si creyeseis a Moisés, me creeríais a mí, porque de mí escribió él" (v. 46). En Mateo 5:17 les dijo a quienes escuchaban el Sermón del Monte: "No penséis que he venido para abrogar la ley o los profetas; no he venido para abrogar, sino para cumplir", una aseveración que Él repitió a lo largo de su ministerio terrenal (véase Mt. 26:24, 31, 54, 56; Mr. 9:12; 14:26-27; Lc. 4:16-21; 18:31; 22:37; Jn. 13:18; 15:25; 17:12; 19:28).

---

4. Mosheh El-Sheikh (conocido comúnmente como Moses Alshech), en *The Fifty-third Chapter of Isaiah According to the Jewish Interpreters*, trad. S. R. Driver y A. Neubauer (Oxford, UK: Parker, 1877), p. 258.

El Mesías en el Antiguo Testamento

Es más, el Antiguo Testamento está tan lleno de enseñanza acerca del Mesías que cuando los discípulos estaban confundidos respecto a la muerte de Jesús y no estaban preparados para su resurrección, Él los reprendió porque ignoraban las Escrituras. Recordemos que después de la resurrección les dijo a los dos discípulos en el camino a Emaús: "¡Oh insensatos, y tardos de corazón para creer todo lo que los profetas han dicho! ¿No era necesario que el Cristo padeciera estas cosas, y que entrara en su gloria? Y comenzando desde Moisés, y siguiendo por todos los profetas, les declaraba en todas las Escrituras lo que de él decían" (Lc. 24:25-27). Más tarde esa misma noche el Señor dijo a los once apóstoles restantes que estaban reunidos en el aposento alto:

> Estas son las palabras que os hablé, estando aún con vosotros: que era necesario que se cumpliese todo lo que está escrito de mí en la ley de Moisés, en los profetas y en los salmos. Entonces les abrió el entendimiento, para que comprendiesen las Escrituras; y les dijo: Así está escrito, y así fue necesario que el Cristo padeciese, y resucitase de los muertos al tercer día; y que se predicase en su nombre el arrepentimiento y el perdón de pecados en todas las naciones, comenzando desde Jerusalén (Lc. 24:44-47).

Como indicamos en la introducción, la Biblia no registra el contenido específico de la enseñanza de nuestro Señor esa tarde en el camino a Emaús. Pero sin duda habría incluido predicciones directas y explícitas con relación a Él y a muchos símbolos que lo representaban. Estos incluirían el arca de Noé, que lo representa como el arca verdadera en la cual entran los pecadores y permanecen a salvo en medio de las aguas del juicio divino (cp. 1 P. 3:20-21); el carnero de Abraham ofrecido como sustituto por su hijo Isaac (Gn. 22:13); los corderos de Pascua, los cuales señalaban a Jesús como el Cordero de Dios, el sacrificio definitivo (Éx. 12; Nm. 9:12; cp. 1 Co. 5:7; Jn. 1:29); el maná en el desierto (Éx. 16), el cual lo representaba como el verdadero pan del cielo (Jn. 6:32-35); la serpiente de bronce que fue levantada (Nm. 21:4-9; cp. Jn. 3:14), la cual simbolizaba la crucifixión; y las cinco ofrendas principales en Levítico (los holocaustos, las ofrendas de flor de harina, las ofrendas de paz, la ofrenda por el pecado, y las ofrendas por la culpa), de las cuales Él es el cumplimiento. El día de la Expiación lo representa tanto en el sacrificio sobre el altar como en el chivo expiatorio que libraba del pecado (Lv. 16:7-10). La roca que dio agua en el desierto (Éx. 17:5-6; Nm. 20:8-11) lo prefiguró como la fuente de provisión espiritual para su pueblo (1 Co. 10:4). Y la aparición de Jonás vivo después de tres días y tres noches en el vientre de un gran pez fue una representación profética de la resurrección de Jesús de entre los muertos (Mt. 12:39-41).

Jesús es la piedra angular rechazada (Sal. 118:22; cp. Mt. 21:42; Hch. 4:11; Ef. 2:20); [el Pastor que] "apacienta las ovejas de la matanza, a las cuales matan sus compradores" (Zac. 11:4-14); la piedra cortada no por mano humana que destruirá el imperio del anticristo en la Segunda Venida (Dn. 2:34-35, 44-45); y la rama del árbol familiar de David, "una vara del tronco de Isaí" (Is. 11:1-5; Jer. 23:5; 33:15; Ez. 17:22-23; Zac. 3:8; 6:12). El Salmo 72 describe el reino milenial de Cristo como Rey (véase especialmente los vv. 7 y 17). Algunas de las profecías mesiánicas se refieren a Jesús como "David", ya que es el más grande de los descendientes de David, el cumplimiento definitivo de la promesa de Dios a David en 2 Samuel 7, y la culminación de la línea real de David (Jer. 30:9; Ez. 34:23-24; 37:24-25; y Os. 3:5). Puesto que todas esas profecías que hacen referencia al Mesías como "David" vinieron muchos años después de la muerte de David, claramente se referían a alguien que aún no había llegado, que personificaría lo que el trono de David debía significar.

Desde luego que el Antiguo Testamento también contiene muchas predicciones directas relacionadas con la primera venida del Señor. En el protoevangelio (el "primer" evangelio) registrado en Génesis 3:15, Jesús es la simiente de la mujer (cp. Gá. 4:4) que destruirá a Satanás (1 Jn. 3:8). Él es el gran profeta de quien escribió Moisés (Dt. 18:15-22; cp. Nm. 24:17-19; Hch. 3:22-23). Daniel 7:13-14 lo describe como el glorioso Hijo del hombre (título que

Jesús usó para sí mismo más de ochenta veces en los evangelios). Este es el Mesías, quien regresará en las nubes del cielo (Mt. 24:30; Mr. 14:62; Ap. 1:7). Según el Antiguo Testamento predijo que sería el Mesías, Jesús era de la línea de Abraham (Gn. 12:1-3; cp. Gá. 3:16), de la tribu de Judá (Gn. 49:10; cp. Ap. 5:5), y descendiente de David (2 S. 7:12-16; 1 Cr. 17:11-13; cp. Mt. 1:1). Isaías 7:14 predijo que el Mesías nacería de una virgen. Miqueas 5:2 profetizó que nacería en Belén (cp. Mt. 2:6). Jeremías 31:15 vaticinó el lamento que acompañó la matanza que Herodes hizo de los niños varones en las cercanías de Belén (Mt. 2:16-18). Isaías 40:3-4 y Malaquías 3:1 y 4:5-6 anunciaron la venida del precursor, Juan el Bautista (cp. Mt. 3:1-3; 11:10, 14; 17:12-13; Lc. 1:17; Jn. 1:23). Salmos 69:8 profetizó el rechazo que le harían los miembros de su propia familia (cp. Mt. 12:46-50; Jn. 7:3-5).

El Antiguo Testamento está lleno de pistas implícitas acerca del Mesías de Israel, que incluyen referencias a Él como Dios encarnado (Sal. 45:6-7; cp. He. 1:8-9), Rey soberano, y Sumo Sacerdote eterno (Sal. 110:1-7; cp. Mt. 22:43-44; Hch. 2:33-34; He. 1:13; 5:6-10; 6:20). Otras referencias sutiles al Mesías aparecen en frases que sirven como descripciones verbales de cómo sería odiado sin causa alguna (Sal. 69:4), colgado en un madero, maldecido por Dios, y descolgado antes del anochecer (Dt. 21:22-23).

La profecía de las setenta semanas de Daniel (Dn. 9:24-27) predijo el día exacto de la entrada triunfal a Jerusalén.[5] Zacarías 9:9 incluso describió cómo el Mesías montaría un pollino de asna en esa ocasión (cp. Mt. 21:4-5).

El Antiguo Testamento predijo muchos detalles importantes (y según parece algunos menores) acerca de sucesos específicos que ocurrieron relacionados con la crucifixión. Los profetas vaticinaron la traición de Judas (Sal. 41:9; 55:12-14), e incluso la cantidad exacta de dinero que el traidor recibió y qué se hizo finalmente con las monedas (Zac. 11:12-13); la dispersión de los discípulos después de la traición y el arresto (Zac. 13:7; cp. Mt. 26:31, 56);

---

5. Para una explicación creíble de cómo las setenta semanas de Daniel revelan la fecha de la entrada triunfal de Jesús, véase Harold Hoehner, *Chronological Aspects of the Life of Christ* (Grand Rapids, MI: Zondervan, 1977), p. 139.

los golpes y el maltrato que Él recibió (Mi. 5:1) en el patio del sumo sacerdote (Mt. 26:67-68), por parte de la guardia del templo (Mr. 14:65), y a manos de los romanos (Mt. 27:27-30); la escena en la cruz (el Salmo 22) con los soldados romanos echando suertes por su ropa (Sal. 22:18); que se le diera a beber vinagre (Sal. 69:21); que no le rompieran los huesos (Éx. 12:46; Nm. 9:12; Sal. 34:20; cp. Jn. 19:31-33, 36); y que un soldado romano le traspasara el costado (Zac. 12:10). Los Salmos 2:7 y 16:8-10 predijeron la resurrección (cp. Hch. 13:34-37). El Salmo 109:8 profetizó la elección de Matías para reemplazar a Judas como uno de los apóstoles (cp. Hch. 1:20). Y el Salmo 68:18 se refiere a la ascensión de Cristo (cp. Ef. 4:8).

Pero en ninguna parte del Antiguo Testamento se revela más completa y claramente al Mesías, el Señor Jesucristo, que en las profecías registradas por Isaías, quien lo revela como el encarnado Hijo de Dios, Emanuel (7:14; 8:8); Admirable, Consejero, Dios Fuerte, Padre Eterno, Príncipe de Paz (9:6); el renuevo (4:2; 11:1); y más frecuentemente el siervo del Señor (42:1; 49:5-7; 52:13; 53:11).

Isaías predijo que Cristo nacería de una virgen (7:14), y así fue (Mt. 1:20-23); que este niño nacido de la virgen sería quien gobernará las naciones del mundo (9:6), y lo hará (Ap. 11:15; 19:11-21); que el Espíritu Santo reposaría sobre él en forma única (11:2), y así fue (Mt. 3:16; cp. Is. 61:1-2 con Lc. 4:18-19). Isaías también reveló que el Mesías sería rechazado por la nación de Israel (8:14-15; cp. 28:16). En efecto, "a lo suyo vino, y los suyos no le recibieron" (Jn. 1:11; cp. Mr. 12:10; Hch. 4:11; Ro. 9:32-33).

Isaías 9:1-2 profetizó el ministerio de Jesús en Galilea (cp. Mt. 4:14-16). Cristo mismo citó Isaías 29:18 (cp. 35:5-6; 42:6-7) como una profecía sobre la curación de personas sordas y ciegas (Mt. 11:5). Los versículos 1-4 de Isaías 42 describen el carácter del Mesías, revelando que era afable y tranquilo, y que establecería justicia incluso para los gentiles (Mt. 12:18-21). Isaías 50:6-7 describe su obediencia perfecta a la voluntad del Padre —incluso frente al maltrato brutal a manos de sus enemigos— y su resuelta determinación de continuar esa obediencia todo el camino hacia la cruz. A través de su muerte y resurrección cumpliría la promesa del nuevo pacto de salvación para su pueblo (55:3; cp. 61:1-2 [citado por Jesús en Lc. 4:18-19]; 2 Co. 3:6-18; He. 8-10).

Isaías también señaló el papel de siervo como la principal piedra angular del plan de salvación divina (28:16); la liberación de la ceguera y la esclavitud espiritual a pecadores perdidos (9:2; 42:7); y el maltrato físico que padeció a manos de las autoridades judías y romanas (50:6).

Pero de todas las maravillosas profecías en Isaías, este pasaje en el capítulo 53 se destaca por sobre todos los demás. Es una majestuosa descripción del sacrificio de Cristo por los pecados. Algunos comentaristas lo llaman el texto más importante en todo el Antiguo Testamento. Isaías 53 ha recibido muchos de tales reconocimientos a lo largo de la historia de la Iglesia. Policarpo, padre de la Iglesia en el siglo II y discípulo del apóstol Juan, se refirió al pasaje como "la dorada pasión del Antiguo Testamento". Agustín llamó a todo el libro de Isaías "el quinto evangelio", y ese nombre se aplica en particular al capítulo 53. A una colección de los sermones de Juan Calvino sobre Isaías 53 se le denominó *El evangelio según Isaías*.[6] Martín Lutero declaró que cada cristiano debería saber de memoria Isaías 52:13—53:12. Franz Delitzsch, célebre comentarista del siglo XIX sobre el Antiguo Testamento, escribió: "¡En cuántos israelitas ha derretido la corteza de su corazón! Parece como si se hubiera escrito debajo de la cruz en el Gólgota... Es lo más importante, profundo y enaltecido que la profecía del Antiguo Testamento, superándose a sí misma, ha logrado alguna vez".[7]

Si bien es parte del Antiguo Testamento, este capítulo vital de las Sagradas Escrituras presenta verdades que son puntos cardinales de la doctrina cristiana. Su fraseología se ha vuelto parte de nuestro vocabulario cristiano y personas que han predicado, escrito y cantado acerca del evangelio de la salvación han usado este pasaje más que cualquier otra parte del Antiguo Testamento. Muchos han llamado a este capítulo "el monte Everest del Antiguo Testamento".

---

6. Juan Calvino, *The Gospel According to Isaiah*, trad. Leroy Nixon (Grand Rapids, MI: Eerdmans, 1953).

7. Carl Friedrich Keil y Franz Delitzsch, *Biblical Commentary on the Prophecies of Isaiah*, 2 vols. (Edimburgo: T&T Clark, 1873), 2:303.

Es la más elegida de todas las profecías mesiánicas, el pináculo del libro de Isaías, y la joya de la corona de los profetas en general. En realidad, es el núcleo de las Escrituras hebreas.

Isaías 53 es precisamente el pasaje que el eunuco etíope iba leyendo en el desierto de Gaza cuando Felipe lo encontró. El eunuco leía en voz alta parte del pasaje: "Como oveja a la muerte fue llevado" (Hch. 8:32). Luego le hizo una pregunta a Felipe... que es exactamente la correcta. Es la llave que abre el pasaje: "¿De quién dice el profeta esto; de sí mismo, o de algún otro?" (v. 34).

"Felipe, abriendo su boca, y *comenzando desde esta escritura*, le anunció el evangelio de *Jesús*" (Hch. 8:35): ¡El evangelio según Dios!

Isaías 53 siempre ha intrigado a los fieles. Los creyentes en el Antiguo Testamento que lidiaban por comprenderlo sabían que se trataba de una profecía muy importante. Esta daba pistas sobre la respuesta a la gran pregunta sin respuesta de la soteriología del Antiguo Testamento... es decir, el problema de cómo un día iba a resolverse el pecado de la humanidad de modo total y efectivo aparte de la condenación completa de cada pecador. ¿Cómo podría algún sacrificio ser alguna vez suficiente para lograr una expiación total y definitiva? ¿Cómo podría un Dios justo y santo redimir a los pecadores sin comprometer su propia justicia perfecta?

La persistencia inquebrantable de la culpa humana y el costo increíblemente alto de la redención eran verdades integradas en el sistema expiatorio del Antiguo Testamento. Era obvio (o debió serlo para cualquiera que ejerciera un mínimo de sentido común) que "la sangre de los toros y de los machos cabríos no puede quitar los pecados" (He. 10:4). Al fin y al cabo, "todo sacerdote está día tras día ministrando y ofreciendo muchas veces los mismos sacrificios, que nunca pueden quitar los pecados" (v. 11). La repetición incesante de tales sacrificios dejaron en claro (durante siglos) que la obra de expiación aún no había concluido. Y la sangrienta realidad de tantos sacrificios de animales dejó en claro que el verdadero costo de la expiación era más alto de lo que cualquier alma mortal aspiraría pagar.

A simple vista, Isaías 53 parecería un lugar improbable para encontrar una profecía que anunciara la respuesta triunfante al dilema del pecado. A primera vista, el tono del pasaje es sombrío. El siervo descrito como "despreciado y desechado... varón de dolores, experimentado en quebranto... escondimos de él el rostro... fue menospreciado, y no lo estimamos" (v. 3) no era una descripción del Mesías que la mayoría de los habitantes de Israel estuviera esperando. Lo imaginaban como un rey conquistador que libertaría a su pueblo, vencería a sus adversarios, y vendría a "ejecutar venganza entre las naciones, y castigo entre los pueblos; para aprisionar a sus reyes con grillos, y a sus nobles con cadenas de hierro; para ejecutar en ellos el juicio decretado" (Sal. 149:7-9). Sin embargo, Isaías 53 habla de un siervo sin pretensiones, como un cordero, que sería seriamente perseguido y ejecutado: "Por cárcel y por juicio fue quitado; y... fue cortado de la tierra de los vivientes" (v. 8).

No obstante, esta profecía sí contenía luminosos rayos de esperanza para los lectores fieles que ya sentían el peso de su propio pecado. Describe claramente a alguien que sufriría por el bien de los demás: "Él herido fue por nuestras rebeliones, molido por nuestros pecados" (v. 5). Su castigo es lo que nos produce paz. "Cuando haya puesto su vida en expiación por el pecado" (v. 10). El versículo culminante del pasaje es el 11: "Verá el fruto de la aflicción de su alma, y quedará satisfecho; por su conocimiento justificará mi siervo justo a muchos, y llevará las iniquidades de ellos" (v. 11).

Para cualquiera que conozca el relato del Nuevo Testamento sobre la vida, muerte, resurrección e intercesión de sumo sacerdote de Cristo, no debería haber ningún misterio en cuanto a lo que Isaías 53 significa. Se trata del evangelio completo en forma profética, una predicción sorprendentemente explícita de lo que el Mesías iba a hacer con el fin de quitar para siempre los pecados de su pueblo. Es el evangelio según Dios, expuesto en las Escrituras hebreas.

En los capítulos que siguen conoceremos más a fondo los detalles de esta asombrosa profecía. Confío en que este estudio fortalecerá su fe, intensificará su amor por Cristo, y profundizará su comprensión de lo que Jesucristo logró con su muerte para su pueblo.

2

¿De quién dice esto el profeta?

Nadie que no esté cegado por el prejuicio ni intoxicado con el orgullo del saber humano puede dejar de aplicar las palabras de nuestro texto a Jesús, "quien murió por nuestros pecados, y resucitó para nuestra justificación". El profeta no habló como si fuera una cuestión de dudosa disputa, cuando declaró la causa de los sufrimientos del Mesías, sino que con la más plena confianza aseveró que "ciertamente llevó él nuestras enfermedades, y sufrió nuestros dolores", sí, él murió "el justo por los injustos, para llevarnos a Dios" (1 P. 3:18).

Charles Simeon[1]

Cualquiera que lea Isaías 53 y que esté algo familiarizado con lo que se afirma sobre la crucifixión de Jesús en el Nuevo Testamento reconocerá de inmediato el significado de este asombroso pasaje del Antiguo Testamento. Describe vívidamente la espantosa brutalidad del flagelo del verdugo romano y la horrible condición física de quien murió en una cruz: "Tenía desfigurado el semblante; ¡nada de humano tenía su aspecto!" (Is. 52:14, NVI). Representa con precisión el comportamiento exacto de Jesús cuando enfrentó una muerte cruel que no merecía: "Angustiado él, y afligido, no abrió su boca; como cordero fue llevado al matadero; y como oveja delante de sus trasquiladores, enmudeció, y no abrió su boca" (53:7). Va

---

1. Charles Simeon, *Horae Homileticae*, 21 vols. (Londres: Holdsworth and Ball, 1832), 8:353.

desde la mención de "nuestras rebeliones [y] nuestros pecados" a "el castigo de nuestra paz fue sobre él" (v. 5). Establece que al morir, el siervo sufriente puso "su vida en expiación por el pecado" (v. 10). Declara la doctrina de la justificación por fe: "Por su conocimiento justificará mi siervo justo a muchos, y llevará las iniquidades de ellos" (v. 11). Luego el capítulo termina diciendo que este siervo dedicado de Dios ha "orado por los transgresores" (v. 12).

Ni la casualidad ni la intuición humana pueden explicar la exactitud profética de Isaías 53. Esta es una prueba convincente de que Dios es el autor de la Biblia (2 Ti. 3:16). ¿Quién sino Dios describiría tan perfectamente los detalles de su plan de redención, cientos de años antes que alguien más tuviera alguna idea de cómo el Cordero de Dios quitaría el pecado del mundo? Cada detalle minucioso de la profecía de Isaías se cumplió con exactitud en la vida, muerte, sepultura, resurrección, ascensión, intercesión y coronación del Señor Jesucristo. "Se dispuso con los impíos su sepultura, mas con los ricos fue en su muerte" (Is. 53:9). A continuación Isaías afirma: "Vivirá por largos días, y la voluntad de Jehová será en su mano prosperada" (v. 10).

Para cualquiera con el conocimiento más básico del relato del evangelio no hay duda de a quién señala Isaías. Negar que Jesús sea aquel de quien habla el profeta es rechazar el testimonio claro tanto de la Biblia como de la historia, ya que solo Jesús cumplió cada una de las predicciones de la profecía. Según manifiesta Apocalipsis 19:10, "el testimonio de Jesús es el espíritu de la profecía". Jesús es el personaje central en toda la tipología y las profecías del Antiguo Testamento. Pero en ninguna eso es más obvio que aquí en Isaías 53.

Jesús mismo señaló la relación en Lucas 22:37, citando Isaías 53:12. Explicó a sus discípulos: "Porque os digo que es necesario que se cumpla todavía en mí aquello que está escrito: Y *fue contado con los inicuos*; porque lo que está escrito de mí, tiene cumplimiento". Los escritores del Nuevo Testamento citaron de 52:13—53:12 seis veces más:

- Romanos 15:21 cita 52:15
- Juan 12:38 y Romanos 10:16 citan 53:1

- Mateo 8:17 cita 53:4
- Hechos 8:32-33 cita 53:7-8
- 1 Pedro 2:22 cita 53:9

Obsérvese que hay quince versículos en esta profecía; en total, el Nuevo Testamento cita frases directamente de siete de ellos, casi la mitad. Los estudiantes atentos de la Biblia encontrarán más de cincuenta alusiones adicionales en el Nuevo Testamento a palabras o conceptos hallados en Isaías 53.

No sorprende que los escritores apostólicos volvieran con tanta frecuencia a este capítulo. Es insuperable en claridad y precisión, no solo como descripción de la crucifixión de Cristo sino, lo que es más importante, como una explicación completa de *cómo* la muerte de nuestro Señor en la cruz compró la expiación para su pueblo. Isaías nos ofrece la esencia del evangelio. Cada doctrina básica del evangelio reposa en algún hecho de historia, hilo de verdad, o artículo de fe declarado en Isaías 53. Ningún estudio serio de los temas del evangelio podría omitir esta parte de las Escrituras.

¿Entiendes lo que lees?

Isaías 53 está tan repleto con verdad del evangelio que quienes ven el pasaje por primera vez muy bien podrían creer que están leyendo el Nuevo Testamento. El pueblo judío, cuya exposición a la Biblia está limitada a los textos que se leen en voz alta en sus sinagogas cada semana, quedará completamente ignorante de Isaías 53. Todo el pasaje se omite siempre de las lecturas públicas programadas.

Cada día de reposo en cada sinagoga de todo el mundo se prescriben dos partes de las Escrituras para leerlas en voz alta: una del Pentateuco (la Torá), y la otra (la *haftará*) una selección de textos sacados de los profetas. La misma programación de lecturas se sigue en todas las sinagogas, año tras año. En todo un año la rotación cubre cada versículo de la Torá en orden canónico. Pero las lecturas de la *haftará* son más selectivas, y uno de sus extractos destacados es Isaías 51:12—52:12. La siguiente lectura en el ciclo es Isaías 54:1-10. *Por tanto, Isaías 52:13—53:12 nunca se lee públicamente en las sinagogas.*

En consecuencia, Isaías 53 es un pasaje desconocido por multitudes de personas judías devotas. A mediados de 2015 una comunidad mesiánica (cristiana) con sede en Israel conocida como *Medabrim* lanzó por Internet un video titulado "El 'capítulo prohibido' en el *Tanaj*" (Biblia hebrea), que presenta a varios israelíes leyendo Isaías 53 del texto hebreo original. Todos ellos lo veían por primera vez. El asombro es evidente en los rostros de esas queridas personas. Su sorpresa da paso rápidamente a una profunda reflexión. Cuando un entrevistador les pide que pongan en sus propias palabras las implicaciones del pasaje, es obvio que cada uno de ellos ve la clara relación entre la profecía y el relato de Jesús en el Nuevo Testamento.

A los cristianos también les haría bien reflexionar más cuidadosamente en Isaías 53. Esta profecía es como un pozo inagotable de verdad bíblica. Mientras más lo miremos, más comprenderemos que ningún predicador o comentarista humano podría sondear por completo su asombrosa profundidad. Este pasaje me llamó por primera vez la atención cuando era joven, y cada vez que regreso a él me sorprende la fresca riqueza de sus verdades.

El punto de vista del profeta

Antes de comenzar un estudio cuidadoso de las palabras y frases del texto es importante que tengamos una comprensión exacta de la perspectiva singular desde la cual escribe Isaías. Él recibió una visión profética de la cruz con una comprensión más profunda de la razón de la muerte de Cristo que cualquier otro simple mortal antes que el hecho en efecto ocurriera. Es más, si el resto del Nuevo Testamento se hubiera perdido a excepción del relato histórico de la crucifixión de Jesús, sería posible llevar a los pecadores a la salvación por medio solamente de la explicación que hace Isaías de la expiación en el capítulo 53. Se trata de la revelación más profunda de la obra del Salvador entregada alguna vez a algún profeta.

Sin embargo, comentaristas y estudiantes de la Biblia a menudo pasan completamente por alto una característica esencial de la profecía de Isaías. Tenga en cuenta esta realidad: *el profeta está describiendo el sacrificio del siervo sufriente desde un punto de vista que mira hacia atrás desde un tiempo aún en el futuro incluso hoy día.* Isaías está viendo la cruz desde una perspectiva profética cerca del final de la historia humana. Está profetizando la respuesta colectiva del pueblo judío cuando finalmente ve, entiende y *cree* que aquel a quien rechazaron es realmente el Mesías prometido.

La Biblia nos dice claramente que un día la nación étnica de Israel se volverá en masa a Jesucristo. Cuando "haya entrado la plenitud de los gentiles", entonces "todo Israel será salvo, como está escrito: Vendrá de Sion el Libertador, que apartará de Jacob la impiedad" (Ro. 11:25-26).

Ese hecho ocurrirá en relación con la segunda venida de Cristo, cuando "mirarán… a quien traspasaron, y llorarán como se llora por hijo unigénito, afligiéndose por él como quien se aflige por el primogénito" (Zac. 12:10). En consecuencia, "en aquel tiempo habrá un manantial abierto para la casa de David y para los habitantes de Jerusalén, para la purificación del pecado y de la inmundicia" (13:1). "Después volverán los hijos de Israel, y buscarán a Jehová su Dios, y a David su rey; y temerán a Jehová y a su bondad *en el fin de los días*" (Os. 3:5).

Isaías está parado proféticamente en ese mismo día, cerca del final de la historia humana, literalmente miles de años *después* que Jesús fuera crucificado. De ahí que él hable de la muerte de Cristo en la cruz como un suceso pasado. Eso explica por qué todos los verbos en el capítulo 53 desde el versículo 1 hasta la primera parte del versículo 10 están en tiempo pasado.

En otras palabras, debemos entender este pasaje no solo como descriptivo de la crucifixión en sí; es literalmente el lamento del Israel arrepentido en un tiempo futuro en que el pueblo judío rememorará al Mesías a quien rechazaron durante tanto tiempo, y finalmente lo aceptarán como su Señor y Rey. Isaías 53 da voz proféticamente a la confesión dramática de fe que el remanente cre-yente de Israel hará en ese momento. Ezequiel escribió que el Señor declara: "Apartaré de entre vosotros a los rebeldes, y a los que se rebelaron contra mí" (Ez. 20:38). Después de esa separación, todo judío vivo en esa época aceptará a Jesús como el Mesías verdadero.

El resto del mundo también lo verá. "Los reyes cerrarán ante él la boca, porque verán lo que nunca les fue contado, y entenderán lo que jamás habían oído" (Is. 52:15). Muchos reyes gentiles y naciones que se le han opuesto persistirán en su rebelión, y Él hará guerra contra esa incredulidad. "De su boca sale una espada aguda, para herir con ella a las naciones, y él las regirá con vara de hierro; y él pisa el lagar del vino del furor y de la ira del Dios Todopoderoso" (Ap. 19:15).

Por supuesto, Isaías está describiendo específicamente la respuesta de su propio pueblo, los judíos. Expresa en palabras el arrepentimiento profundo que herirá los corazones y las conciencias de aquellos que finalmente reconocerán a Jesús como el Mesías. Isaías 53 es, por tanto, una canción triste, un lamento. Pero este himno en clave menor constituye la más grande y más triunfante confesión de fe que jamás se haya hecho en la historia de la humanidad.

Este es un momento significativo en el acto final aún futuro de la historia de la redención. La única comunidad étnica mundial que se volverá a Cristo en una multitud de *juntos como grupo* será Israel. Y cuando lo hagan, las palabras de Isaías 53 serán su confesión.

La triple promesa de liberación

Esa perspectiva es importante, dado el contexto en el cual se encuentra Isaías 53. Tenga en cuenta que desde el capítulo 40 hasta el final del libro, el profeta ofrece una visión amplia de la obra salvadora de Dios. Esos son los capítulos de las buenas nuevas de la profecía de Isaías (una especie de paralelismo profético con el Nuevo Testamento en su estructura y mensaje). Si bien esos veintisiete capítulos tienen un solo tema unificador —*salvación*— están llenos de promesas divinas que van desde la liberación de los judíos de Babilonia en el siglo vi hasta el reinado terrenal de Cristo durante el reino milenial futuro, e incluso más allá de eso, hasta los cielos nuevos y la tierra nueva (65:17). Ya que Isaías estaba mirando hacia el pasado, podríamos afirmar que su visión del paisaje profético se extendió hacia atrás desde el final de la historia humana hasta su propia época.

Ahora bien, aquí hay otro aspecto importante para notar acerca de la estructura literaria de Isaías: la parte de buenas nuevas de

Isaías (capítulos 40—66) es un tríptico extenso. Esa parte de la profecía de Isaías se divide naturalmente en tres secciones de nueve capítulos cada una. Cada subsección promete una clase distinta de salvación para el pueblo de Dios. Los primeros nueve capítulos (40-48) profetizan *la liberación de Judá del cautiverio babilónico*. Los segundos nueve capítulos (49-57) se enfocan en *la redención del pecado*. La última sección (capítulos 58-66), la espera impaciente del milenio de Cristo y su reinado eterno, habla de la *emancipación total de la maldición de la caída de Adán*.

En marcado contraste con el tema de la salvación, cada subsección *termina* con una advertencia sobre la condenación de los malvados. Las primeras dos divisiones concluyen con maldiciones casi idénticas: "No hay paz para los malos, dijo Jehová" (48:22). "No hay paz, dijo mi Dios, para los impíos" (57:21). La tercera sección termina el libro de Isaías con una expresión que el mismo Jesús utilizó como descripción del infierno, la morada eterna de los malvados: "Su gusano nunca morirá, ni su fuego se apagará, y serán abominables a todo hombre" (66:24).

Sin embargo, el perdón, no la condenación, es la nota dominante de estos capítulos. El tema aparece inmediatamente en los primeros versículos del capítulo 40, justo en el punto culminante del mensaje de Isaías: "Consolaos, consolaos, pueblo mío, dice vuestro Dios. Hablad al corazón de Jerusalén; decidle a voces que su tiempo es ya cumplido, que *su pecado es perdonado; que doble ha recibido de la mano de Jehová por todos sus pecados*" (40:1-2). Esa mención del perdón por el pecado prepara el escenario para lo que sigue, todo hasta el final de Isaías 66.

Este es un ejemplo clásico en que la disposición de capítulos y versículos en la Biblia nos ayuda a ver la simetría inherente en el texto. Isaías 53 es el capítulo central del segundo movimiento en el tríptico de Isaías acerca de la salvación. En otras palabras, centrada directamente entre dos maldiciones divinas que declaran que "*no hay paz* para los malos" está la bendita historia de cómo el siervo del Señor *trae paz* al pueblo de Dios, que también ha sido malvado, desde luego. (Los primeros treinta y nueve capítulos de Isaías aclararon eso reiteradamente). No obstante, ellos son los únicos que se arrepienten de su maldad, y reciben perdón total y gratuito, aunque no como recompensa por su arrepentimiento (o por algo que hayan hecho). Son bendecidos por causa del siervo. Todo lo necesario para traerles paz ha sido hecho por Él a favor de ellos. Esta es la confesión que hacen: "Él herido fue por nuestras rebeliones, molido por nuestros pecados; *el castigo de nuestra paz fue sobre él*, y por su llaga fuimos nosotros curados" (Is. 53:5). Finalmente la nación ve que fue para su salvación la muerte del siervo.

Ese versículo es el núcleo del capítulo 53 y el corazón del evangelio según Dios. Es el principio de la *sustitución penal* expresada en términos inequívocos. Enseña que el siervo del Señor (Cristo) redime a su pueblo al tomar su lugar y padecer el castigo devastador que merecían. "Llevará las iniquidades de ellos" (v. 11). La realidad del sacrificio sustitutivo se describió claramente en el sistema sacrificial del Antiguo Testamento, pero Isaías 53 ofrece la primera insinuación clara de que el Mesías mismo sería el verdadero Cordero de Dios que quitaría el pecado del mundo. Aunque él mismo "no hizo pecado" (1 P. 2:22), llevó la paga completa del pecado —el equivalente punitivo de una eternidad en el infierno— a favor de su pueblo.

Si tomamos los quince versículos del fragmento de Isaías 52:13—53:12, el 5 es literalmente el versículo central de todo el pasaje: "*Él herido fue por nuestras rebeliones, molido por nuestros pecados; el castigo de nuestra paz fue sobre él, y por su llaga fuimos nosotros curados*". En otras palabras, la doctrina de la expiación sustitutiva penal es lo esencial del versículo central en el capítulo central del panel central en el tríptico de Isaías sobre la liberación. Es el núcleo y el foco de atención de todo lo que el libro de Isaías tiene que decir acerca del perdón del pecado. Eso es apropiado, porque no hay verdad más vital en el evangelio.

La simetría literaria es perfecta y el enfoque es nítido. Podemos verlo desde cualquier punto de vista posible. Sea que veamos a Isaías 53 separadamente, que consideremos la sección de nueve capítulos donde el perdón es el tema principal, o que extendamos nuestra perspectiva hasta incluir toda la sección de las buenas nuevas de Isaías, la cruz siempre está literalmente en el centro. Y allí permanece, con una atención especial sobre la doctrina de la expiación sustitutiva penal.

Por supuesto, no habría liberación para nadie alguna vez si Dios nunca perdonara el pecado. La liberación de Judá de Babilonia sería irrelevante sin perdón por los pecados que en primera instancia produjeron el juicio. Es más, el reinado del Mesías en los cielos nuevos y la tierra nueva más bien sería inútil sin personas redimidas que le fueran leales.

Además, "sin derramamiento de sangre no se hace remisión" (He. 9:22). Por tanto, toda promesa de perdón y liberación que Dios haya hecho depende de una expiación completa y eficaz. Por eso es que incluso los creyentes de hoy día ven la cruz de Jesucristo como el punto focal de toda la historia humana.

Él perdonará abundantemente

Así es como el tema de la gracia y el perdón fluye a través de esa sección central del tríptico de Isaías: el capítulo 49 presenta el segundo canto del siervo en Isaías (vv. 1-13). Se trata tanto de una promesa de redención como de un llamado a la fe… en la propia voz del siervo, quien declara: "Jehová… me formó desde el vientre para ser su siervo, para hacer volver a él a Jacob" (v. 5). El canto continúa describiendo al siervo no solo como el libertador de Israel sino también como el gobernante legítimo sobre todos los reyes de la tierra. Dios el Padre le habla, diciendo:

> Poco es para mí que tú seas mi siervo
>   ara levantar las tribus de Jacob,
>   y para que restaures el remanente de Israel;
> también te di *por luz de las naciones,*
>   *para que seas mi salvación hasta lo postrero de la tierra.*

> Así ha dicho Jehová,
>   Redentor de Israel, el Santo suyo,
> al menospreciado de alma, al abominado de las naciones,
>   al siervo de los tiranos:
> Verán reyes, y se levantarán príncipes,
>   y adorarán por Jehová;

porque fiel es el Santo de Israel,
   el cual te escogió. (49:6-7)

El capítulo 50 empieza con un recordatorio de que el pecado es la razón del cautiverio de Judá. "He aquí que por vuestras maldades sois vendidos, y por vuestras rebeliones fue repudiada vuestra madre" (v. 1). Jehová es quien habla aquí, y sigue señalando que hay amplia evidencia en la propia historia de los judíos de que Él tiene pleno poder no solo para juzgar sino también para liberar. El versículo 2 contiene una alusión clara al éxodo: "¿Acaso se ha acortado mi mano para no redimir? ¿No hay en mí poder para librar? He aquí que con mi represión hago secar el mar; convierto los ríos en desierto; sus peces se pudren por falta de agua, y mueren de sed".

Luego habla el Siervo del Señor, dando testimonio de su propia obediencia perfecta: "El Señor me dio lengua de sabios, para saber hablar palabras al cansado" (50:4). "El Señor me abrió el oído, y yo no fui rebelde" (v. 5). En realidad, en su encarnación "por lo que padeció *aprendió* la obediencia" (He. 5:8). "Se humilló a sí mismo, haciéndose obediente hasta la muerte, y muerte de cruz" (Fil. 2:8). Y aquí en Isaías 50 tenemos un breve atisbo de esa verdad. Es un adelanto en un versículo de lo que viene en Isaías 53. Estas son las propias palabras del siervo: "Di mi cuerpo a los heridores, y mis mejillas a los que me mesaban la barba; no escondí mi rostro de injurias y de esputos" (Is. 50:6). Ese versículo profetiza exactamente lo que el Nuevo Testamento afirma acerca del maltrato y la burlas que Jesús sufrió mientras estaba en juicio su vida: "Le escupieron en el rostro, y le dieron de puñetazos, y otros le abofeteaban" (Mt. 26:67). "Le golpeaban en la cabeza con una caña, y le escupían, y puestos de rodillas le hacían reverencias" (Mr. 15:19). Sin embargo, "por el gozo puesto delante de él sufrió la cruz, menospreciando el oprobio" (He. 12:2). Él lo dice proféticamente en Isaías 50:7: "Puse mi rostro como un pedernal, y sé que no seré avergonzado".

El Señor Dios y el Siervo se alternan luego durante dos capítulos y medio, reiterando la fidelidad de Dios y llamando a la fe al pueblo de Dios. Las palabras de consuelo y las promesas de salvación están entretejidas en el texto: "Así dijo Jehová tu Señor, y tu Dios, el cual aboga por su pueblo: He aquí he quitado de tu mano el cáliz de mi ira; nunca más lo beberás" (Is. 51:22). "Seréis rescatados" (52:3). "Cuán hermosos son sobre los montes los pies del que trae alegres nuevas, del que anuncia la paz, del que trae nuevas del bien, del que publica salvación" (v. 7). "Jehová ha consolado a su pueblo, a Jerusalén ha redimido. Jehová desnudó su santo brazo ante los ojos de todas las naciones, y todos los confines de la tierra verán la salvación del Dios nuestro" (vv. 9-10).

Ese es el contexto inmediato en que se encuentra la profecía del Siervo sufriente. Recordemos que el pasaje empieza realmente tres versículos antes que termine el capítulo 52 y abarca todo el capítulo 53. Ya conocemos su tema. Se trata del sufrimiento del Siervo del Señor y el resultado triunfante de cargar con el pecado: "Por su conocimiento justificará mi siervo justo a muchos, y llevará las iniquidades de ellos" (53:11). Es decir, los pecadores serán justificados debido a que Él cargó con sus pecados y Dios lo castigó en lugar de ellos.

Por tanto, Isaías 54 está lleno de alabanza de celebración: "Levanta canción y da voces de júbilo" (v. 1). "Porque los montes se moverán, y los collados temblarán, pero no se apartará de ti mi misericordia, ni el pacto de mi paz se quebrantará, dijo Jehová, el que tiene misericordia de ti" (v. 10). Ese capítulo concluye con otra afirmación triunfal de la doctrina de justificación por fe: "Ninguna arma forjada contra ti prosperará, y condenarás toda lengua que se levante contra ti en juicio. Esta es la herencia de los siervos de Jehová, y *su salvación de mí vendrá*, dijo Jehová" (v. 17).

Isaías 55 presenta este famoso llamado a la fe y el arrepentimiento, prometiendo salvación gratuita a todo aquel que se vuelve del pecado y acepta por fe al Mesías: "A todos los sedientos: Venid a las aguas... Buscad a Jehová mientras puede ser hallado, llamadle en tanto que está cercano. Deje el impío su camino, y el hombre inicuo sus pensamientos, y vuélvase a Jehová, el cual tendrá de él misericordia, y al Dios nuestro, el cual será amplio en perdonar" (Is. 55:1, 6-7).

El capítulo 56 deja en claro que las propuestas divinas de misericordia se extienden más allá de Judá, e incluyen a gentiles y "extranjeros que sigan a Jehová para servirle, y que amen el nombre de Jehová para ser sus siervos; a todos los que guarden el día de reposo para no profanarlo, y abracen mi pacto, yo los llevaré a mi santo monte, y los recrearé en mi casa de oración; sus holocaustos y sus sacrificios serán aceptos sobre mi altar; porque mi casa será llamada casa de oración para todos los pueblos" (vv. 6-7). Esa profecía está cumpliéndose ahora mismo, cuando gente de toda tribu, lengua y nación se vuelve a Cristo para su salvación.

Hay un cambio repentino de tono dramático en los últimos cuatro versículos del capítulo 56. El resto de ese capítulo y los trece primeros versículos del capítulo 57 son una dura condena para los caprichosos líderes de Judá: "Los pastores mismos no saben entender; todos ellos siguen sus propios caminos, cada uno busca su propio provecho, cada uno por su lado" (56:11). El profeta se dirige a ellos con dureza como "hijos de la hechicera, generación del adúltero y de la fornicaria" (57:3). El capítulo 57 sigue exponiendo y condenando la locura de la idolatría de Judá en el pasado. Tiene el tono de una severa reprimenda: "Cuando clames, que te libren tus ídolos" (57:13).

Aunque se dirige específicamente a la nación de Judá en su reincidente estado, Isaías 57 se erige como un recordatorio para individuos de todas las épocas de que Dios no tolera el pecado, y que sin embargo ofrece perdón a los pecadores arrepentidos. Todas esas duras palabras por las muchas transgresiones de Judá están finalmente marcadas con otra promesa de salvación: "El que en mí confía tendrá la tierra por heredad, y poseerá mi santo monte" (57:13). Isaías concluye luego su homilía extendida sobre el perdón de pecados con algunas palabras finales de consuelo y paz. El Señor hace "vivir el espíritu de los humildes, y… vivificar el corazón de los quebrantados" (v. 15).

Las últimas palabras del capítulo citan la promesa de Dios para su pueblo:

No contenderé para siempre,
      ni para siempre me enojaré;
   pues decaería ante mí el espíritu,
      y las almas que yo he creado.

Por la iniquidad de su codicia me enojé,
      y le herí, escondí mi rostro y me indigné;
      y él siguió rebelde por el camino de su corazón.
He visto sus caminos; pero le sanaré,
      y le pastorearé, y le daré consuelo a él y a sus enlutados;
      produciré fruto de labios:
Paz, paz al que está lejos y al cercano, dijo Jehová;
      y lo sanaré (vv. 16-19).

Luego termina toda la subsección de nueve capítulos (como cada división importante del tríptico de Isaías) con una maldición para aquellos que obstinadamente persisten en rebelarse contra el Todopoderoso: "Los impíos son como el mar en tempestad, que no puede estarse quieto, y sus aguas arrojan cieno y lodo. No hay paz, dijo mi Dios, para los impíos" (vv. 20-21).

Aunque el pasaje termina con esa nota, no puede haber ninguna duda acerca del tema principal de esos nueve capítulos (Isaías 49—57). Este es un discurso profético acerca del perdón de la culpa personal. Su tema singular es la liberación del *pecado*, intercalado con varios llamados al arrepentimiento y la fe. Dios mismo es aquel que propone misericordia y paga el precio de la expiación: "A todos los sedientos" se les asegura que Dios "será amplio en perdonar" (55:1, 7). Esos nueve capítulos constituyen así el corazón evangelístico del mensaje de Isaías para el pueblo judío, e Isaías 53 es la profecía que explica lo que hace posible el perdón de los pecados.

Por qué se malinterpretó tanto Isaías 53

De Isaías 53 solo, no siempre fue claro *cómo* iba a sufrir el Mesías. Es más, hasta que Cristo abrió las mentes de sus discípulos para que entendieran las Escrituras (Lc. 24:45), esta y otras referencias del Antiguo Testamento al sufrimiento y el rechazo del Mesías parecían misteriosas (y contrarias a las expectativas mesiánicas populares). Los judíos apenas sabían qué hacer con ellas. Durante los siglos previos a la venida de Cristo, Isaías 53 parecía desvanecerse más o menos en el fondo de la conciencia colectiva judía, eclipsada por las promesas del reino triunfante.

Otro factor espiritual importante contribuyó a una extendida falta de comprensión acerca de Isaías 53. La mayoría de judíos simplemente no veían la necesidad de un salvador del pecado. Incluso el pueblo reincidente de Judá en la época de Isaías no estaba convencido de necesitar esa clase de redentor. En cambio, esperaban un poderoso personaje político. Querían un Mesías conquistador que reivindicara al pueblo judío, que liberara a la nación de sus opresores terrenales, y que elevara a Israel al dominio mundial en lo político y militar. Esa expectativa persistió a lo largo de los siglos, y aún era la esperanza dominante en la época de Jesús. La idea de un salvador sufriente y rechazado no encajaba bien en tal escenario.

Tampoco encajaban las confesiones repetidas de culpa nacional e individual: "*Nuestras* rebeliones... *nuestros* pecados... el pecado de *todos nosotros*" (Is. 53:5-6). Tales palabras acusan con claridad a la nación en forma colectiva, y a cada individuo en particular. Expresan una verdad que se aplica, por supuesto, tanto a judíos como a gentiles (Ro. 3:9-12). En nuestro estado natural y carnal, todo ser humano está caído, sin remedio en esclavitud al pecado, separado de Dios y perdido. "Todos nosotros nos descarriamos como ovejas" (Is. 53:6). Dejados solos sin un salvador, todos estaríamos perdidos. Pero a nadie le resulta más difícil aceptar esa verdad que a quienes están completamente entregados a establecer su propia justicia mediante la obediencia a las minucias de la ley de Dios (Ro. 10:3).

Después que terminó la cautividad y multitudes regresaron del exilio, el pueblo judío nunca más cayó en la clase de idolatría generalizada y sin sentido que caracterizó a la nación durante los reinados de Acaz y Manasés. Los judíos regresaron del cautiverio con una nueva devoción a la ley. Quizás el principal distintivo del judaísmo posterior al exilio fue una presión sin precedentes en la estricta obediencia legal, prestando atención especial a las características externas y ceremoniales de la ley: leyes dietéticas, vestido, rituales de lavado, y símbolos visibles de piedad como filacterias y borlas en la ropa (Mt. 23:5).

Sin embargo, una demostración de celo religioso no es solución al problema del pecado que plaga a la humanidad. Los pecadores no pueden santificarse, ni siquiera con los intentos más exigentes de obediencia a la ley de Dios. Las reglas y regulaciones como "no manejes, ni gustes, ni aun toques... no tienen valor alguno contra los apetitos de la carne" (Col. 2:21-23). Sin embargo, surgió una forma cada vez más ascética de judaísmo, y se perpetuó por un llamamiento a la tradición más que a la fe auténtica. En el tiempo de Cristo el legalismo era la religión dominante en Israel.

El *legalismo* es la idea de que los pecadores pueden ganar mérito con Dios por sus propias obras de justicia. Los legalistas son también propensos a tratar sus tradiciones como la regla suprema de piedad, añadiendo a la ley real de Dios y por tanto anulándola. El sistema farisaico personificaba ambas tendencias. Debido a su rigurosa observancia de la ley, los fariseos "confiaban en sí mismos como justos, y menospreciaban a los otros" (Lc. 18:9). Además, Jesús les advirtió: "Bien invalidáis el mandamiento de Dios para guardar vuestra tradición" (Mr. 7:9). La religión que tenían era un sustituto legalista e hipócrita de la verdadera ley. Todas esas características (legalismo, justicia propia, hipocresía, y desprecio por los demás) se derivaban del hecho de que realmente no sentían el peso de su propia culpa.

Quienes creen que sus propias obras pueden ganar mérito delante de Dios simplemente no ven la necesidad de un salvador. Pablo escribió a las iglesias en Galacia que "si por la ley fuese la justicia, entonces por demás murió Cristo" (Gá. 2:21). La religión basada en las obras pasa por alto la desesperanza de la depravación humana. Pero la Biblia es clara: las personas caídas son incapaces de salvarse a sí mismas. "Todos nosotros somos como suciedad, y todas nuestras justicias como trapo de inmundicia" (Is. 64:6). Aquí, de la pluma de Isaías, está lo que Dios declara acerca de la devoción religiosa basada en la esperanza de la autoexpiación: "Yo publicaré tu justicia y tus obras, *que no te aprovecharán*" (57:12).

Pero debido a que la nación judía fue escogida por Dios como la línea a través de la cual vendría el libertador, muchos creían que gracias a su descendencia de Abraham ya tenían derecho al favor y la bendición de Dios. Después de todo, "la adopción, la gloria, el pacto, la promulgación de la ley, el culto y las promesas" les pertenecían completamente por derecho de nacimiento (Ro. 9:4). Dieron por sentado la bondad y la misericordia de Dios, exactamente como hacen multitudes en la cristiandad moderna. La noción de que necesitaban un salvador que les expiara la culpa o los liberara de la condenación de Dios era tan completamente ofensiva para el promedio de judíos de la época de Jesús como lo es hoy día para el laicismo refinado, los relativistas morales y las personas que creen que se vuelven cristianas por nacimiento o bautismo. Aquellos que seguían las doctrinas de los fariseos reconocían alegremente que los gentiles y otros reprobados eran pecadores, pero se consideraban a sí mismos como "justos que no necesitan de arrepentimiento" (Lc. 15:7). Eran gente "limpia en su propia opinión... [pero que] no se ha limpiado de su inmundicia" (Pr. 30:12).

Ese es el peligro mortal de la religión de obras, y es la actitud que Jesús condenó al declarar: "Los sanos no tienen necesidad de médico, sino los enfermos... no he venido a llamar a justos, sino a pecadores" (Mt. 9:12-13).

No nos engañemos: *todas* las religiones falsas cultivan una autoconfianza pecaminosa. Eso incluye todo tipo de "fe" refinada y al pseudocristianismo tan de moda en la actualidad. Las almas autojustificadas que no se ven como pecadoras sin esperanza en necesidad de un salvador no pueden apreciar realmente el mensaje de Isaías 53.

Estoy convencido de que esa sigue siendo la razón principal (incluso hoy día) de que tantos —judíos y gentiles por igual— permanezcan indiferentes ante el relato del siervo sufriente de Isaías 53.

Por eso, querido lector, le suplico que antes de seguir leyendo haga una pausa, reflexione cuidadosamente, y acepte el versículo 6 de la narración de Isaías. Se trata de una confesión solemne: "Todos nosotros nos descarriamos como ovejas, cada cual se apartó por su camino". Necesitamos un Pastor divino que nos salve.

Solo quienes hacen esa confesión podrán decir verdaderamente: "el castigo de nuestra paz fue sobre él, y *por su llaga fuimos nosotros curados*".

3

¡Asombroso!

Este glorioso Rey se presentará en tal forma que muchos se asombrarán de Él. Lo interpreto así: Muchos se ofenden con Él. El hebreo שָׁמֵם (shamém) significa estar sobresaltado y distorsionado. La palabra describe la postura de alguien a punto de vomitar y lleno de repulsión, porque la apariencia del Rey será tan vil que muchos se sentirán enfermos y ofendidos.

Martín Lutero[1]

Isaías 52:13—53:12 incluye cinco estrofas que presentan diferentes aspectos del ministerio del siervo no solo para Israel, sino también para todo el mundo. El lenguaje y el estilo literario que Isaías emplea son típicos de las formas exclusivamente poéticas que se encuentran en todas partes en los profetas del Antiguo Testamento.

Los versículos 13-15 del capítulo 52 componen la primera estrofa; son una declaración resumida que presenta dos ideas contrastantes, temas que son importantes en el capítulo 53. Específicamente, los tres versículos al final del capítulo 52 revelan que el Mesías y Rey de Israel, el Señor Jesucristo, sufrirá y será exaltado. Dios mismo es el expositor:

> He aquí que mi siervo será prosperado,
>> será engrandecido y *exaltado*,
>> y será *puesto muy en alto*.

---

1. Jaroslav Pelikan, ed., *Luther's Works: Lectures on Isaiah: Chapters 40-66* (St. Louis, MO: Concordia, 1972), p. 216.

Como se asombraron de ti muchos,
> de tal manera fue *desfigurado* de los hombres su parecer,
> y su hermosura más que la de los hijos de los hombres,
> así asombrará él a muchas naciones;
> los reyes cerrarán ante él la boca,
> porque verán lo que nunca les fue contado,
> y entenderán lo que jamás habían oído.

Como siempre, el sufrimiento precede a la gloria. El orden puede parecer invertido en esos tres versículos, pero observemos cómo la profecía sobre la exaltación se expresa en tiempo futuro. El versículo acerca del sufrimiento está en tiempo pasado. Recordemos que Isaías mira hacia atrás desde un punto de vista profético cerca del final de la historia humana. Por tanto, el profeta estaba viendo el sufrimiento de Cristo como un acontecimiento pasado, con su exaltación en gloria aun esperando un futuro inminente.

Isaías 53 presenta en detalle tanto el sufrimiento como la gloria de Cristo, a quien presenta como "varón de dolores, experimentado en quebranto" (v. 3). Fue "azotado... herido de Dios y abatido" (v. 4). "Angustiado él, y afligido, no abrió su boca; como cordero fue llevado al matadero; y como oveja delante de sus trasquiladores, enmudeció, y no abrió su boca" (v. 7). "Fue cortado de la tierra de los vivientes" (v. 8). Esa es una expresión hebrea para la muerte. El versículo 9 anuncia que el Mesías fue sepultado después de su muerte. El versículo 10 indica que murió como ofrenda por la culpa, y el versículo 12 que "derramó su vida hasta la muerte".

Pero entonces "verá linaje, vivirá por largos días, y la voluntad de Jehová será en su mano prosperada" (v. 10). "Verá el fruto de la aflicción de su alma, y quedará satisfecho" (v. 11). Dios le dará "parte con los grandes, y con los fuertes repartirá despojos" (v. 12). Todas esas afirmaciones presuponen su resurrección.

El lenguaje de esos tres versículos introductorios en Isaías 52 resaltan que todo acerca del Siervo de Jehová es asombroso: su carácter, su muerte, su resurrección, y su exaltación. El versículo 13 empieza con la expresión "he aquí" y luego declara que "se asombraron de [él]" (v. 14). "Los reyes cerrarán ante él la boca", entonces Él les abrirá los ojos para que vean y entiendan cosas que nunca imaginaron (v. 15). Así que la venida del siervo, su humillación y su exaltación —temas que se desarrollan en Isaías 53— se presentan en los versículos finales de Isaías 52.

La revelación asombrosa del Siervo

Esa frase inicial, "he aquí", se traduce de una palabra común hebrea usada más de mil veces en el Antiguo Testamento. La expresión demanda atención y podría traducirse como una exclamación ("¡Mira!") o como una simple orden ("Observa esto con cuidado"). La utilizaron los profetas del Antiguo Testamento otras cuatro veces en textos que presentan importantes promesas mesiánicas. Zacarías 3:8 (al igual que Isaías 52:13) habla con la voz de Dios, presentando a su ungido como "*mi siervo* el Renuevo". En Zacarías 6:12 la expresión "he aquí" señala al "*varón* cuyo nombre es el Renuevo", resaltando la humanidad del Mesías. Zacarías 9:9 usa la misma frase para destacar esta famosa profecía: "he aquí tu *rey* vendrá a ti, justo y salvador, humilde, y cabalgando sobre un asno, sobre un pollino hijo de asna". E Isaías 40:9 declara: "Súbete sobre un monte alto... di a las ciudades de Judá: ¡Ved aquí al *Dios* vuestro!". Esos cuatro títulos, siervo, varón, rey y Dios, encuentran un paralelismo único en los cuatro evangelios. Marcos representa a Jesús como siervo. Lucas le resalta la humanidad. Mateo lo presenta como Rey. Y Juan enfatiza la deidad de Jesús.

La palabra traducida "siervo" se refiere a alguien que realiza un duro trabajo en obediencia a su amo. Un siervo verdadero no actúa de forma independiente para cumplir los deseos de su propia voluntad; busca únicamente complacer a quien sirve. La palabra describe a alguien cuya obligación es obedecer a su amo. Forma un paralelismo exacto con la palabra *esclavo* en español.

Pero cuando la Biblia emplea el término para hablar de alguien que sirve a Dios, es con connotaciones elevadas, no denigrantes. En el Antiguo Testamento se usa para personalidades tales como Abraham (Gn. 26:24), Isaac (Gn. 24:14), Jacob (Ez. 28:25), Moisés (Éx. 14:31), David (2 S. 3:18), Josué (Jos. 24:29), Elías (2 R. 10:10),

Isaías (Is. 20:3), Job (Job 1:8), Jonás (2 R. 14:25), y los profetas en general (2 R. 17:13).

Si bien es absolutamente igual al Padre en su esencia eterna (Fil. 2:6; Col. 1:15; He. 1:3), el Señor Jesucristo voluntariamente "se despojó a sí mismo, tomando forma de siervo", esclavo o sirviente del Señor (Fil. 2:7). Él *siempre* hizo lo que agradaba a Dios (Jn. 8:29). Jesús declaró: "He descendido del cielo, no para hacer mi voluntad, sino la voluntad del que me envió" (Jn. 6:38; cp. 4:32; 5:30; 14:31; 15:10).

Isaías enseña que el Siervo de Jehová "será prosperado" (Is. 52:13). La palabra hebrea habla de alguien que realiza una tarea con habilidad y pericia. Una traducción moderna dice: "Mi siervo *triunfará*" (NVI). Ambas traducciones son válidas. La palabra hebrea se refiere a una acción prudente (o sabia) que consigue resultados favorables. Las palabras sabiduría y éxito a menudo están vinculadas en la Biblia (cp. Jos. 1:7-8; 1 S. 18:5, 30; 1 R. 2:3 donde aparecen los mismos conceptos). El lenguaje acentúa el hecho de que la exaltación del siervo no se debe a éxito accidental o buena suerte. Su triunfo definitivo es un logro obtenido por conocimiento hábil. La sorprendente sabiduría del siervo dará como resultado el logro de su propósito. No fallará en cumplir la voluntad de Dios, porque en forma prudente emplea medios justos para lograr los resultados más nobles. Además, "la sabiduría del Siervo es profundamente abnegada, porque significa aceptar fines determinados por Dios y asumir voluntariamente una carga de sufrimientos indescriptibles a fin de hacerlos posibles. He aquí la sabiduría de Dios y la parte decisivamente sustancial de la humanidad (cp. 1 Co. 1:17-25)".[2]

El elogio para el Siervo en el versículo 13 se indica en tres partes. Debido a que "*será prosperado, será engrandecido y exaltado, y será puesto muy en alto*". Tales frases no son redundantes; al contrario, son declaraciones que van en aumento de alto a más alto y altísimo. Los grados ascendentes son paralelos con la resurrección de Cristo (alto), su ascensión (más alto), y (culminando en el honor más elevado posible) su coronación (Fil. 2:9-11). Nadie más

---

2. Geoffrey W. Grogan, *Isaiah*, Expositor's Bible Commentary, ed. Tremper Longman III y David E. Garland, 13 vols. (Grand Rapids, MI: Zondervan, 2008), 6:798.

actuó alguna vez tan sabiamente o que como resultado fuera tan altamente exaltado.

Un hecho claro que no puede pasar desapercibido es que los sufrimientos de Cristo fueron planeados, determinados y logrados. Críticos escépticos intentan a veces desechar a Jesús como fracasado. Lo ven como un personaje promisorio pero desilusionador, cuya crucifixión lo convirtió en mártir en lugar de Mesías, como si la cruz marcara el colapso repentino de un gran plan. Afirman que la muerte de Jesús fue un final trágico y desafortunado para una vida bienintencionada. Algunos incluso han sugerido que con *im*prudencia Jesús calculó mal la disposición de las personas de tolerarle su enseñanza, y que cuando fue demasiado lejos le costó la vida. Otros ven a Jesús como un nacionalista equivocado cuyos esfuerzos por iniciar una revolución contra Roma fueron totalmente inadecuados. Incluso lo han descrito como un conquistador ambicioso y autoproclamado... a pesar del hecho de que rechazó enérgicamente el intento de la gente común de convertirlo en su rey (Jn. 6:14-15). Agnósticos, escépticos, cínicos y burladores de todo tipo invariablemente tratan de categorizar a Jesús solo como otro fanático religioso que se dejó arrastrar por delirios de grandeza.

Todas esas opiniones de Él son falsas y blasfemas. Nadie que viene sinceramente a la Biblia concluiría alguna vez que los acontecimientos de la vida de Jesús no resultaron tal como Él quería, como si su sueño acerca de un mundo mejor hubiera terminado en una pesadilla personal.

Es más, nada podía estar más lejos de la verdad. Su muerte con todo su horror y angustia fue profetizada siglos antes en Isaías 53. Este pasaje deja innegablemente en claro que Jesús no fue una víctima bienintencionada de un plan que en forma sorpresiva acabó muy mal. Él fue "prosperado". Sabía exactamente cómo terminaría su vida, hasta en el más mínimo detalle, y lo supo desde antes de la fundación del mundo, cuando el plan de salvación fue concebido.

Jesús entendió cada pasaje profético en el Antiguo Testamento. Reprendió a los discípulos por no entender que el Antiguo Testamento anunciaba que Él moriría: "¡Oh insensatos, y tardos de corazón para creer todo lo que los profetas han dicho! ¿No era necesario que el Cristo padeciera estas cosas, y que entrara en su gloria?" (véase Lc. 24:25-27, 44). Jesús mismo les habló de su muerte venidera una y otra vez a lo largo de su ministerio:

> Él les dijo: ¿Podéis acaso hacer que los que están de bodas ayunen, entre tanto que el esposo está con ellos? Mas vendrán días cuando el esposo les será quitado; entonces, en aquellos días ayunarán (Lc. 5:34-35).

> Él les mandó que a nadie dijesen esto, encargándoselo rigurosamente, y diciendo: Es necesario que el Hijo del Hombre padezca muchas cosas, y sea desechado por los ancianos, por los principales sacerdotes y por los escribas, y que sea muerto, y resucite al tercer día (Lc. 9:21-22).

> [Jesús] dijo a sus discípulos: Haced que os penetren bien en los oídos estas palabras; porque acontecerá que el Hijo del Hombre será entregado en manos de hombres (Lc. 9:43-44).

> De un bautismo tengo que ser bautizado; y ¡cómo me angustio hasta que se cumpla! (Lc. 12:50).

> Les dijo: Id, y decid a aquella zorra: He aquí, echo fuera demonios y hago curaciones hoy y mañana, y al tercer día termino mi obra (Lc. 13:32).

> ¡Jerusalén, Jerusalén, que matas a los profetas, y apedreas a los que te son enviados! ¡Cuántas veces quise juntar a tus hijos, como la gallina a sus polluelos debajo de sus alas, y no quisiste! He aquí, vuestra casa os es dejada desierta; y os digo que no me veréis, hasta que llegue el tiempo en que digáis: Bendito el que viene en nombre del Señor (Lc. 13:34-35).

> Primero es necesario que padezca mucho, y sea desechado por esta generación (Lc. 17:25).

> Tomando Jesús a los doce, les dijo: He aquí subimos a Jerusalén, y se cumplirán todas las cosas escritas por los profetas acerca

del Hijo del Hombre. Pues será entregado a los gentiles, y será escarnecido, y afrentado, y escupido. Y después que le hayan azotado, le matarán; mas al tercer día resucitará (Lc. 18:31-33).

A pesar de las muchas predicciones claras de que iba a morir, los más cercanos a Jesús fueron tomados totalmente por sorpresa, y quedaron asombrados y confundidos cuando finalmente Él fue crucificado. En realidad, la crucifixión de Cristo sigue siendo un suceso absolutamente asombroso que debería ser impactante para cualquiera que lo considere cuidadosamente. Nos sorprende la crueldad con que Cristo fue tratado. Con toda razón temblamos al leer las muchas declaraciones que Cristo hizo durante su vida acerca de su muerte inminente, comprendiendo que sabía todo lo que le esperaba. El hecho de que estos sucesos fueran profetizados con detalles tan cuidadosos no mitiga la maravilla de la cruz; la amplía.

La humillación asombrosa del Siervo

No deja de asombrar que el Siervo fiel del Señor, el libertador prometido de Israel, fuera mostrado en exhibición pública de manera tan horrible y humillante. Esa es la misma palabra que utiliza Isaías: "se *asombraron* de ti muchos, de tal manera fue desfigurado de los hombres su parecer, y su hermosura más que la de los hijos de los hombres" (Is. 52:14).

Ese versículo es una interrupción abrupta y sorprendente entre otros dos que describen la honra, influencia y exaltación del siervo. Está escrito en una manera que magnifica a propósito el asombro del lector. El cambio repentino de temas —de *exaltación* a *humillación* sin advertencia o transición alguna— ilustra la razón de que muchos se asombraran. En pocas palabras, como seguimos insistiendo, la muerte del Mesías prometido fue profundamente impactante. Parecía que nadie, aparte de Jesús mismo, estuviera preparado para esa muerte.

Por cierto, el término hebreo traducido "asombraron" es muy rico. La palabra en español puede usarse en un sentido muy positivo. Por ejemplo, se usa en Marcos 7:37, donde describe la fascinación y el regocijo de la muchedumbre después que Jesús curó a un sordo, y la Biblia declara: "La gente estaba sumamente *asombrada*, y decía: 'Todo lo hace bien'" (NVI). Cuando enseñaba a las multitudes, "*se admiraban* de su doctrina, porque su palabra era con autoridad" (Lc. 4:32). Y cuando curó a un muchacho con un demonio, "todos se *admiraban* de la grandeza de Dios" (Lc. 9:43).

Isaías 52:14 habla de una clase diferente de asombro, y utiliza un término hebreo (*shamém*) que nunca se usa para describir una reacción positiva. Está más cerca de la palabra castellana *afligido*. Pero es incluso más fuerte que eso. Habla de estar totalmente desolado. En realidad es un término que puede describir la derrota total de un ejército o la devastación total de una enorme región que ha caído en ruinas. (Isaías usó esta palabra en 49:19 para describir la tierra de Judá después que los ejércitos caldeos arrasaran casi todo vestigio de habitación humana. El profeta habló de "tu tierra devastada, arruinada y desierta [*shamém*]").

La misma palabra hebrea se usa muy a menudo en el Antiguo Testamento, y por lo general se traduce "asolar" o "devastar". Pero cuando se usa en un contexto tal como Isaías 52:14, la palabra tiene la connotación de horror. Transmite un impacto tan sorprendente que se pierde el control de todas las facultades racionales. Podría traducirse "adormecido", "petrificado" o "paralizado".

Así que esta es una palabra muy fuerte con una amplia gama de usos, pero con un significado muy claro. Levítico 26:32 la usa dos veces en una especie de juego de palabras que muestra su amplia gama semántica. Dios mismo está hablando, y advierte: "Asolaré [*shamém*] también la tierra, y se pasmarán [*shamém*] por ello vuestros enemigos que en ella moren".

Isaías emplea el término para describir la desolación de aquellos que presenciaban las atroces heridas infligidas al siervo sufriente. Estaban devastados. Pero el daño que *le* hicieron es indescriptiblemente peor: "Tenía el rostro tan desfigurado, que apenas parecía un ser humano" (Is. 52:14, NTV). En otras palabras, estaba tan desfigurado por los sufrimientos que le infligieron, que el rostro y el cuerpo ni siquiera parecían humanos.

Por supuesto, el daño y la desfiguración que se ven aquí son una descripción de lo que se llevó a cabo inmediatamente antes de la crucifixión de nuestro Señor, mientras lo enjuiciaban. El desfiguramiento de Jesús realmente comenzó en Getsemaní la noche que fue traicionado y arrestado. La Biblia describe la profunda angustia interior y el total agotamiento físico que el inmaculado Hijo de Dios experimentó mientras contemplaba la carga del pecado y la separación de su Padre. Literalmente sudó sangre ante la idea de lo que iba a padecer en beneficio de los pecadores. Por tanto, debió haber estado débil y demacrado incluso antes que lo arrastraran y juzgaran.

Pero lo que lo dejó "tan desfigurado, que apenas parecía un ser humano" fueron las muchas torturas que le infligieron aquellos que lo mataron. Por los relatos del evangelio sabemos que a Jesús le golpearon la cabeza, lo escupieron, se burlaron de él y lo azotaron. Fue golpeado y maltratado por los sumos sacerdotes (Mt. 26:67-68), los alguaciles del templo (Mr. 14:65) y los romanos (Mt. 27:27-30). A eso se sumó la terrible flagelación que recibió por órdenes de Pilato (Jn. 19:1).

Ser flagelado con un látigo romano era un castigo severo y hasta mortal. La víctima era azotada sin piedad con un *flagellum*, un corto látigo que consistía en una empuñadura de madera a la que le sujetaban largas tiras de cuero. Cada tira de cuero tenía pedazos afilados de hueso, hierro y zinc sujetados por nudos en intervalos de tres a cinco centímetros (en treinta centímetros o más) hasta la punta de cada tira. La víctima era atada a un poste con las manos sobre la cabeza y los pies suspendidos en el aire, con el cuerpo estirado. A medida que las cortantes tiras del flagelo rompían la espalda, se laceraban los músculos, se cortaban venas, y quedaban al descubierto órganos internos. Tan enorme era el trauma infligido que a veces la flagelación resultaba ser fatal.

Desde luego, cuando la sentencia exigía crucifixión, la muerte por flagelación era un resultado indeseable. Un hábil *lictor* (el funcionario que manejaba el flagelo) sabía exactamente cómo aplicar el instrumento en tal manera que maximizara el dolor y la lesión, pero que mantuviera viva a la víctima a fin de que la sentencia de crucifixión pudiera llevarse a cabo.

La crucifixión era la manera más brutal de ejecución pública jamás imaginada. Las heridas infligidas en el proceso eran indescriptiblemente salvajes. Sin embargo, la narración del Nuevo Testamento menciona muy poco las verdaderas heridas que Cristo padeció. Después de la resurrección, Él mismo habló de sus laceraciones en las manos y el costado (Jn. 20:27). Pero el Nuevo Testamento no intenta describir en detalle la severidad de las heridas de Jesús. Cualquiera dentro del reino de influencia romana estaría familiarizado con el horrible daño que la crucifixión causaba al cuerpo de una persona.

Por tanto, las profecías del Antiguo Testamento acerca de la muerte de Cristo nos hablan más que el Nuevo Testamento sobre las humillantes heridas padecidas. Isaías 52:14 es la más gráfica descripción bíblica en un versículo del desfiguramiento extremo de nuestro Señor: tenía el rostro tan desfigurado que no parecía humano. El Salmo 22 proporciona aún más información sobre lo que Jesús soportó en la cruz. Ese salmo empieza con las mismas palabras que Cristo pronunció en la cruz: "Dios mío, Dios mío, ¿por qué me has desamparado?". El salmo también cita las palabras de quienes se burlaban del Salvador mientras colgaba allí: "Se encomendó a Jehová; líbrele él; sálvele, puesto que en él se complacía" (v. 8; cp. Mt. 27:43).

Entonces no puede haber ninguna duda acerca de lo que el Salmo 22 quiere decir. Este es el propio testimonio de Cristo acerca de la cruz, que nos fue dado proféticamente en un salmo que fue escrito al menos mil años antes que se cumpliera, y que dice así:

> He sido derramado como aguas,
>> y todos mis huesos se descoyuntaron;
> mi corazón fue como cera,
>> derritiéndose en medio de mis entrañas.
> Como un tiesto se secó mi vigor,
>> y mi lengua se pegó a mi paladar,
>> y me has puesto en el polvo de la muerte.
> Porque perros me han rodeado;
>> me ha cercado cuadrilla de malignos;
>> horadaron mis manos y mis pies.
> Contar puedo todos mis huesos;
>> entre tanto, ellos me miran y me observan (vv. 14-17).

Eso describe la crucifixión de Cristo con precisión asombrosa, a pesar de que fue escrito siglos antes que alguien incluso pensara en ejecutar delincuentes de este modo. Por supuesto, la perforación de manos y pies se refiere a los clavos usados para asegurar a Jesús a la cruz. Sin duda los huesos de Jesús "se descoyuntaron" cuando, después de clavarlo a la cruz, los verdugos la levantaron y la dejaron caer en un agujero que había sido cavado profundamente para permitir que el madero permaneciera erguido. El impacto que estremeció los huesos habría dislocado varias articulaciones a lo largo del cuerpo. Los huesos podían contarse porque el trauma extremo y la deshidratación le dejaron una figura casi esquelética. La "cuadrilla de malignos" que lo cercaba es precisamente lo que los relatos del evangelio describen (Mr. 15:27-32). La frase "mi corazón fue como cera, derritiéndose en medio de mis entrañas" es la misma imagen que tenemos de la descripción que Juan hace de la escena cuando "uno de los soldados le abrió el costado [a Jesús] con una lanza, y al instante salió sangre y agua" (Jn. 19:34).

Una vez más, el Salmo 22 es una descripción profética exacta de los resultados de la crucifixión, más gráfica de la que obtenemos incluso de relatos de testigos presenciales en el Nuevo Testamento. No obstante, la mención más temprana de crucifixión en cualquier registro histórico se refiere a un acontecimiento que ocurrió quinientos años después de David. Cuando Darío I conquistó Babilonia por segunda vez en el 519 a.C. hizo que trescientos de los hombres más prominentes de la ciudad fueran empalados y murieran lentamente.[3] La práctica se adoptó posteriormente como medio de ejecución pública debido al modo en que infundía terror en los corazones de quienes lo presenciaban. Imperios mundiales emplearon varias formas de empalamiento y crucifixión durante los quinientos años siguientes. Los griegos por lo general despreciaban la práctica y la usaban solo en pocas ocasiones. Fueron los romanos quienes perfeccionaron un método que mantenía a las víctimas padeciendo en agonía durante tres días o más.

---

3. Heródoto, *Historias*, 3.159.

Frederic Farrar, un líder de la iglesia en Inglaterra del siglo XIX, escribió esta descripción de los horrores de la crucifixión:

[En una cruz], en medio de torturas cada vez más insoportables, e incluso más exasperantes a medida que pasaba el tiempo, las infelices víctimas seguían muertas en vida. Esta condición era tan cruelmente intolerable que a menudo se veían obligadas a suplicar e implorar a los espectadores, o los verdugos, el preciado favor de que les quitaran la vida. Tal vez así podrían acabar con una angustia demasiado terrible de soportar, conscientes hasta lo último y a menudo con lágrimas de absoluto dolor, implorando a sus enemigos la inestimable bendición de la muerte.

En realidad una muerte por crucifixión parece incluir todo lo que el dolor y la muerte *pueden* tener de horrible y espantoso: mareo, calambres, sed, hambre, insomnio, fiebre traumática, tétano, publicidad de la vergüenza, prolongada permanencia del tormento, horror de anticipación, mortificación por heridas no atendidas. Todo se intensificaba hasta el punto de no poder soportarse en absoluto, pero se detenía justo en el momento en que daría a la víctima el alivio de la inconciencia. La posición antinatural hacía doloroso todo movimiento. Las venas laceradas y los tendones aplastados se estremecían con incesante angustia. Las heridas, inflamadas por la exposición, poco a poco se gangrenaban. Las arterias, en especial de la cabeza y el estómago, se hinchaban y oprimían sobrecargadas de sangre. Y mientras cada variedad de sufrimiento aumentaba gradualmente, se añadían las intolerables punzadas de una sed ardiente y embravecida. Todas estas complicaciones físicas causaban agitación y ansiedad interior, las cuales hacían que la perspectiva de la muerte misma (la muerte, el espantoso enemigo desconocido, ante cuya aproximación el hombre suele estremecerse al máximo) tuviera el aspecto de una deliciosa y exquisita liberación.[4]

---

4. Frederic William Farrar, *The Sweet Story of Jesus: The Life of Christ* (Nueva York: Commonwealth, 1891), p. 619. Para un análisis de los aspectos médicos de la crucifixión, véase William D. Edwards, Wesley J. Gabel y Floyd E. Hosmer, "Sobre la muerte física de Jesucristo", *Journal of the American Medical Association* 255 (marzo 21, 1986): 1455-63.

Isaías 52:14 debe entenderse en ese sentido. El brutal trato que Jesús sufrió lo dejó tan lisiado y mutilado que apenas parecía humano. El asombro de las personas expresaba desprecio. Refleja la profunda impresión que sintieron al ver la humillación que padecía Jesús. Lo encontraron repulsivo, lejos de la idea que tenían de cómo debía ser el Rey Mesías. El deterioro de Cristo era lo más profundo posible, lo más severo, y lo más horrible. Pero en contraste, su exaltación sería la más enaltecida, la más profunda, y la más gloriosa.

La exaltación asombrosa del Siervo

La forma en que Isaías 52:12-15 pasa de escena a escena sería difícil de seguir para los lectores que no saben nada de Cristo. Cuando empieza en 52:13, el Siervo del Señor es "engrandecido... exaltado... puesto muy en alto". El versículo 14 nos muestra ese vestigio impresionante en tiempo pasado acerca del Salvador "desfigurado de los hombres su parecer". Pero luego en el versículo 15 una vez más la escena, el tiempo verbal y el tono cambian abruptamente, y vemos mirando en el futuro el regreso del Cristo glorioso y triunfante, cuando "todos los reyes se postrarán delante de él; [y] todas las naciones le servirán" (Sal. 72:11). Aquí el asombro pertenece a las naciones y los reyes gentiles, que se quedan estupefactos cuando lo ven: "Así asombrará él a muchas naciones; los reyes cerrarán ante él la boca, porque verán lo que nunca les fue contado, y entenderán lo que jamás habían oído" (Is. 52:15).

"Asombrará" es una de las posibles traducciones del término hebreo *nazá*, que literalmente significa "chorrear" o "salpicar", y que también puede traducirse "hacer saltar" o "sobresaltar". Robert Lowth, un obispo anglicano de inicios del siglo xix (quien publicó su propia traducción de Isaías del hebreo original), citó al "Obispo Chandler, *Defence* [Defensa], p. 148, [quien] declara 'que *asombrará* se utiliza para *sorpresa y admiración*, como cuando a las personas les lanzan agua. Y este sentido es seguido por la lxx [la Septuaginta]'".[5] En realidad, la traducción de Isaías del antiguo griego que se usaba

5. Robert Lowth, *Isaiah: A New Translation with a Preliminary Dissertation and Notes* (Londres: Thomas Tegg & Son, 1837), p. 363.

en la época de Jesús emplea una forma del verbo griego *thaumázo*, "maravillarse", o "admirar". Una traducción literal del versículo 15 de la Septuaginta diría entonces: "Muchas naciones se maravillarán ante él; los reyes quedarán estupefactos", traducción que se ajusta bien a este contexto. Mantiene el tema de esos tres versículos finales en Isaías 52: "He aquí... como se asombraron... muchos... asombrará él a muchas naciones; los reyes cerrarán ante él la boca".

Así como muchos se asombraron por la humillación del Siervo, así también las naciones y sus reyes quedarán estupefactos por su exaltación. Los reyes —aquellos que creen que *siempre* tienen el derecho de hablar— se quedarán sin habla. Y cuando ese día llegue, todas las naciones del mundo lo verán. "Todas las tribus de la tierra... verán al Hijo del Hombre viniendo sobre las nubes del cielo, con poder y gran gloria" (Mt. 24:30). Quedarán estupefactos ante la escena aterradora pero espectacular. Su silencio será el efecto involuntario de asombro extremo y emoción intensa que los dejará mudos.

He aquí cómo la Biblia habla de ese día:

> El sol se oscurecerá, y la luna no dará su resplandor, y las estrellas caerán del cielo, y las potencias de los cielos serán conmovidas. Entonces aparecerá la señal del Hijo del Hombre en el cielo; y entonces lamentarán todas las tribus de la tierra, y verán al Hijo del Hombre viniendo sobre las nubes del cielo, con poder y gran gloria (Mt. 24:29-30).

> Desde ahora veréis al Hijo del Hombre sentado a la diestra del poder de Dios, y viniendo en las nubes del cielo (Mt. 26:64).

> Varones galileos, ¿por qué estáis mirando al cielo? Este mismo Jesús, que ha sido tomado de vosotros al cielo, así vendrá como le habéis visto ir al cielo (Hch. 1:11).

> Es justo delante de Dios pagar con tribulación a los que os atribulan, y a vosotros que sois atribulados, daros reposo con nosotros, cuando se manifieste el Señor Jesús desde el cielo con los ángeles de su poder, en llama de fuego, para dar retribución

a los que no conocieron a Dios, ni obedecen al evangelio de nuestro Señor Jesucristo (2 Ts. 1:6-8).

Dios instalará a su Hijo como Rey del mundo. Los reyes de la tierra lo verán y se aterrorizarán:

> ¿Por qué se amotinan las gentes,
>> y los pueblos piensan cosas vanas?
> Se levantarán los reyes de la tierra,
>> y príncipes consultarán unidos
>> contra Jehová y contra su ungido, diciendo:
> Rompamos sus ligaduras,
>> y echemos de nosotros sus cuerdas.
>
> El que mora en los cielos se reirá;
>> el Señor se burlará de ellos.
> Luego hablará a ellos en su furor,
>> y los turbará con su ira.
> Pero yo he puesto mi rey
>> sobre Sion, mi santo monte (Sal. 2:1-6).

Tengamos en cuenta que la mayoría de tales profecías resaltan cómo la segunda venida del Señor Jesucristo encontrará a la gente totalmente desprevenida. Es fácil ver por qué. Incluso hoy día la mayor parte del mundo no está esperando el regreso de Cristo, a pesar de la gran cantidad de personas en todas partes que profesan alguna clase de fe en Cristo. Pero cuando Él regrese, "verán lo que nunca les fue contado, y entenderán lo que jamás habían oído". Y quedarán atónitos en silencio.

Esa última frase en Isaías 52:15 establece un principio importante con repercusiones de largo alcance. El profeta está declarando que personas de todo el mundo que nunca han oído la Palabra de Dios y no tienen motivo terrenal para comprender la verdad sobre el Mesías de Israel verán y entenderán de repente quién es Él, porque Dios mismo les abrirá los ojos a la verdad. Pablo citó ese texto para explicar por qué estaba tan comprometido con la tarea de predicar el evangelio a los gentiles: "Aquellos a quienes nunca les fue anunciado acerca de él, verán; y los que nunca han oído de él, entenderán" (Ro. 15:21).

Pero el contexto aquí en Isaías 52 sugiere que el cumplimiento final de esta promesa ocurrirá cuando Jesús venga en las nubes, "y todo ojo le verá, y los que le traspasaron; y todos los linajes de la tierra harán lamentación por él" (Ap. 1:7).

Ahora consideremos una vez más como una sola unidad a estos últimos tres versículos de Isaías 52. A simple vista podrían haber parecido una serie de incongruencias. Pero están vinculados con un tema claro: el Siervo del Señor es una persona asombrosa. Su sabiduría y su esplendor innatos son maravillas para contemplar (v. 13). Que aquel que es tan glorioso se le pudiera someter a tan gran humillación y desfiguración es totalmente absurdo y abrumador (v. 14). Pero la más grande maravilla de todas ocurrirá en su regreso glorioso y victorioso, cuando toda boca se cerrará y todo el mundo comparecerá como culpable delante de Dios (cp. Ro. 3:19).

Esos tres versículos (pronunciados por Dios mismo) acerca de la asombrosa *revelación, humillación* y *exaltación* del Siervo son únicamente la introducción del mensaje completo que Isaías va a entregar en el capítulo 53. Allí nos veremos cara a cara con el hecho más espantoso de todos: concretamente, el asombroso *rechazo* al siervo. Aunque llegó en un momento en que la esperanzada expectativa mesiánica estaba en su apogeo, se topó con la clase más vehemente de desprecio y rechazo. Su propio pueblo lo despreció y rechazó (53:3). Es a esa trágica realidad a la que retornaremos en la segunda estrofa de esta maravillosa profecía.

4

¿Y si algunos no creyeron?

Toda persona sin prejuicios podría haber visto en este pasaje que cuando el Mesías vino no estuvo rodeado de pompa, sino que llegó como "varón de dolores, experimentado en quebranto", para ser "despreciado y desechado entre los hombres". Sin embargo, a pesar de que la verdad estaba escrita como con un rayo de sol y que el pueblo judío conocía sus propias Escrituras, por lo que tuvieron la oportunidad de conocerlo, cuando el Mesías vino a los suyos, los suyos no lo recibieron; y aunque fueron favorecidos con las más claras profecías relacionadas con él, rechazaron sus declaraciones y clamaron: "¡Crucifícalo!".

Charles Spurgeon[1]

Si la expectativa mesiánica era tan alta cuando Jesús vino, ¿por qué lo rechazó la mayor parte del pueblo judío? "¿No ha conocido esto Israel?" (Ro. 10:19). "A lo suyo vino, y los suyos no le recibieron" (Jn. 1:11). ¿Desacredita eso de alguna manera la afirmación de que Jesús es el Mesías verdadero?

De ningún modo. Isaías claramente profetizó que el siervo sufriente de Jehová encontraría incredulidad y rechazo. Desde los primeros versículos de Isaías 53, esa realidad queda en claro

---

1. Charles Spurgeon, *The Metropolitan Tabernacle Pulpit* (Londres: Passmore & Alabaster, 1872), 18:565.

una y otra vez: "¿Quién ha creído a nuestro anuncio?... no hay parecer en él, ni hermosura; le veremos, mas sin atractivo para que le deseemos. Despreciado y desechado entre los hombres... fue menospreciado, y no lo estimamos" (vv. 1-3). El rechazo del Mesías es una de las principales características de Isaías 53.

Saulo de Tarso era un erudito judío que una vez rechazó las afirmaciones de Jesucristo y odió al cristianismo de forma tan extrema que, según sus propias palabras, "encerré en cárceles a muchos de los santos, habiendo recibido poderes de los principales sacerdotes; y cuando los mataron, yo di mi voto" (Hch. 26:10). Básicamente supervisó los primeros intentos de las principales autoridades judías de erradicar el cristianismo. Pero luego él mismo se convirtió en forma milagrosa y fue llamado por el Cristo resucitado a servir y fue designado para ser apóstol. Finalmente plantó iglesias en regiones gentiles desde Antioquía hasta Roma.

A veces alguien sugiere que Pablo ministró entre los gentiles porque su propia conversión le hizo desarrollar cierta especie de desprecio por su propia etnia. Pero es claro que Pablo no era antisemita. Afirmó que el deseo de su corazón y su constante oración a Dios por sus hermanos era que pudieran captar la verdad de Cristo y ser salvos (Ro. 10:1). Incluso aseguró que aceptaría ser condenado si ese fuera el medio de salvar a sus hermanos judíos: "Desearía yo mismo ser maldecido y separado de Cristo por el bien de mis hermanos, los de mi propia raza, el pueblo de Israel. De ellos son la adopción como hijos, la gloria divina, los pactos, la ley, el privilegio de adorar a Dios y el de contar con sus promesas" (Ro. 9:3-4, NVI).

Al pensar en la incredulidad de tantas personas que conocían las promesas del Antiguo Testamento y tuvieron todas las razones para aceptar a Jesús como el Mesías, pero que de todos modos lo rechazaron, Pablo señaló Isaías 53 para indicar que la incredulidad de Israel fue anunciada por los profetas junto con las profecías mesiánicas. Así escribió: "No todos obedecieron al evangelio; pues Isaías dice: Señor, ¿quién ha creído a nuestro anuncio?" (Ro. 10:16). El versículo que estaba citando es Isaías 53:1.

No todos obedecieron al evangelio

Las profecías mesiánicas del Antiguo Testamento cumplidas por Jesús son muy detalladas y específicas. Enumeramos algunas de ellas en el capítulo 1. Aquí podría ser útil examinar detenidamente algunas de tales profecías en su contexto, porque a menudo aparecen de modo inesperado en lugares donde los lectores quizás no estén buscándolas. Sin embargo, colectivamente dan numerosos detalles específicos sobre la venida del Mesías como para dejar de lado su verdadera identidad como indefinida o ambigua.

Por ejemplo, Miqueas 5:2 es el versículo que predice dónde iba a nacer el Mesías: "Pero tú, Belén Efrata, pequeña para estar entre las familias de Judá, de ti me saldrá el que será Señor en Israel; y sus salidas son desde el principio, desde los días de la eternidad". El versículo aparece en un contexto en que Miqueas declara una profecía contra Sedequías, a quien Nabucodonosor había designado ilegítimamente como rey vasallo sobre Judá. Pero Sedequías trató de rebelarse, por lo que Nabucodonosor le arrancó los ojos (2 R. 25:1-7).

En el capítulo 10 estudiaremos la sucesión de reyes que gobernaron Judá después de la muerte de Isaías hasta el cautiverio babilónico. Sedequías encaja en esa era. Pero aquí es necesario un poco de historia para comprender las referencias históricas en Miqueas 5:1-2.

Aunque no estaba directamente en la línea de sucesión, Sedequías fue la última persona en ocupar el trono de David. Su reinado terminó cuando Nabucodonosor perdió la paciencia con él, arrasó Jerusalén, enceguenció a Sedequías, y lo llevó a Babilonia, donde murió (Ez. 12:13). Miqueas 5:1 se refiere así al asalto de Jerusalén por Nabucodonosor : "Rodéate ahora de muros, hija de guerreros; nos han sitiado; con vara herirán en la mejilla al juez de Israel". "Hija de guerreros" se refiere a la banda de soldados del ejército caldeo enviado por Nabucodonosor para castigar a Sedequías, a quien se menciona en el versículo 1 como el "juez de Israel". La vara que le hiere la mejilla es el instrumento usado para sacarle los ojos.

El versículo 2 se dirige entonces al pueblo de Belén. Ya que ningún rey asumió el trono de David después que Sedequías fuera depuesto, la promesa en el versículo 2 se dio para asegurar a los israelitas que a pesar de esto aparecería su verdadero gobernante, el heredero legítimo del trono de David. Las repercusiones mesiánicas de esa profecía eran evidentes incluso en tiempos del Antiguo Testamento. Pero al igual que la mayoría de promesas mesiánicas del Antiguo Testamento, Miqueas 5:2 habría sido de algún modo misterioso hasta que finalmente se cumplió. Miqueas no ofrece ninguna pista sobre *cuándo* o *cómo* vendría el Mesías, pero es muy específico sobre *de dónde* vendría el gobernante prometido.

La prueba de que las personas antes del tiempo de Cristo entendían claramente el significado profético de Miqueas 5:2 se ve en el hecho de que cuando los magos del Oriente vinieron a buscar al rey recién nacido en tiempos de Herodes, los principales sacerdotes y escribas citaron este texto sin vacilación, y dirigieron a los sabios hacia Belén.

Varias profecías del Antiguo Testamento respecto al libertador mesiánico estaban llenas de detalles específicos que se ajustaban con precisión a Jesús, y que están dispersas por todo el Antiguo Testamento. Por ejemplo, en los primeros capítulos de Génesis se les prometió a Adán y Eva que aquel que finalmente derrotaría a Satanás y acabaría con la maldición del pecado sería un hombre, la simiente de la mujer (Gn. 3:15). Sería descendiente de Abraham (Gá. 3:16). Vendría de la tribu de Judá (Gn. 49:10) en el linaje de David (Jer. 23:5-6; Ro. 1:3).

También hubo pistas a lo largo del camino de que el Mesías sería más que simplemente un hombre. Sería Dios encarnado. Por ejemplo, hay una insinuación de su deidad incluso en Miqueas 5:2: "Sus orígenes se remontan *hasta la antigüedad, hasta tiempos inmemoriales*" (nvi). La expresión hebrea significa "desde la eternidad pasada"; por tanto, quien viene de Belén, "el que gobernará a Israel", sería alguien que no tenía sus orígenes en el reino humano, sino que existió antes del inicio de los tiempos.

Las evidencias de la deidad del Mesías son sutiles pero innegables. Para citar otro ejemplo, David llamó al Mesías su "Señor" (Sal. 110:1). Jesús mismo preguntó retóricamente después de su enfrentamiento con algunos líderes religiosos judíos: "Si David le llama Señor, ¿cómo es su hijo?" (Mt. 22:43-45). David estaba incuestionablemente refiriéndose al Mesías como Dios, ya que ningún padre del Oriente Medio, mucho menos un rey, se habría dirigido a su propio hijo como "Señor". Agreguemos a tales ejemplos la famosa profecía del nacimiento virginal en Isaías 7:14, la cual también sugiere firmemente que el Mesías sería Dios encarnado, porque su nombre sería *Emanuel,* "que traducido es: Dios con nosotros" (Mt. 1:23). Isaías 9:6 continúa diciendo: "Se llamará su nombre Admirable, Consejero, Dios Fuerte, Padre Eterno, Príncipe de Paz".

Tras siglos de espera, el Señor Jesucristo finalmente vino, nació de una virgen como Isaías había anunciado (cp. Lc. 1:26-35), en Belén (Mt. 2:1), fue descendiente de Abraham y David (Mt. 1:1), su deidad fue confirmada por sus palabras y acciones sin paralelo (Lc. 24:19; Hch. 2:22; Jn. 5:36; 7:46; Mt. 7:28-29). Sus credenciales mesiánicas eran impecables, lo cual hizo que se maravillaran muchos de los que lo vieron y oyeron: "¿Habrán reconocido en verdad los gobernantes que éste es el Cristo?" (Jn. 7:26). Y: "El Cristo, cuando venga, ¿hará más señales que las que éste hace?" (v. 31). Después de presenciar el poder de Jesús para obrar milagros, una turba consistente de miles intentó incluso "apoderarse de él y hacerle rey" (Jn. 6:15). Multitudes frenéticas lo aclamaron como el Mesías cuando hizo su viaje final a Jerusalén (Mt. 21:9; Jn. 12:13).

Sin embargo, la mayor parte de los habitantes de Israel, siguiendo a sus líderes religiosos (Mt. 27:20), finalmente lo rechazaron como su Mesías. Ellos lo crucificaron y mataron "por manos de inicuos [las autoridades romanas]" (Hch. 2:23; cp. 3:13-15; 4:10-11; 5:30; 7:52; 13:27).

¿Cómo pudo haber ocurrido eso? ¿Cómo pudo el propio pueblo de Jesús rechazarlo a pesar de la abrumadora evidencia de que Él era realmente el tan esperado Mesías de Israel? Ya hemos sugerido que al menos parte de la respuesta yace en las erróneas expectativas que tenían con relación al Mesías. Esperaban un campeón conquistador que los liberara de sus odiados opresores romanos, los condujera a su reino, y otorgara bendiciones a Israel.

Emil Schürer, famoso historiador alemán y profesor de teología del siglo XIX, escribió una obra meticulosamente investigada de varios volúmenes sobre el judaísmo del primer siglo. En una larga sección describió la esperanza mesiánica de esa época, a la que se refirió como "una declaración sistemática de teología doctrinal mesiánica".[2] Según Schürer, los teólogos judíos creían que la venida del Mesías se desarrollaría en una cadena de nueve fases de acontecimientos estrechamente ligados. He aquí cómo Schürer resumió la escatología hebrea del primer siglo:

1. *"La última tribulación y perplejidad...* La aparición de la redención debe estar precedida por un período especial de conflictos y aflicción".[3]

2. *"Elías como precursor.* Se esperaba el regreso del profeta Elías para preparar el camino del Mesías basándose en Malaquías [4:5-6]".[4]

3. *"La aparición del Mesías".*[5] El profesor Schürer afirma que la esperanza mesiánica inicial no se enfocaba en un solo individuo sino en toda la dinastía de reyes teócratas en la línea davídica. Sin embargo, con el tiempo "la esperanza se consolidó y creció más y más en la expectativa de un *Mesías personal* como gobernante dotado por Dios con dones y poderes especiales".[6] Schürer reconoce que no es totalmente claro si los antiguos escritores judíos en general entendieron que el Mesías fuera simplemente humano o un ser preexistente de un orden superior. Sin embargo, cita varias fuentes, incluso el libro de Enoc (una antigua obra judía apócrifa), donde se dice que el Mesías fue elegido, nombrado y escondido con Dios antes que el mundo fuera creado. También señala que para el primer siglo

---

2. Emil Schürer, *A History of the Jewish People in the Time of Jesus Christ* (Edinburgh: T&T Clark, 1896), 2:154.
3. Ibíd.
4. Ibíd., p. 156.
5. Ibíd., p. 158.
6. Ibíd., p. 160; cursivas en el original.

los judíos esperaban que su Mesías tuviera poder para obrar señales y maravillas.[7] Es evidente que las esperanzas judías del siglo I con relación al Mesías eran más sólidas y estaban más en armonía con la revelación del Nuevo Testamento de lo que muchos líderes judíos de hoy querrían admitir.

4. "*Último ataque de los poderes hostiles.* Después de la aparición del Mesías, los poderes paganos se reunirán contra él para un último ataque".[8]

5. "*Destrucción de los poderes hostiles...* Un gran juicio [apocalíptico], infligido por Dios mismo sobre sus enemigos",[9] finalmente haría posible la eliminación de la maldición del pecado y la inauguración de la era mesiánica, un tiempo de paz y prosperidad sin precedentes en todo el mundo.

6. "*Renovación de Jerusalén.* Ya que el reino mesiánico ha de establecerse en la Tierra Santa (cp. p. ej. Esdras 9:9), Jerusalén misma debe ser renovada antes que nada".[10]

7. "*Reunión de los dispersos*". El profesor Schürer dice que la expectativa de que los dispersados de Israel regresaran a su tierra "era tan evidente que esta esperanza se habría apreciado incluso sin las predicciones definitivas del Antiguo Testamento".[11]

8. "*El reino de gloria en Palestina*".[12] El establecimiento del reino del Mesías en Jerusalén significaba que Israel se convertiría en el centro del poder mundial, y que todas las demás naciones se someterían al Mesías Judío. "La *Tierra Santa* forma el *punto central* de este reino. Por tanto, 'heredar la tierra' es equivalente a tener parte en el reino mesiánico".[13]

---

7. Ibíd., p. 161.
8. Ibíd., p. 164.
9. Ibíd., p. 165.
10. Ibíd., p. 168.
11. Ibíd., p. 169.
12. Ibíd., p. 170.
13. Ibíd., p. 172.

9. "*Renovación del mundo*. La esperanza de una renovación del cielo y la tierra se basa principalmente en Isaías 65:17, 66:22".[14]

Ese punto de vista de los últimos tiempos tiene obviamente mucho en común con el premilenarismo cristiano (la creencia de que Cristo regresará para gobernar y reinar el mundo en paz durante mil años). Los paralelismos son demasiados numerosos como para ignorarlos. En realidad, si consideramos literalmente las promesas del Antiguo Testamento acerca del reino del Mesías, y empleamos las mismas reglas de interpretación que utilizaríamos para entender cualquier otro pasaje de las Escrituras, ese es un bosquejo adecuado de lo que enseña la Biblia sobre el reinado final del Mesías de Israel en los últimos tiempos. En Mateo 24, Jesús mismo predijo que el final de la era comenzaría con un tiempo de "gran tribulación, cual no la ha habido desde el principio del mundo hasta ahora, ni la habrá" (v. 21; cp. Ap. 7:14). Cada detalle de la línea profética de los antiguos eruditos también se repite en el libro del Apocalipsis, culminando con el reino milenial de Cristo (Ap. 20:4-5).

Sin embargo, lo que los eruditos de la época de Jesús no tuvieron en cuenta fue el tema de Isaías 53. Antes de conquistar al último de sus enemigos y establecer su trono en Jerusalén, el Mesías derramaría primero su propia sangre a fin de pagar el precio de redención por el pecado, y así "[redimir] para Dios... todo linaje y lengua y pueblo y nación" (Ap. 5:9). En resumen, no había lugar en la teología mesiánica judía para una muerte expiatoria, ni incluso para un Mesías resucitado. Estas son las palabras de un comentarista:

> La muerte y la resurrección no formaban parte del concepto que tenían del oficio y el programa del Mesías... Esperaban un Mesías que rompiera la dominación imperialista de los romanos por la fuerza de las armas. ¿De qué serviría un Mesías que permitió que las autoridades judías lo atraparan, lo entregaran a los romanos, y lo crucificaran antes que hubiera comenzado siquiera a organizar cualquier operación guerrillera, levantamiento popular, o guerra abierta? Si el Antiguo Testamento

---

14. Ibíd., p. 177.

profetizó un libertador que no moriría, sino que triunfaría, Jesús ya estaba descalificado: había muerto. Después de eso, era casi irrelevante hablar de resurrección.[15]

En comparación con tan elevadas expectativas, las circunstancias de la vida y el ministerio de Jesús no parecían coincidir con lo que el pueblo judío esperaba del Mesías. Él nació en la más humilde de las circunstancias. Después de dar a luz, María "lo envolvió en pañales, y lo acostó en un pesebre" (Lc. 2:7). Por supuesto, un pesebre es un abrevadero para animales... una cama nada real en la cual colocar a algún bebé real. Jesús no fue atendido en su nacimiento por los ricos ni la élite de la sociedad, sino por pastores, trabajadores mínimamente preparados que estaban cerca del fondo de la escala social. Jesús mismo creció en las circunstancias más humildes: se crió en una familia de clase trabajadora en un pueblo pobre sin ningún renombre (Jn. 1:46), en una región despreciada por el resto de la nación (Jn. 7:41, 52).

A diferencia de los arrogantes, orgullosos y pretenciosos fariseos (Jn. 7:49; 9:34), Jesús ministró a los marginados de la sociedad judía, recaudadores de impuestos (Mt. 9:10-11; 11:19; Lc. 15:1-2) y pecadores flagrantes como ladrones, borrachos y prostitutas (Mt. 21:31-32; Lc. 7:37, 39), e incluso a los despreciados samaritanos (Jn. 4:4-43).

Él no se molestó en buscar una posición ni el respaldo de los líderes espirituales de la élite de la nación, los principales sacerdotes, escribas y fariseos. Tampoco eligió a sus más cercanos seguidores entre los prominentes, los ricos, o los políticamente poderosos. Los doce apóstoles eran en su mayoría pescadores. Uno era cobrador de impuestos. Todos menos uno eran galileos, vistos con desprecio por la gente más sofisticada de Jerusalén y Judá. Peor aún, el único no galileo resultó ser un traidor que vendió a Jesús a sus enemigos.

Jesús no fue educado en las escuelas rabínicas, no tenía programa político, no buscó cargo ni posición de poder o influencia, no reunió un ejército, ni presentó ninguna estrategia para establecer

---

15. David Gooding, *According to Luke* (Grand Rapids, MI: Eerdmans, 1987), p. 351. Publicado en español por Editorial Clie con el título *Según Lucas*.

su gobierno. Además, entre las multitudes de los últimos veinte siglos que, con fe verdadera y obediente, lo han reconocido como su Mesías, "no muchos... son sabios, según criterios meramente humanos; ni son muchos los poderosos ni muchos los de noble cuna" (1 Co. 1:26, NVI).

Pero por otra parte, su poder sobrenatural sobre la enfermedad, la muerte y los demonios era evidente (cp. Jn. 2:23; 3:2; 6:2; 7:31). Hasta sus peores enemigos, los jefes de los sacerdotes y los fariseos, exclamaron exasperados: "¿Qué haremos? Porque este hombre hace muchas señales. Si le dejamos así, todos creerán en él; y vendrán los romanos, y destruirán nuestro lugar santo y nuestra nación" (Jn. 11:47-48).

El asombroso poder y la sabiduría de Jesús sí levantaron las esperanzas de la gente común de que Él sería el Mesías y libertador que esperaban. Fue durante su ministerio en Galilea que trataron de forzar las cosas, intentado hacerlo rey por aclamación popular (Jn. 6:14-15). Finalmente, cuando se acercó a Jerusalén para la última Pascua, lo aclamaron como su Rey y Mesías en una demostración masiva de optimismo popular. Multitudes de personas que estaban allí ese día para presenciar la entrada triunfal de Jesús a la ciudad creían, al igual que los dos hombres que encontró después en el camino a Emaús, "que él era el que había de redimir a Israel" (Lc. 24:21).

Pero cuando regresó a Jerusalén al día siguiente, Jesús no atacó a los romanos, no derrocó a los enemigos de Dios, ni reunió a Israel para su causa. En lugar de eso, sorprendentemente atacó los negocios corruptos manejados por las autoridades religiosas del templo, el mismo núcleo del judaísmo. Durante el resto de la Semana Santa, Jesús siguió enfrentándose a la falsa enseñanza de los líderes judíos y enseñando abiertamente la verdad. El viernes las multitudes, influenciadas por sus líderes (Mt. 27:20), se habían vuelto contra Jesús. "¡Crucifícale, crucifícale!", le exigieron a un Pilato reacio (Lc. 23:21). "Su sangre sea sobre nosotros, y sobre nuestros hijos" (Mt. 27:25). Concluyeron que Él no era el rey que querían.

Sin embargo, Jesús *es* el Salvador que todos necesitamos. Recordemos que el evangelio según el judaísmo del primer siglo había disminuido el énfasis en la gracia e inyectado la noción del mérito humano. Los judíos habían llegado a creer que lo que los diferenciaba del resto del mundo era su descendencia de Abraham, resaltada descaradamente por las características ceremoniales de la léy (en su mayoría ceremonias, rituales y restricciones dietéticas que resaltaban la piedad que exhibían). A estas cosas los rabinos añadieron muchas costumbres ostentosas propias como lavados ceremoniales adicionales, reglas rígidas sobre el diezmo, el uso de filacterias y borlas ornamentales, restricciones contra comer con pecadores, etc. La obediencia a la ley y sus añadiduras rabínicas se convirtió en un medio por el cual creían que podían acumular mérito justo. Todas esas cosas combinadas, sin duda, les daban una posición delante de Dios. O eso es lo que ellos creían.

No obstante, el legalismo (incluso una demostración pública de religión ceremonial, en especial cuando se usa como una tapadera para el mal) es un abominable sustituto para la verdadera santidad. Dios condena reiteradamente tal comportamiento (Is. 1:11-16; 66:3-4; Jer. 6:20; Am. 5:21-25). Todo lo que hacemos está corrompido con motivos egoístas, deseos pecaminosos, y una falta de amor de corazón puro por el Señor. De ahí que las Escrituras digan que las obras de justicia que realizamos, incluso las *mejores* que hacemos, no son más que un "trapo de inmundicia" (Is. 64:6). Solo Dios puede vestir a los pecadores "con vestiduras de salvación" o cubrirlos con "manto de justicia" (Is. 61:10).

Jesús es el Mesías verdadero que un día regresará para reinar como Rey sobre toda la tierra. Pero no podía establecer su reino (con todas sus bendiciones prometidas tanto para judíos como gentiles) hasta que hubiera proporcionado salvación. Las personas no pueden ser liberadas de su sufrimiento a menos que sean liberadas de su pecado. Los innumerables millones de animales sacrificados ofrecidos bajo el sistema expiatorio no expiaron el pecado. "De otra manera cesarían de ofrecerse" (He. 10:2). El ofrecimiento constante de tales sacrificios estaba diseñado para *recordar* a la gente su pecado y la necesidad de una expiación adecuada. "En estos sacrificios cada año se hace memoria de los pecados" (v. 3). Los sacrificios señalaban a Jesús como "el Cordero de Dios, que quita el pecado del mundo" (Jn. 1:29). Solamente la muerte de un sustituto perfecto satisfaría de veras las demandas de la justicia de Dios y pagaría el castigo por el pecado. Isaías 53 es la promesa de Dios de que Él mismo proveería un Cordero apropiado (cp. Gen. 22:8).

¿Quién ha creído?

Isaías 53 empieza con dos preguntas. La versión RVR-1960 ofrece la traducción más literal del versículo 1: "¿Quién ha creído a nuestro anuncio? ¿y sobre quién se ha manifestado el brazo de Jehová?". El sentido de la pregunta es: "¿Quién realmente creyó *lo que oímos?*" (PDT). No se trata de un mensaje que otros hubieran oído de nosotros, sino de uno que se le *dio* a las voces que están hablando. Se trata de una referencia al evangelio, y específicamente a la noticia de que el Mesías de Israel iba a morir por los pecados de su pueblo. Esto se desprende claramente del contexto, porque en eso es lo que se enfoca el resto del capítulo.

¿Quiénes son los que "oímos"? Tengamos en cuenta que este pasaje representa la confesión colectiva que todo Israel hará en ese día aún futuro en que la nación finalmente se volverá a Cristo. Desde luego, las palabras serían una expresión adecuada de arrepentimiento para cualquiera que sabiendo *de* Cristo lo hubiera rechazado por un tiempo antes de aceptarlo como Señor y Salvador. Pero en este contexto está la extraordinaria confesión de arrepentimiento nacional, y debemos entenderlo desde esa perspectiva.

La profecía indica que cuando vuelvan "los hijos de Israel, y [busquen] a Jehová su Dios… y [teman] a Jehová y a su bondad en el fin de los días" (Os. 3:5), reconocerán y confesarán su propia culpabilidad por haberse negado a creer. Más que todos los pueblos, ellos debieron haberlo recibido con gusto. Recordemos cómo el apóstol Pablo describió las muchas ventajas espirituales que los hijos de Israel disfrutaban como el pueblo escogido de Dios. "Primero, ciertamente, que les ha sido confiada la palabra de Dios" (Ro. 3:2). Además, "de los cuales son la adopción, la gloria, el pacto, la promulgación de la ley, el culto y las promesas; de quienes son los patriarcas, y de los cuales, según la carne, vino Cristo, el cual es Dios sobre todas las cosas, bendito por los siglos. Amén" (Ro. 9:4-5). El evangelio mismo fue entregado "al judío primeramente" (Ro. 1:16). Cuando Cristo vino, "a lo suyo vino" (Jn. 1:11). Aunque trató con misericordia a todo gentil que buscó su bendición, el enfoque principal de su ministerio terrenal fue el pueblo judío. Jesús mismo declaró: "No soy enviado sino a las ovejas perdidas de la casa de Israel" (Mt. 15:24). Él "vino a ser siervo de la circuncisión para mostrar la verdad de Dios, para confirmar las promesas hechas a los padres" (Ro. 15:8).

Ya vimos cómo Jesús cumplió o cumplirá perfectamente todas las profecías del Antiguo Testamento acerca del Mesías. Sus muchos milagros, presenciados por miles, dieron testimonio adicional de que se trataba realmente del Ungido de Dios. Su enseñanza mostró todas las marcas de la autoridad divina (Mt. 7:28-29). Por eso hubo más que una amplia evidencia que confirmaba realmente quién era. Sin embargo, como Juan aclara casi al inicio de su evangelio, "los suyos no le recibieron" (Jn. 1:11). La abrumadora mayoría de judíos de la época de Jesús hasta hoy han rechazado sus reclamos mesiánicos y le han dado la espalda a la misericordiosa promesa de perdón y redención total.

Ellos no están solos en eso, por supuesto. La mayoría de gentiles también le dicen no al evangelio. "Ancha es la puerta, y espacioso el camino que lleva a la perdición, y muchos son los que entran por ella" (Mt. 7:13). Cristo es una "piedra viva, desechada ciertamente por los hombres, mas para Dios escogida y preciosa" (1 P. 2:4). Es para la vergüenza eterna de todos los incrédulos que rechazarían al Hijo de Dios, quien es la perfecta revelación personal de Jehová (Col. 2:9). Es la pura verdad que la respuesta dominante al evangelio en prácticamente todas las culturas del mundo es incredulidad. Las personas orgullosas pero caídas se niegan a confesar su necesidad de perdón. Suprimirán o se burlarán de cualquier mención de culpa por el pecado o de la ira de Dios. Con desprecio rechazan la buena nueva de salvación como ridícula y ofensiva.

Por supuesto que es espantoso que *alguien* se burle de la perspectiva del juicio divino. Pero es especialmente vergonzoso cuando la gente que ha oído las tiernas súplicas y las promesas de Cristo se alejen de Él de todos modos, a menudo incluso odiando la mención de su nombre. Jesús les dijo a los once discípulos fieles: "Si el mundo os aborrece, sabed que a mí me ha aborrecido antes que a vosotros" (Jn. 15:18). Todo el mundo, no solo una nación o grupo étnico, carga con la culpa por rechazar a Cristo.

No obstante, para la mayoría incrédula en la nación de Israel, comenzando por los líderes religiosos del primer siglo en Jerusalén que conspiraron con los romanos para dar muerte a Jesús, la vergüenza de su rechazo se intensifica por el hecho de que tuvieron las profecías y las promesas mesiánicas. Disfrutaron todas las posibles ventajas espirituales. El evangelio prácticamente les llegó primero. Según hemos visto, las Escrituras indican que los jefes de los sacerdotes y las autoridades religiosas tuvieron toda razón para creer que Jesús era quien decía ser, pero el mayor temor que tuvieron fue la pérdida de sus propias posiciones: "Si le dejamos así... vendrán los romanos, y destruirán nuestro lugar santo y nuestra nación" (Jn. 11:48). A propósito cerraron sus mentes a la posibilidad de que las afirmaciones de Jesús fueran ciertas. Al igual que cualquier incrédulo, fueron culpables por su propia incredulidad. No tenían excusa (Ro. 1:20).

Y su culpa aumentó por el hecho de habérseles dado tantos privilegios. Lo vieron y escucharon de primera mano, pero de todos modos endurecieron sus corazones. Por tanto, en palabras de Jesús "recibirán mayor condenación" (Mr. 12:40). "A todo aquel a quien se haya dado mucho, mucho se le demandará; y al que mucho se le haya confiado, más se le pedirá" (Lc. 12:48).

La incredulidad tiene un efecto cegador. El temor de los dirigentes judíos de que todos aceptaran a Jesús como el Mesías prometido quizás parezca indicar que ellos mismos sabían que Él era quien afirmaba ser. Pero su propia incredulidad y su odio por Jesús les nublaron la visión. El apóstol Pablo era una estrella en ascenso entre los fariseos en el momento de la crucifixión. Debió haber conocido personalmente a muchos de los líderes judíos elitistas. Fue instruido en Jerusalén a los pies de Gamaliel (Hch. 22:3), quien era el rabino más famoso y respetado de su tiempo, y miembro del sanedrín, el concilio regente más alto en todo el judaísmo (Hch. 5:34). Según Pablo, "los habitantes de Jerusalén y sus gobernantes *no reconocieron a Jesús ni lo que dijeron los profetas*" (Hch. 13:27, RVC).

Ellos siguen siendo culpables por su incredulidad. No tenían excusa para no reconocerlo. Fueron cegados por su pecado voluntario. Pablo sigue diciendo: "No reconocieron a Jesús ni lo que dijeron los profetas, lo cual se lee en los días de reposo [aunque estos mismos dirigentes cumplieron esas profecías]... al condenar a Jesús. Y aunque no encontraron en él nada que mereciera su muerte, le pidieron a Pilato que lo matara" (vv. 27-28, RVC). Esta fue una perversa violación de su deber como líderes espirituales en Israel. Llevaron a la nación a la apostasía.

Pablo dice que desde entonces toda la nación ha estado sometida a una ceguera similar. "Ha acontecido a Israel endurecimiento en parte, hasta que haya entrado la plenitud de los gentiles" (Ro. 11:25). "Lo que buscaba Israel, no lo ha alcanzado; pero los escogidos sí lo han alcanzado, y los demás fueron endurecidos; como está escrito: Dios les dio espíritu de estupor, ojos con que no vean y oídos con que no oigan, hasta el día de hoy" (vv. 7-8). "El entendimiento de ellos se embotó; porque hasta el día de hoy, cuando leen el antiguo pacto, les queda el mismo velo no descubierto, el cual por Cristo es quitado" (2 Co. 3:14).

En otras palabras, este es un endurecimiento judicial, profetizado por el Antiguo Testamento e impuesto por Dios en respuesta a la apostasía voluntaria. El apóstol compara Israel con ramas de olivo que fueron apartadas ("por su incredulidad fueron desgajadas") a fin de que los gentiles puedan ser injertados (Ro. 11:17-20). Pablo afirma esto como un estímulo para el gentil: "Tú por la fe estás en pie. No te ensoberbezcas, sino teme" (v. 20).

También subraya la soberanía de Dios. Los elegidos (entre ellos muchos judíos) ahora *son* salvos. "Lo que buscaba Israel, no lo ha alcanzado; pero los escogidos sí lo han alcanzado, y los demás fueron endurecidos; como está escrito: Dios les dio espíritu de estupor, ojos con que no vean y oídos con que no oigan, hasta el día de hoy" (vv. 7-8). Es decir, la ceguera colectiva y nacional de Israel no fue accidental, y no significa el abandono definitivo de Dios por su pueblo. Es un juicio deliberado, impuesto por Dios después de siglos de incredulidad, desobediencia y tibieza de Israel. El diseño final de Dios no es destruir a la nación judía sino instalarla al arrepentimiento: "¿Han tropezado los de Israel para que cayesen? En ninguna manera; pero por su transgresión vino la salvación a los gentiles, para provocarles a celos" (Ro. 11:11).

Con todo eso en su corazón y mente, Pablo escribió: "No todos obedecieron al evangelio" (Ro. 10:16). Pero señala que incluso el rechazo de Israel cumple el plan y las profecías de Dios. Para aclarar este punto cita Isaías 53:1: "Pues Isaías dice: Señor, ¿quién ha creído a nuestro anuncio?" (Ro. 10:16).

En resumen, el motivo subyacente de que tantos en Israel rechazaran y siguieran rechazando el mensaje del evangelio acerca de Jesucristo no es simple ignorancia sino obstinación: "Pero acerca de Israel [Dios] dice: Todo el día extendí mis manos a un pueblo rebelde y contradictor" (v. 21; cp. Is. 65:2).

El poder de Dios para salvación de todos los que creen

La segunda pregunta que Isaías 53:1 hace es: "¿Sobre quién se ha manifestado el brazo de Jehová?". "El brazo de Jehová" es un símbolo de su poder divino (cp. Is. 51:9; 52:10; 59:16; 62:8; Lc. 1:51; Jn. 12:38). Aquí se refiere al poder de Dios demostrado en los milagros de Jesús y finalmente revelado en su poder para salvar por medio de las buenas nuevas acerca del Mesías. El enfoque de Isaías aún está firmemente centrado en el mensaje del evangelio. "Es poder de Dios ['el brazo de Jehová'] para salvación a todo aquel que cree; al judío primeramente, y también al griego" (Ro. 1:16).

A pesar de que el pueblo de Israel rechazó de manera colectiva y abrumadora a su Mesías, la obra de Él continúa. Pablo afirma con tristeza que sus "parientes según la carne" (Ro. 9:3) ignoraron "la justicia de Dios, y procurando establecer la suya propia, no se han sujetado a la justicia de Dios" (10:3). No captaron la verdad de que "el fin de la ley es Cristo, para justicia a todo aquel que cree" (v. 4). En otras palabras, no entendieron que no tenían ninguna base sobre la cual comparecer ante Dios y ninguna posibilidad de obtener el favor divino con sus propias buenas obras. Por tanto, no vieron ninguna necesidad del sacrificio del siervo a favor de ellos. Si hubieran creído, la justicia perfecta de su inmaculado

Mesías se les habría imputado (cp. 2 Co. 5:21; 1 P. 2:24). En cambio decidieron vestirse con su propia justicia. Al rechazar la justicia de Dios y confiar en la suya propia, se hicieron sumamente ofensivos a Dios.

Es más, Isaías desecha todas las reglas normales del discurso refinado en el modo que describe la culpa de aquellos que confían en sus buenas obras. Afirma que es como si estuvieran vestidos con trapos menstruales usados. Ese es el significado literal de la expresión hebrea utilizada en Isaías 64:6: "Todos nosotros somos como suciedad, y todas nuestras justicias como *trapo de inmundicia*".

Como todo pecador arrogante, creyeron que Dios era menos santo de lo que es y que ellos eran más virtuosos de lo que eran. Por eso llegaron ante Dios en sus propios términos, y no en los de Él. Una visión inadecuada de la pecaminosidad del pecado les impidió entender por qué murió el Salvador.

Aquellos que no entienden la gloria de la justicia divina nunca verán la necesidad de expiación.

Una vez más, esa es la difícil situación de todos los incrédulos. Es un error que de ninguna manera es exclusivo a Israel. Según Juan el Bautista dijera de Cristo: "lo que vio y oyó, esto testifica; y *nadie* recibe su testimonio" (Jn. 3:32). Pero fue especialmente trágico y significativo que la mayoría en Israel se alejara en incredulidad. Después de todo, se trataba de la nación elegida para traer al Mesías al mundo.

El Evangelio de Juan nos da una idea clara de lo que estaban pensando las personas que oyeron enseñar a Jesús y vieron sus milagros. En Juan 12:32 el Señor les dijo: "Yo, si fuere levantado de la tierra, a todos atraeré a mí mismo". Estaba refiriéndose a su crucifixión (v. 33). Incrédula, "le respondió la gente: Nosotros hemos oído de la ley, que el Cristo permanece para siempre. ¿Cómo, pues, dices tú que es necesario que el Hijo del Hombre sea levantado? ¿Quién es este Hijo del Hombre?" (v. 34). Un Mesías agonizante era incomprensible para ellos, ya que no veían la necesidad de que muriera para expiar sus pecados.

Jesús continuó, advirtiéndoles las nefastas consecuencias de tal incredulidad persistente:

Aún por un poco está la luz entre vosotros; andad entre tanto que tenéis luz, para que no os sorprendan las tinieblas; porque el que anda en tinieblas, no sabe a dónde va. Entre tanto que tenéis la luz, creed en la luz, para que seáis hijos de luz. Estas cosas habló Jesús, y se fue y se ocultó de ellos (Jn. 12:35-36).

El apóstol Juan explicó después el significado de la advertencia de Jesús y la resaltó con una cita de Isaías 53 y de Isaías 6:

A pesar de que había hecho tantas señales delante de ellos, no creían en él; para que se cumpliese la palabra del profeta Isaías, que dijo: Señor, ¿quién ha creído a nuestro anuncio? ¿Y a quién se ha revelado el brazo del Señor? Por esto *no podían* creer, porque también dijo Isaías: Cegó los ojos de ellos, y endureció su corazón; para que no vean con los ojos, y entiendan con el corazón, y se conviertan, y yo los sane. Isaías dijo esto cuando vio su gloria, y habló acerca de él (Jn. 12:37-41).

La mayoría incrédula de Israel rechazó a Jesús antes que nada porque tenían una teología fatalmente deficiente. Creían errónea-mente que podían ganar la salvación por sus propios esfuerzos. Tenían fe en sí mismos, no en Dios. Así que rechazaron el evangelio, el cual después de todo es "el brazo de Jehová", el poder de Dios para salvación de todos los que creen.

Dios, por tanto, Dios selló judicialmente tal incredulidad cegán-doles los ojos y endureciendo sus corazones.

No lea esto e imagine que Dios es el culpable de la incredulidad de ellos, la culpa la tienen ellos por rechazar persistente y obstina-damente al Hijo de Dios.

Él fue menospreciado, y no lo estimamos

En Isaías 53:2-3, el profeta da tres razones para la incredulidad que Israel confesará. Las tres expresan el desprecio de los israelitas incrédulos por el Siervo del Señor.

Primero, desde la perspectiva de ellos el Siervo tuvo un comienzo despreciable. "Subirá cual renuevo delante de él [Jehová], y como raíz de tierra seca" (v. 2*a*). Cuando Él nació, solo unos pocos en Israel lo reconocieron por quien realmente era. Fueron los pastores (Lc. 2:8-18), Simeón (Lc. 2:25-32), Ana (Lc. 2:36-38), y algunos otros "que esperaban la redención en Jerusalén" (Lc. 2:38). Pero Él creció a plena vista de Dios el Padre, quien observaba con aprobación cómo su Hijo encarnado "crecía en sabiduría y en estatura, y en gracia para con Dios y los hombres" (Lc. 2:52). En el bautismo de Jesús (y otra vez en la transfiguración) Dios declaró de Él: "Tú eres mi Hijo amado; en ti tengo complacencia" (Mr. 1:11; cp. 9:7).

Desde el punto de vista de la mayoría en Israel, incluso aquellos en su pueblo natal de Nazaret (Mt. 13:53-58), Jesús era simplemente un "renuevo... como raíz de tierra seca". Israel era en gran medida agrario, por lo que la ilustración debió ser conocida por la mayoría de personas. La palabra hebrea traducida "renuevo" se refiere a un retoño, un brote parásito inútil y no cultivado de la planta principal, el cual debe arrancarse para que no drene recursos de las ramas principales. Estos brotes (llamados hijuelos) suelen ser prolíficos en los olivos. Crecen desde la base del tronco del árbol, de donde extraen humedad y nutrientes. También hacen al árbol más sensible a insectos dañinos y enfermedades, por lo cual deben eliminarse.

La referencia metafórica al siervo como un renuevo refleja aquí el hecho de que el comienzo de Jesús pareció irrelevante, insignificante y nada prometedor. Él no era alguien de quien el observador típico se hiciera la idea de que se tratara del Mesías. Sus padres eran personas comunes, sin ninguna posición social. Como ya hemos observado, su primera cuna fue un comedero de animales a casi ciento sesenta kilómetros de su hogar, en algún lugar que debió parecerse a la habitación de un ocupante ilegal (Lc. 2:7). Se crió en el pequeño pueblo de Nazaret, un sitio muy remoto en Galilea, lejos de los centros de la cultura y la religión judía. Tan insignificante era Nazaret que ni siquiera se mencionó en el Antiguo Testamento, el Talmud, o los escritos de Josefo. El poblado era tan recóndito que algunos escépticos solían afirmar que Nazaret no pudo existir de veras en la época de Jesús. (Una amplia evidencia arqueológica ha desmentido esa afirmación[16]). Nazaret era un lugar del que no podía esperarse nada bueno (Jn. 1:46). Cristo vivió allí en completo anonimato durante treinta años, trabajando como carpintero hasta el inicio de su ministerio público.

Segundo, todo el carácter de Jesús era la antítesis de lo que ellos esperaban de un libertador mesiánico triunfante y conquistador. La frase "como raíz de tierra seca" obviamente se relaciona con "renuevo". Pero la connotación es ligeramente distinta. Isaías usa aquí una frase de cinco palabras que literalmente significa "como raíz en una parte árida de la tierra". Describe a un arbolito que alguien plantó a propósito y que nadie cuida. (Si les hubiera importado, lo habrían regado). También podría referirse a una raíz reseca que sobresale de la tierra y que puede hacer tropezar a alguien. Esta es otra manera de decir que él era indeseado y poco impresionante, e incluso débil y frágil en apariencia, abandonado por la gente, y alguien a quien debía evitarse. No ganó absolutamente nada ante los ojos de ellos por su origen familiar, su posición social, ni su educación, ya que no estaba entrenado en las escuelas rabínicas. Además, como ya hemos destacado, incluso sus seguidores más cercanos eran en gran manera trabajadores poco refinados, sin educación, y sin ningún tipo de prestigio o influencia social.

Creer que el Mesías podría ser un don nadie, como pensaban que Jesús era, parecía ridículo para el israelita típico. Cuando enseñó en la sinagoga de su pueblo natal de Nazaret, quienes lo habían visto crecer en medio de ellos se asombraron y exclamaron: "¿De dónde tiene éste estas cosas? ¿Y qué sabiduría es esta que le es dada, y estos milagros que por sus manos son hechos? ¿No es éste el carpintero, hijo de María, hermano de Jacobo, de José, de Judas y de Simón? ¿No están también aquí con nosotros sus hermanas?" (Mr. 6:2-3). O parafraseando: *¿De dónde sacó estas cosas este don nadie, este retoño, esta raíz inútil y poco prometedora de tierra seca?*

---

16. Los arqueólogos conocen muy bien desde hace tiempo la ubicación de la ciudad, y con los años han descubierto fragmentos de cerámica del primer siglo, tumbas de roca, cisternas, pozos de almacenamiento, refugios fortificados (usados según parece por personas que buscaron refugio durante la revuelta judía en el año 67 d.C.). En 2009 los arqueólogos anunciaron que habían descubierto una morada del siglo primero, la primera casa encontrada en Nazaret que pertenecía al tiempo de Cristo. http://www.bible-archaeology.info/Nazaret.htm.

No estaban impresionados. Marcos añade: "Y se escandalizaban de él" (v. 3). El relato de Lucas es incluso más escalofriante: "Levantándose, le echaron fuera de la ciudad, y le llevaron hasta la cumbre del monte sobre el cual estaba edificada la ciudad de ellos, para despeñarle. Mas él pasó por en medio de ellos, y se fue" (Lc. 4:29-30). En otras palabras, Jesús escapó de la turba por medios milagrosos. De algún modo, en una forma perfectamente adecuada a la ceguera espiritual que tenían, Él pudo pasar "por en medio de ellos" sin ser visto y simplemente salir de la escena. El incidente nos recuerda cuando los ángeles dejaron ciegos a los hombres de Sodoma para proteger a Lot en la víspera de la destrucción de la ciudad (Gn. 19:11).

Dos años después de ser rechazado en Nazaret, Jesús parece haber empleado un milagro similar para escapar de otra turba asesina que quería matarlo a pedradas en Juan 8:59. En esa ocasión los dirigentes judíos cínicamente lo desestimaron como un samaritano endemoniado (Jn. 8:48) y "tomaron entonces piedras para arrojárselas; pero Jesús se escondió y salió del templo" (v. 59).

A pesar de sus milagros, los cuales demostraban su poder sobre la enfermedad, los demonios, la muerte y el mundo natural, y en desafío a su misericordiosa enseñanza ("¡Jamás hombre alguno ha hablado como este hombre!" [Jn. 7:46]), lo vieron como que "no hay parecer en él, ni hermosura [lo verán] mas sin atractivo para que le [deseen]" (Is. 53:2).

Estaban obsesionados con la apariencia externa de las cosas (cp. 1 S. 16:7). La presencia física de Jesús no provocaba temor ni evocaba ningún sentido de grandeza. Él mismo confesó que era "manso y humilde de corazón" (Mt. 11:29). Era inconcebible para ellos que alguien tan piadoso y humilde pudiera ser su Mesías. ¿Cómo podría ser el conquistador majestuoso que esperaban? Tan profundamente extraña y desagradable era toda la idea que cuando Pilato le puso burlonamente un cartel en la cruz declarando que Jesús era el rey de los judíos, los indignados dirigentes religiosos le dijeron enojados: "No escribas: Rey de los judíos; sino, *que él dijo*: Soy Rey de los judíos." (Jn. 19:21).

Eso apunta a la tercera razón por la que rechazaron al siervo:

su vida tuvo un final ruin. "Despreciado y desechado entre los hombres, varón de dolores, experimentado en quebranto; y como que escondimos de él el rostro, fue menospreciado, y no lo estimamos" (v. 3). La palabra hebrea traducida "despreciado" se usa con frecuencia en el Antiguo Testamento como expresión de desdén y desprecio. También se usa para el Siervo del Señor en Isaías 49:7, describiéndolo como "menospreciado de alma... abominado de las naciones... siervo de los tiranos".

La misma palabra se usa cuando Esaú despreció su primogenitura (Gn. 25:34). Algunos de los hombres de Israel despreciaron a Saúl cuando fue elegido rey (1 S. 10:27). Mical, la esposa de David (2 S. 6:16), y Goliat (1 S. 17:42) despreciaron a David. En Jeremías 22:28 y Daniel 11:21 la palabra describe a reyes viles y despreciables.

Isaías 53:3 aplica esa palabra a la impresión general que Israel tenía del Siervo de Jehová, y tiene todas esas connotaciones. Lo consideraban vil, despreciable, digno de vergüenza y burla, principalmente porque murió en vez de llevar a la nación a triunfar sobre los romanos. Peor aún, su vida terrenal termina en tristeza, desilusión y ejecución por parte de los funcionarios romanos.

El pueblo de Israel pudo haber visto la muerte de Jesús con todos sus horrores y reconocerla por lo que fue: el sacrificio que Dios hizo de su Hijo como "el Cordero de Dios, que quita el pecado del mundo" (Jn. 1:29). Pudieron haberla visto como el sacrificio representado cuando Dios proveyó a Abraham un carnero para ofrecerlo como sustituto en lugar de Isaac. Pudieron haber visto la muerte de Cristo prefigurada en el cordero de Pascua cuya sangre en los dinteles liberó al pueblo de la ira de Dios. Ellos debieron haber podido entender que Él estaba ofreciendo el sacrificio final, único y verdadero que quita el pecado: algo que innumerables millones de animales sacrificados durante siglos no podían hacer (He. 10:4). Después de todo, Jesús habló reiteradamente de su muerte como rescate por los pecadores: "El Hijo del Hombre no vino para ser servido, sino para servir, y para dar su vida en rescate por muchos" (Mt. 20:28).

Pero debido a que no se veían realmente como pecadores, evidentemente creyeron que el interminable sistema expiatorio de ofrendas del Antiguo Testamento era el medio suficiente para tratar con sus transgresiones (en lugar de considerarlo símbolo de algo mejor). No apreciaron su necesidad de una expiación más grande que la sangre de toros y cabras. Una vez más, ellos no estaban buscando un Salvador, sino que esperaban un héroe político y militar. Por eso cuando el Mesías resultó ser un varón de dolores, lo despreciaron... tal como muchos lo siguen haciendo. Los escritos rabínicos contienen numerosos términos burlescos y apodos despectivos para Jesús, así como falsas acusaciones blasfemas contra Él.[17] Eso es coherente con el doble uso de "despreciado" en Isaías 53:3.

Jesús no solo fue despreciado por sus enemigos sino también "desechado entre los hombres" de todo tipo y clase. La idea es que fue rechazado por la humanidad en general, simbólicamente excomulgado de la especie humana por crucifixión pública. La *Palabra de Dios para Todos* traduce literalmente el hebreo: "hasta sus amigos lo *abandonaron*". Este es un recordatorio de que la noche en que fue traicionado incluso "todos los discípulos, dejándole, huyeron" (Mt. 26:56). Ninguno se quedó a su lado.

Mientras Jesús colgaba en la cruz, la escena era todo lo contrario de lo que la mayoría de personas en Israel esperaba de su Mesías. Allí estaba un hombre con "el rostro tan desfigurado, que apenas parecía un ser humano" (Is. 52:14, NTV), y despreciado, rechazado y abandonado incluso por sus seguidores más cercanos. En lugar de infligir sufrimiento y dolor a los enemigos de Israel, el siervo mismo era un "varón de dolores" (53:3). La palabra hebrea traducida

---

17. El Talmud, por ejemplo, afirma que "Jesús el nazareno fue colgado" porque "practicaba hechicería e instigaba y seducía a Israel a la idolatría" (Sanedrín 43a); que él "[prestó] demasiada atención a [la] esposa de un posadero" y recurrió a la idolatría (adorar a un pez) cuando su rabino tardó en perdonarlo después de señalar que los ojos de la esposa del posadero estaban "estrechos" (Sanedrín 107b); y que su madre fue una adúltera (Sanedrín 67a). Estas acusaciones repiten por supuesto las que los fariseos hicieron contra Jesús durante su ministerio terrenal. Cuando dijeron en Mateo 12:24: "Este no echa fuera los demonios sino por Beelzebú, príncipe de los demonios", estaban acusándolo de usar ciencias ocultas —magia— para realizar milagros. En otra parte dijeron que él estaba poseído por Satanás (Mr. 3:22), e incluso lo llamaron "Beelzebú" (Mt. 10:25). Los fariseos también cuestionaron la paternidad de Jesús. Cuando dijeron en Juan 8:48: "Tú eres samaritano, y... tienes demonio", justo después de afirmar: *Nosotros* no somos nacidos de fornicación" (v. 41), parecían estar sugiriendo que el nacimiento de Jesús fue ilegítimo. Sin embargo, es interesante que las denuncias que el Talmud hace de Jesús no cuestionan expresamente su descendencia de David. Véase el capítulo 6, nota 6.

"dolores" en la mayoría de traducciones en español tiene una amplia gama de significados, incluso sufrimiento, dolor y aflicción. Aquí se ve realmente dolor de corazón en todas sus formas, no dolor físico. La expresión comunica extrema angustia que le fue infligida por medio de un tormento indescriptible, no tan solo anuncia un sentimiento de dolor que brotara espontáneamente desde adentro. Aquí hay alguien que conoce de veras el dolor. Es un hecho intrigante que el Nuevo Testamento relate que Jesús lloró, pero no se dice que riera. Desde luego, Él era totalmente humano en cada aspecto ("pero sin pecado" [He. 4:15]). Entonces sería una conclusión injustificada imaginar que nunca rio. Pero cuando la Biblia menciona las emociones humanas de Jesús, siempre nos habla de su tristeza. Cuando Lázaro murió y Jesús vio llorando a los deudos, "se estremeció en espíritu y se conmovió" (Jn. 11:33). Lloró ante la tumba de Lázaro (v. 35). Cuando se acercaba a Jerusalén lloró por la ciudad (Lc. 19:41). Poco antes de esa última Pascua, mientras contemplaba lo que le esperaba, declaró: "Ahora está turbada mi alma" (Jn. 12:27). Notas de dolor impregnan tanto su alocución en el aposento alto como la oración sacerdotal (Jn. 13—17). En el huerto la noche de su traición, "comenzó a entristecerse y a angustiarse" (Mr. 14:33), y le dijo a Pedro, Jacobo y Juan: "Mi alma está muy triste, hasta la muerte" (v. 34).

Por eso la expresión "varón de dolores" se ajusta sin duda a lo que sabemos del temperamento de Jesús. Pero Isaías está escribiendo esta profecía con la mirada en la cruz, y su enfoque está en la profunda agonía —tanto el dolor físico como el sufrimiento desgarrador del alma— que Jesús soportó. El tormento de su cuerpo y alma era tan espantoso que literalmente se convirtió en "alguien de quien [escondieron el] rostro".

Recordemos que Isaías empezó esta profecía diciendo que "fue desfigurado de los hombres su parecer, y su hermosura más que la de los hijos de los hombres" (Is. 52:14). Sin duda debió haber sido duro verlo, sufriendo en agonía extrema y desfiguración repulsiva durante esas horas finales antes de su muerte. Tal sufrimiento simplemente no se ajustaba a la expectativa que tenían de cómo su Mesías vendría, por lo cual dijeron: "No lo estimamos".

A propósito, la palabra hebrea traducida "estimamos" es un término contable, el equivalente hebreo de la palabra griega *logizomai*, que significa "imputado" o "contado". Se trata de una palabra vital en la doctrina bíblica de la justificación. Aquí significa simplemente que reconocieron erróneamente que el siervo fiel de Dios era un don nadie. Desde la perspectiva que tenían, la opinión de que Jesús era el Mesías simplemente no cuadraba.

Esta fue la máxima expresión de desprecio: Él era nada, una nulidad. Esa fue la actitud de aquellos que pidieron su muerte. Se trata básicamente de la perspectiva de todos los que oyen el evangelio y se alejan... incluso la mayor parte de la nación judía.

Sin embargo, un día la nación se volverá, lo aceptará como Mesías y Salvador, y hará la confesión que se halla en Isaías 53. Hasta que llegue ese momento, el evangelio *todavía* "es poder de Dios para salvación a todo aquel que cree; al judío primeramente, y también al griego" (Ro. 1:16).

5

El Siervo sustituto

La flagelación era un castigo tan severo que por lo general lo consideraban peor que la muerte misma, y en realidad muchos perecían mientras la soportaban, o poco después. Nuestro bendito Redentor dio su espalda a los heridores, y los arados hicieron allí profundos surcos. ¡Qué triste espectáculo! ¿Cómo podemos soportar mirarlo?

Charles Spurgeon[1]

Como vimos en el capítulo 2, la profecía de Isaías acerca del Siervo sufriente está estructurada de tal modo que lo más importante se encuentra en el mismo centro del pasaje. Isaías 53:4-6 es la tercera de cinco estrofas en esta amplia profecía, y se encuentra apropiadamente situada. Esta es una expresión concisa y elocuente del tema central de todo el pasaje:

> Ciertamente llevó él nuestras enfermedades,
>   y sufrió nuestros dolores;
> y nosotros le tuvimos por azotado,
>   por herido de Dios y abatido.
> Mas él herido fue por nuestras rebeliones,
>   molido por nuestros pecados;

1. Charles Spurgeon, *The Metropolitan Tabernacle Pulpit*, 63 vols. (Londres: Passmore & Alabaster, 1879), 25:422.

el castigo de nuestra paz fue sobre él,
y por su llaga fuimos nosotros curados.
Todos nosotros nos descarriamos como ovejas,
cada cual se apartó por su camino;
mas Jehová cargó en él
el pecado de todos nosotros.

Esos tres versículos bien pueden ser los más grandiosos en todo el Antiguo Testamento.

El orden lógico de la profecía de Isaías se sigue fácilmente al rastrear los temas de estrofa en estrofa. La primera (52:13-15) describe el asombro que los contemporáneos de Jesús experimentaron ante la humillación de Él, en particular el sufrimiento inhumano que soportó en relación con sus juicios y su crucifixión. La segunda estrofa (53:1-3) relata el principio de la futura confesión del arrepentido Israel, en la cual reconocen que no se impresionaron con cómo nació su Mesías, dónde creció, cómo era, y (lo más importante de todo) cómo murió.

Esta tercera estrofa (53:4-6) refleja un despertar asombroso, una comprensión repentina de *por qué* el siervo de Dios tuvo que padecer tan humillante agonía. No solamente es la clave teológica vital de Isaías 53; también es la médula vital de todo lo que la Biblia enseña acerca de cómo es expiado finalmente el pecado.

La palabra que abre esta estrofa es "Ciertamente", usada aquí como exclamación. En el texto hebreo significa tanto "sin embargo" como "sin duda alguna". Es una palabra que se usa al menos quince veces en el Antiguo Testamento, y se traduce con mayor frecuencia "ciertamente" o "verdaderamente", pero a veces como "pero". Ambas ideas están generalmente intrínsecas en la expresión. Es la palabra que Jacob usó después de su sueño sobre la escalera que llegaba al cielo con ángeles que subían y bajaban. "Despertó Jacob de su sueño, y dijo: *Ciertamente* Jehová está en este lugar, y yo no lo sabía" (Gn. 28:16). Usada en ese sentido exclamativo, la palabra transmite la idea de gran sorpresa, a menudo con un elemento de desconsuelo. Moisés usó la misma expresión cuando se dio cuenta de que hubo testigos que lo vieron matar a un egipcio y esconder el cuerpo en la arena: "Entonces Moisés tuvo miedo, y dijo: *Ciertamente* esto ha sido descubierto" (Éx. 2:14).

Isaías 53:4 emplea la expresión en la misma forma. Indica un reconocimiento repentino de algo totalmente inesperado; un cambio dramático de una percepción anterior; una comprensión de que las personas que están hablando han estado notoriamente equivocadas. Aquí indica la reversión total de la actitud del arrepentido Israel hacia Jesús. Es una revelación impresionante y abrupta, una reversión total de cómo Israel lo había visto antes. Durante todas las generaciones desde que vino, ellos habían supuesto que la muerte de Jesús en la cruz demostró que era un don nadie, un fraude, cuya carrera una vez promisoria terminó en humillación y fracaso. Pero en ese día futuro confesarán que Él es realmente su Mesías verdadero, y que además vino a liberarlos no de una opresión política terrenal sino de la culpa eterna de la condenación de su pecado.

Sorpresa mezclada con consternación es exactamente el estado de ánimo aquí. Esta es la confesión de personas que súbitamente han visto una verdad que habían negado o rechazado por mucho tiempo. Confiesan que el siervo sufriente de Dios murió, pero no porque fracasó. Mucho menos le dieron muerte por sus propios pecados. Al contrario, Él fue el perfectamente inmaculado Cordero de Dios que murió por los pecados de su pueblo.

Y el elemento que causa una sorpresa más profunda en esta confesión es el modo en que el versículo 5 explica lo que significa: el siervo justo del Señor muere como un cordero expiatorio, padeciendo por pecados que no cometió, pero cargando con la culpa de su pueblo. "Jehová cargó en él el pecado de todos nosotros" (v. 6).

Más sorprendente es que los sufrimientos descritos en este pasaje incluyen el derramamiento de la ira de Dios en retribución justa por los pecados de quienes se rebelaron contra Él. Jesús fue realmente "azotado... herido *de Dios* y abatido" (v. 4). En otras palabras, las heridas y el tormento del siervo no fueron simplemente efectos secundarios de nuestro pecado. Él no fue un mártir. No fue una víctima accidental. Sus padecimientos no son perjuicios colaterales causados de alguna manera por una serie de acontecimientos puestos en acción por equivocación. Isaías está describiendo un acto voluntario de sustitución penal llevado a cabo por la voluntad soberana del Padre, Dios.

"Él herido fue por nuestras rebeliones, molido por nuestros pecados". Ambas expresiones significan que su sufrimiento hizo *una expiación por nuestros pecados*. El lenguaje es categóricamente punitivo. "El *castigo* de nuestra paz fue sobre él". Eso claramente significa que Él llevó el castigo que los pecadores merecen: la medida total de la ira de Dios "contra toda impiedad e injusticia de los hombres" (Ro. 1:18). Las penas y tristezas que Él experimentó por su pueblo no son simplemente consecuencias temporales o efectos secundarios del pecado. El Siervo de Jehová muere por su pueblo como sustituto y portador del pecado, cargando con la culpa de ellos y llevando el castigo que merecían. No se puede hacer que este pasaje signifique algo más.

Hace poco leí algunos comentarios sobre Isaías 53:4-6 en un recurso popular de estudio bíblico por un autor que afirma que la Biblia en ninguna parte enseña que Cristo fuera castigado por pecados de otros. En lugar de tratar con las palabras reales del texto, trató de exponer su argumento haciendo una apelación al sentimiento humano. Preguntó: si la cruz fue un castigo por pecados, ¿quién administró el castigo? *Ciertamente no nuestro Padre celestial.* El escritor estaba expresamente debatiendo contra el principio de la sustitución penal. A fin de reforzar su argumento fallido, buscó en una concordancia las palabras *castigo, pago* y *penalidad*. Afirmó que puesto que la versión Reina-Valera de la Biblia nunca utiliza tales palabras en referencia con la expiación, debe rechazarse la doctrina de expiación sustitutoria penal.

Pero no hay error en el mensaje de Isaías 53:5. La palabra hebrea traducida "castigo" tiene la ineludible connotación de sanción divina. El versículo 10 lo afirma con énfasis: "Jehová quiso quebrantarlo, sujetándole a padecimiento. Cuando haya puesto su vida en expiación por el pecado". Isaías 53 no es simplemente un pasaje desde el cual pueda lanzarse algún ataque creíble contra la doctrina de sustitución penal.

Es especialmente ridículo descartar el principio de la sustitución penal después de una búsqueda en una concordancia en que no se encuentra la palabra *pago*. Jesús mismo declaró que "el Hijo del Hombre... vino... para dar su vida en rescate por muchos" (Mt. 20:28; Mr. 10:45). Un *rescate* por definición es el pago de un precio para obtener perdón. La Biblia también explica que Cristo "es la propiciación por nuestros pecados" (1 Jn. 2:2; cp. Ro. 3:25). *Propiciación* es un sacrificio ofrecido (o precio pagado) para apaciguar a una deidad ofendida.

Si tales ideas nos parecen impactantes, ese es precisamente el propósito de Isaías. El precio que nuestro Salvador pagó por redimir a su pueblo de la culpa y la esclavitud del pecado fue horrible, y las Escrituras no tratan de suavizar los terribles aspectos de la verdad, especialmente si eso significa atenuar la horrible realidad de la ira justa de Dios. A menos que comprendamos y aceptemos la verdad de que "horrenda cosa es caer en manos del Dios vivo" (He. 10:31), no podemos apreciar de veras la gran misericordia y el amor del Padre con nosotros al enviar a su propio Hijo a morir en lugar de pecadores.

Es más, el amor de Dios (no su ira) es el punto central de la cruz. Jesucristo bebió voluntariamente toda la copa de la ira de Dios para que su pueblo pudiera escapar a ese juicio. Fue un acto de amor indescriptible. "Nadie tiene mayor amor que este, que uno ponga su vida por sus amigos" (Jn. 15:13).

Y su muerte logró precisamente lo que pretendía. Puesto que Jesús soportó el derramamiento completo de la venganza divina contra el pecado, quienes confían en Él como Salvador no tendrán que enfrentar la condenación de Dios.[2] Jesús dijo a sus seguidores: "De cierto, de cierto os digo: El que oye mi palabra, y cree al que me envió, tiene vida eterna" (Jn. 5:24). El apóstol Juan, abrumado por cómo el sacrificio de Cristo demuestra el amor de Dios, escribió:

En esto se mostró el amor de Dios para con nosotros, en que Dios envió a su Hijo unigénito al mundo, para que vivamos por él. En esto consiste el amor: no en que nosotros hayamos amado a Dios, sino en que él nos amó a nosotros, y envió a su Hijo en propiciación por nuestros pecados (1 Jn. 4:9-10).

---

2. A la inversa, "El que cree en el Hijo tiene vida eterna; pero el que rehúsa creer en el Hijo no verá la vida, sino que la ira de Dios está sobre él" (Jn. 3:36).

De tal manera amó Dios al mundo, que ha dado a su Hijo unigénito, para que todo aquel que en él cree, no se pierda, mas tenga vida eterna. Porque no envió Dios a su Hijo al mundo para condenar al mundo, sino para que el mundo sea salvo por él (Jn. 3:16-17).

Los tres versículos en esta estrofa central de la profecía de Isaías acerca del siervo sufriente están apropiadamente unidos por un tema común: la confesión del pecado. Cada uno amplía el alcance de lo que se confiesa, por lo que son como círculos concéntricos. Cada versículo presenta un aspecto del pecado de Israel y de la expiación del siervo. Según la profecía de Isaías, el remanente arrepentido de Israel un día confesará que rechazaron a Jesús porque tuvieron una actitud pecaminosa, manifestada en comportamiento perverso que fluía de una naturaleza depravada.

Confiesan su actitud pecaminosa

Isaías 53:4 empieza la confesión: "Ciertamente llevó él nuestras enfermedades, y sufrió nuestros dolores; y nosotros le tuvimos por azotado, por herido de Dios y abatido". Despreciaron a Jesús porque no cumplía las expectativas que tenían de lo que el Mesías debía hacer. Pero lo que Él en realidad estaba haciendo por su pueblo era infinitamente más grande que todo lo que habían esperado. En el regreso de Cristo, los herederos espirituales de ellos verán el error que cometieron y confesarán que la actitud que tuvieron hacia Jesús ha sido pecaminosamente equivocada.

La palabra traducida "enfermedades" en ese versículo es un término amplio que también significa "malestares", "dolores" o "calamidades". Aquí, puesto que el contexto es totalmente acerca de la maldad humana y la propiciación divina, está claro que Isaías habla de "enfermedades… y dolores" que son provocados por el pecado. Él está considerando el problema de la caída humana en términos de los efectos objetivos y externos que nuestro pecado produce, el cual hace que nuestras vidas estén en lucha constante con enfermedades, dolores y calamidades de toda clase.

La enseñanza aquí no es simplemente que el Mesías participa

de nuestras enfermedades y siente los dolores de nuestro corazón. Por supuesto que *hace* eso. Él es un "fiel sumo sacerdote" (He. 2:17) que puede "compadecerse de nuestras debilidades" (He. 4:15). Pero el punto de Isaías 53:4 no es que Jesús tiene compasión y comprensión por todos los dolores de la humanidad, sino más bien que "*llevó* él nuestras enfermedades, y sufrió nuestros dolores". En otras palabras, llevó sobre sí mismo nuestro pecado y todos sus efectos, aunque Él mismo era perfectamente inocente de cualquier maldad (He. 7:26; 1 P. 2:22). Los términos paralelos en el versículo 5 ("rebeliones", "pecados") dejan en claro que no se trata de sufrimientos o penas inmerecidas que soportamos como víctimas, sino de la angustia que siempre acompaña al pecado... empezando con la culpa (Sal. 51:3) y terminando en la muerte (Stg. 1:15). Jesús llevó todo eso por su pueblo.

La palabra traducida "llevó" literalmente significa "levantar o agarrar". Es un verbo activo. El siervo en Isaías 53 sufre porque lleva sobre sí la carga total del pecado y la culpa de la gente, con todas sus consecuencias... hasta incluir la paga del pecado: la muerte. Eso es precisamente lo que el Nuevo Testamento afirma que Jesús hizo por los pecadores. "Fue ofrecido... para llevar los pecados de muchos" (He. 9:28). "Quien llevó él mismo nuestros pecados en su cuerpo sobre el madero, para que nosotros, estando muertos a los pecados, vivamos a la justicia" (1 P. 2:24). Es más, Él "*se ofreció a sí mismo* sin mancha a Dios" (He. 9:14), un sacrificio perfecto para satisfacer las demandas de la justicia divina. Jesús "nos redimió de la maldición de la ley, hecho por nosotros maldición" (Gá. 3:13). En términos técnicos, Él *expió* por completo el pecado de su pueblo, lo que significa que le dio fin por medio de la muerte. Él se puso en lugar de ellos pagándoles totalmente el castigo por sus pecados, llevándose así la culpa que tenían y poniendo fin al dominio total que el pecado tenía sobre ellos (Ro. 6:14).[3]

---

3. El pecado aún está presente en principio, luchando por recuperar el control (Ro. 7:17-24), y nuestro deber es "hacer morir" o dar muerte a su influencia maligna sobre nosotros (véase 8:13). Pero quienes hemos nacido verdaderamente de nuevo ya no estamos sometidos a esclavitud abyecta (cautivos del pecado y desprovistos de justicia) del modo en que estábamos como incrédulos. Todos los creyentes verdaderos podemos estar seguros de que "el pecado no se enseñoreará... ya que no [estamos] bajo la ley, sino bajo la gracia" (6:14).

Una ilustración del Señor que quita los pecados de los creyentes viene del día de la Expiación. Dios ordenó que en ese día:

> Echará suertes Aarón sobre los dos machos cabríos; una suerte por Jehová, y otra suerte por [el chivo expiatorio]. Y hará traer Aarón el macho cabrío sobre el cual cayere la suerte por Jehová, y lo ofrecerá en expiación. Mas el macho cabrío sobre el cual cayere la suerte por [el chivo expiatorio] lo presentará vivo delante de Jehová para hacer la reconciliación sobre él, para enviarlo [al chivo expiatorio] al desierto (Lv. 16:8-10; cp. vv. 20-22).

Nuevamente vemos que este Siervo fiel del Señor, aquel que "fue cortado de la tierra de los vivientes, y por la rebelión de [su] pueblo fue herido" (Is. 53:8), solo puede ser el Señor Jesucristo. No hay escapatoria a la relación evidente (confirmada por muchos vínculos) entre la profecía de Isaías y la cruz de Jesucristo. Según escribió el apóstol Pedro (en alusión directa a Isaías 53), "también Cristo padeció por nosotros... llevó él mismo nuestros pecados en su cuerpo sobre el madero, para que nosotros, estando muertos a los pecados, vivamos a la justicia; y por cuya herida [fuimos] sanados" (1 P. 2:21, 24).

Sin embargo, se nos recuerda una vez más que es una simple y persistente realidad que la profecía de Isaías fue escrita y canonizada en las Escrituras hebreas varios siglos antes que Jesús fuera crucificado, y que aunque Jesús encaja a la perfección en la descripción que Isaías hace del siervo sufriente, "los suyos no le recibieron" (Jn. 1:11).

El Nuevo Testamento reconoce reiteradamente y enfrenta abiertamente el problema de la incredulidad judía. "¿Pues qué, si algunos de ellos han sido incrédulos? ¿Su incredulidad habrá hecho nula la fidelidad de Dios?" (Ro. 3:3). "No que la palabra de Dios haya fallado; porque no todos los que descienden de Israel son israelitas" (Ro. 9:6). "Isaías dice resueltamente: Fui hallado de los que no me buscaban; me manifesté a los que no preguntaban por mí. Pero acerca de Israel dice: Todo el día extendí mis manos a un pueblo rebelde y contradictor" (Ro. 10:20-21).

Por supuesto, mientras Jesús estuvo enseñando, alimentando a las multitudes y haciendo milagros en medio de ellos, "gran multitud del pueblo le oía de buena gana" (Mr. 12:37). "Dijeron: Este verdaderamente es el profeta que había de venir al mundo" (Jn. 6:14). Recordemos que incluso intentaron "apoderarse de él y hacerle rey" (v. 15). En su entrada triunfal, enormes multitudes "tomaron ramas de palmera y salieron a recibirle, y clamaban: ¡Hosanna! ¡Bendito el que viene en el nombre del Señor, el Rey de Israel!" (Jn. 12:13).

Pero debido a la forma en que terminó el ministerio terrenal de Jesús, la nación judía concluyó erróneamente que después de todo Él no podía ser el tan esperado Mesías. Lo tuvieron "por azotado, por herido de Dios y abatido" (Is. 53:4) y por tanto no apto para ser el rey que esperaban. La mayoría de judíos a lo largo de la historia también han rechazado las declaraciones mesiánicas de Jesús,[4] dando razones que repiten lo que Isaías describe aquí.

Un popular sitio web judío incluye una página titulada: "Por qué los judíos no creen en Jesús". Las dos primeras razones que dan son que "Jesús no cumplió las profecías mesiánicas", y que "Jesús no encarnó las calificaciones personales del Mesías".[5] La página sigue citando varias profecías del Antiguo Testamento relacionadas con el reino milenario del Mesías. Por ejemplo, que él construirá el tercer templo (Ez. 37:26-28), que hará volver a todos los judíos a la tierra (Is. 43:5-6), que marcará el inicio de una época de paz mundial (Is. 2:4), etc. El argumento fundamental es que una víctima de crucifixión no puede ser el Mesías, mucho menos Dios en forma humana. Debaten: "Afirmar que Dios toma forma humana empequeñece a Dios, menospreciando tanto su unidad como su divinidad".[6]

Desde luego, la humillación extrema de Cristo es la principal

---

4. Desde luego, hay muchas excepciones benditas. "Lo que buscaba Israel, no lo ha alcanzado; pero *los escogidos sí lo han alcanzado*, y los demás fueron endurecidos" (Ro. 11:7). Literalmente decenas de miles de judíos sí creen en Jesús como el Mesías verdadero. Pero constituyen una minoría relativamente pequeña entre los casi dieciséis millones de judíos en todo el mundo.

5. http://www.aish.com /jw/s/48892792.html.

6. Ibíd.

maravilla de la encarnación y el contexto fundamental contra el cual brilla su gloria eterna. "El Hijo del Hombre no vino para ser servido, sino para servir, y para dar su vida en rescate por muchos" (Mt. 20:28). "Cristo Jesús vino a ser siervo de la circuncisión para mostrar la verdad de Dios, para confirmar las promesas hechas a los padres, y para que los gentiles glorifiquen a Dios por su misericordia" (Ro. 15:8-9).

La humilde condescendencia de Jesucristo también es la más enaltecida expresión de amor divino. El Nuevo Testamento enfrenta este asunto directamente y lo explica así:

> Haya, pues, en vosotros este sentir que hubo también en Cristo Jesús, el cual, siendo en forma de Dios, no estimó el ser igual a Dios como cosa a que aferrarse, sino que se despojó a sí mismo, tomando forma de siervo, hecho semejante a los hombres; y estando en la condición de hombre, se humilló a sí mismo, haciéndose obediente hasta la muerte, y muerte de cruz. Por lo cual Dios también le exaltó hasta lo sumo, y le dio un nombre que es sobre todo nombre, para que en el nombre de Jesús se doble toda rodilla de los que están en los cielos, y en la tierra, y debajo de la tierra; y toda lengua confiese que Jesucristo es el Señor, para gloria de Dios Padre (Fil. 2:5-11).

Después de todo, Jesús se reveló en todo el libro de Isaías como el *Siervo* de Jehová—literalmente, fue un esclavo sumiso a la voluntad de su Padre.

Pero no hay lugar en las tradiciones rabínicas comunes para la idea de que el Mesías serviría, sufriría o sucumbiría a la humillación de muerte por crucifixión. El pueblo de Jerusalén ese día que lo vio morir lo tuvo "por azotado, por herido de Dios y abatido", y se burló de Él:

> Los que pasaban le injuriaban, meneando la cabeza y diciendo: ¡Bah! tú que derribas el templo de Dios, y en tres días lo reedificas, sálvate a ti mismo, y desciende de la cruz. De esta manera también los principales sacerdotes, escarneciendo, se decían

unos a otros, con los escribas: A otros salvó, a sí mismo no se puede salvar. El Cristo, Rey de Israel, descienda ahora de la cruz, para que veamos y creamos (Mr. 15:29-32).

Esa misma actitud pecaminosa está implícita en el corazón de todos —tanto judíos como gentiles— que leen o escuchan los relatos del evangelio y de todos modos rechazan a Cristo.

Recordemos que Isaías está expresando proféticamente el remordimiento sincero del remanente judío cuando de repente vean y crean lo que la nación ha negado por tanto tiempo. Como todos los confesores verdaderos deben hacer, aceptan la responsabilidad total por su rechazo pecaminoso. El versículo 4 transmite correctamente el aspecto personal en la forma en que ellos confiesan su culpa: "*Nosotros* le tuvimos por azotado, por herido de Dios y abatido". (El pronombre hebreo es una versión intensificada del plural de la primera persona. Hay mucha humildad auténtica y arrepentimiento verdadero en la expresión).

La implicación es que ellos supusieron que la vergüenza pública de Jesús estaba totalmente justificada, que Jehová estaba azotándolo e hiriéndolo porque Él era un blasfemo. La palabra "azotado" en nuestro texto no es una referencia a los golpes burlones de los soldados romanos que lo golpearon en la cabeza con una caña (Mt. 27:30). Se refiere a un golpe brutal, no necesariamente un castigo físico. En Génesis 12:17 se usa el mismo término hebreo para decir que Dios hirió la casa del faraón con plagas cuando sin saberlo intentó agregar a Sara la esposa de Abraham a su harén. Y, en Éxodo 11:1, una palabra relacionada que significa "golpe" o "plaga" se usa para describir las calamidades que Dios trajo sobre Egipto. "Herir" puede significar golpear, derribar o incluso matar. "Abatido" es un término general que puede referirse a ser humillado, degradado, maltratado, oprimido o destruido.

Esas tres palabras están relacionadas con la proposición "de Dios". Parafraseado diría: *Nosotros le tuvimos por un pecador que está siendo azotado, herido y abatido por la misma mano de Dios.* Por tanto, el remanente arrepentido confesará que consideraron el sufrimiento de Jesús como un castigo de Dios merecido justamente.

Su actitud hacia Él fue equivocada. Falsamente pusieron en duda el carácter de Jesús.

Confiesan su comportamiento pecaminoso

Un día verán claramente que la culpa que ocasionó el sufrimiento de Jesús fue de ellos, no de Él. "Él herido fue por *nuestras* rebeliones, molido por *nuestros* pecados; el castigo de nuestra paz fue sobre él, y por su llaga fuimos nosotros curados" (Is. 53:5). Este segundo aspecto de la confesión de Israel reconoce que el castigo que padeció el siervo se debió al propio comportamiento pecaminoso de ellos.

Nuevamente, no hay forma razonable de eludir o negar el aspecto punitivo del sufrimiento y la angustia que se describen en el versículo 5. Las palabras gráficas "herido", "molido", "castigo" y "llaga" son términos fuertes que describen lesiones infligidas por castigo.

Recordemos que la lapidación era el método acostumbrado de ejecución en Israel del Antiguo Testamento. Sin más ayuda que su propia imaginación, Isaías difícilmente pudo haber imaginado la crucifixión como un método de pena capital. Mucho menos podía prever correctamente y describir los detalles específicos de una crucifixión al estilo romano. El Espíritu Santo lo llevó a elegir estas palabras específicas para expresar el sufrimiento extremo que el siervo soportó.

Las palabras traducidas "herido" y "molido", según algunos eruditos hebreos, son

> dos de las expresiones más fuertes en el idioma hebreo para describir una muerte violenta y dolorosa. "Herido" transmite la idea de "traspasado, o herido de muerte" (cp. Dt. 21:1; Is. 51:9; véanse también Sal. 22:16; Zac. 12:10; Jn. 19:34). El adjetivo relacionado *kjalál* por lo general significa "los muertos" (Is. 22:2; 34:3; 66:16). "Molido" transmite el sentido de "batido a golpes, destruido". El siervo es por tanto molido a muerte por la carga del pecado ajeno que Él mismo cargó sobre sí, y que además se hizo más pesado con la ira de Dios debido a ese pecado.[7]

7. Duane F. Lindsey, "La carrera del Siervo en Isaías 52:13—53:12", *Bibliotheca Sacra* 140, no. 557 (enero-marzo 1983): 24.

"Llagas" es un término general usado para expresar castigo. Viene de una palabra hebrea que habla de moretones, verdugones y heridas frescas por los golpes de un látigo. Isaías usa la misma palabra en su primer capítulo:

> Desde la planta del pie hasta la cabeza
>> no hay en él cosa sana,
> sino herida, hinchazón
>> y podrida *llaga*;
> no están curadas, ni vendadas,
>> ni suavizadas con aceite (1:6).

Todos los cuatro términos describen aspectos que le sucedieron a Jesús. Fue traspasado en las muñecas, pies y costado (Sal. 22:16; Zac. 12:10; Jn. 19:34, 37). Fue *molido* por los golpes que soportó a manos del concilio (Mt. 26:67) y los romanos (Mt. 27:29-30; Jn. 19:3). Fue formal pero ilegalmente *castigado* (Lc. 23:16, 22) como resultado de injusta acusación, juicio, veredicto y sentencia. Además, fue severamente *marcado con cuerdas y heridas* como consecuencia de la brutal flagelación que recibió a manos de los lictores romanos (Mr. 15:15). Esas fueron solamente las heridas visibles infligidas sobre Él "por manos de inicuos" (Hch. 2:23*b*).

Pero también sabemos que Él fue "entregado por el determinado consejo y anticipado conocimiento de Dios" (Hch. 2:23*a*). Isaías también destaca el hecho de que la muerte de Cristo fue soberanamente ordenada por Dios como el medio de expiación por el pecado. "*Jehová* cargó en él el pecado de todos nosotros" (Is. 53:6). "*Jehová* quiso quebrantarlo, sujetándole a padecimiento... [puso] su vida en expiación por el pecado" (v. 10). Por tanto, el siervo en realidad fue "azotado... herido *de Dios* y abatido" (v. 4), no por su propio pecado sino porque llevó sobre sí el castigo por la culpa de su pueblo.

Él "sufrió la cruz, menospreciando el oprobio" (He. 12:2) a fin de que su pueblo pudiera estar en paz con Dios. "El castigo de nuestra paz fue sobre él". La palabra hebrea para "paz" en Isaías 53:5 es conocida, incluso en castellano: *shalom*. Aquí se refiere a la eliminación de la enemistad entre Dios y los pecadores. "Siendo enemigos, fuimos reconciliados con Dios por la muerte de su Hijo" (Ro. 5:10). Y ahora, "justificados, pues, por la fe, tenemos paz para con Dios por medio de nuestro Señor Jesucristo" (v. 1).

De igual manera, la sanidad que se menciona en Isaías 53:5 ("por su llaga fuimos nosotros curados") no es curación física inmediata. Como hemos visto, el contexto tiene que ver con "nuestras rebeliones" y "nuestros pecados", los efectos morales y espirituales del pecado, la culpa y la separación de Dios. Quienes creen, son "curados" en el sentido de ser restaurados a la plenitud espiritual y liberados de la esclavitud absoluta del pecado. En realidad se trata de una clase más radical de curación (y una manifestación mucho mayor de poder divino) que la curación temporal de nuestras enfermedades físicas. Se trata de un milagro divinamente forjado de resurrección espiritual: "Aun estando nosotros muertos en pecados, [el Señor] nos dio vida juntamente con Cristo" (Ef. 2:5), garantizando por tanto vida eterna y glorificación futura hasta de nuestros cuerpos físicos (una curación física superior a la que cualquier médico terrenal jamás haya visto).

Por el contrario, la enfermedad que el profeta tiene aquí en mente está más arraigada y es más nociva que el peor tipo de cáncer. Es una depravación total del alma, y en breve tendremos mucho más que decir al respecto cuando consideremos el versículo 6. Pero lo que se dice aquí es simple: la curación a la vista es un remedio poderoso para una enfermedad espiritual de otro modo incurable: nuestra condición y la esclavitud resultantes al pecado. Esa es la causa subyacente de nuestras acciones injustas: "nuestras rebeliones" y "nuestros pecados".

Por eso, el versículo 5 es una confesión explícita de comportamiento pecaminoso. Aunque Isaías está relatando la confesión que hará el arrepentido Israel, también es una confesión apropiada para cualquiera que llega a la fe en Cristo, porque "todos pecaron, y están destituidos de la gloria de Dios" (Ro. 3:23). Todos nosotros somos pecadores, culpables de pervertir y violar la ley de Dios, y por tanto (en nuestro estado caído) separados de Él, espiritualmente débiles, llenos de dolor, y afligidos. Pero Jesús llevó sobre sí el pecado, la culpa, el dolor, y la aflicción de su pueblo... y todas las demás expresiones siniestras de nuestra condición caída. Voluntariamente soportó el castigo divino por esos males. Y de este modo compró paz y bendición de Dios para nosotros. La muerte del médico hizo que el paciente sane.

Confiesan su naturaleza pecaminosa

La etapa final en la confesión de Israel reconoce el pecado en su nivel más profundo: "Todos nosotros nos descarriamos como ovejas, cada cual se apartó por su camino; mas Jehová cargó en él el pecado de todos nosotros" (Is. 53:6). Ese versículo completa la confesión de tres partes. El remanente recién despertado de Israel acaba de reconocer que sus ideas acerca del Mesías eran corruptas y equivocadas. Han confesado su comportamiento pecaminoso, admitiendo que *su* culpabilidad y *sus* pecados son la verdadera causa del sufrimiento del siervo. En efecto, se declaran culpables de las mismas acusaciones que Isaías presentó contra sus antepasados infieles en su profecía inicial:

¡Oh gente pecadora,
  pueblo cargado de maldad,
generación de malignos,
  hijos depravados!
Dejaron a Jehová,
  provocaron a ira al Santo de Israel,
  se volvieron atrás.

¿Por qué querréis ser castigados aún?
  ¿Todavía os rebelaréis?
Toda cabeza está enferma,
  y todo corazón doliente.
Desde la planta del pie hasta la cabeza
  no hay en él cosa sana,
sino herida, hinchazón
  y podrida llaga;
no están curadas, ni vendadas,
  ni suavizadas con aceite (Is. 1:4-6).

Esa no es simplemente una lista de delitos menores. Tampoco es aplicable solo a la nación judía. Es una acusación contra la naturaleza humana caída. Describe una enfermedad que contagia toda la humanidad: depravación total. El pecado ha infectado cada aspecto de la naturaleza humana. Este es el mal al que se hace referencia en el versículo 5, y que es curado por las heridas del Siervo sufriente. Pero el versículo 6 usa una metáfora completamente distinta al comparar a la humanidad con las ovejas: espiritualmente indefensas, sin esperanza, y condenadas a vagar y morir, a menos que el Gran Pastor intervenga para salvarnos.

La culpa radica en nuestra propia naturaleza, no solamente en nuestros pensamientos o nuestra conducta. El pensamiento erróneo y las acciones equivocadas fluyen finalmente de una disposición pecadora. Por tanto, la verdadera confesión de pecado debe tratar en última instancia con sus orígenes (el corazón humano), no meramente en sus manifestaciones. "Engañoso es el corazón más que todas las cosas, y perverso; ¿quién lo conocerá?" (Jer. 17:9). Jesús declaró que "del corazón salen los malos pensamientos, los homicidios, los adulterios, las fornicaciones, los hurtos, los falsos testimonios, las blasfemias" (Mt. 15:19; cp. Gn. 6:5; 8:21; Ro. 7:18). Esta es una verdad que todo pecador debe enfrentar. Nuestro problema no es tan solo cuestión de cómo pensamos o qué hacemos. El verdadero problema es *quiénes somos*. No somos pecadores porque pecamos; pecamos porque somos pecadores.

La comparación que Israel hace de sí misma (y de todos los pecadores) con las ovejas es una analogía apropiada. Phillip Keller escribió:

> Las ovejas no "se cuidan solas" como alguien podría suponer. Requieren, más que cualquier otra especie de ganado, atención infinita y cuidado meticuloso. No es accidente que Dios haya decidido llamarnos ovejas. El comportamiento de las ovejas y los seres humanos es parecido en muchas formas... Nuestra obstinación y estupidez [y] nuestros hábitos perversos son todos paralelismos de profunda importancia.[8]

---

8. W. Phillip Keller, *A Shepherd Looks at Psalm 23* (Grand Rapids, MI: Zondervan, 1970), p. 19. Publicado por Editorial Vida con el título *El Señor es mi pastor.*

Por naturaleza, las ovejas *son* tontas, propensas a alejarse por sí mismas y, por tanto, a meterse en peligro mortal. Están indefensas contra los depredadores y no pueden cuidar de sí mismas. Por ejemplo, a veces ruedan sobre el lomo y no pueden enderezarse solas. Esta es una situación potencialmente mortal:

> Así es como sucede esto: Una oveja pesada, gorda, o de lana larga se acuesta cómodamente en algún hueco o depresión en el suelo. Rueda levemente para estirarse o relajarse. De repente el centro de gravedad de su cuerpo cambia de tal modo que gira sobre el lomo lo suficiente para que las patas ya no toquen el suelo, y podría tener una sensación de pánico y empezar a patalear frenéticamente. Con frecuencia esto solo empeora la situación. Rueda aún más. Ahora le es totalmente imposible levantarse.
>
> Mientras yace allí luchando, en la panza empiezan a acumulársele gases, los que a medida que se expanden tienden a retardar y cortar la circulación sanguínea hacia las extremidades del cuerpo, especialmente las piernas. Si el clima es muy cálido y soleado, una oveja patas arriba puede morir en pocas horas; si es frío, nublado y lluvioso, podría sobrevivir en esta posición durante varios días.[9]

De igual manera, las personas tienden por naturaleza a apartarse de Dios, seguir su propio camino, y perderse o zozobrar moralmente. El salmista tenía esto en mente cuando clamó: "Yo anduve errante como oveja extraviada; busca a tu siervo" (Sal. 119:176; cp. Mt. 18:12; Lc. 15:4-6; 1 P. 2:25).

Pero a diferencia de la parábola que Jesús contó acerca de la oveja perdida, y que se enfocó en pecadores individuales, la confesión de Israel ve a toda la especie humana como ovejas que se extraviaron *todas* del Buen Pastor. Al rechazar su guía y cuidado, decidieron seguir la senda natural del pecado: "*Cada cual* se apartó por su camino", y están "desamparadas y dispersas como ovejas que no tienen pastor" (Mt. 9:36), por andar en "su camino".

---

9. Ibíd., p. 55.

Es importante confesar nuestros pecados conocidos, enumerando precisamente dónde hemos obrado mal ante Dios y violado su ley. "Si confesamos nuestros pecados, él es fiel y justo para perdonar nuestros pecados, y limpiarnos de toda maldad" (1 Jn. 1:9). Pero el arrepentimiento verdadero es aún más profundo. En realidad, no puede haber arrepentimiento auténtico sin reconocer que somos pecadores empedernidos *por naturaleza*, ovejas indefensas desesperadas en necesidad del "Pastor y Obispo de [nuestras] almas" (1 P. 2:25) que nos rescate. David modeló este principio en el Salmo 51. No utiliza generalidades o palabras eufemísticas como "resbalón" o "error de cálculo" para encubrir la maldad que ha hecho, sino que expresa: "Yo reconozco mis rebeliones, y mi pecado está siempre delante de mí. Contra ti, contra ti solo he pecado, y he hecho lo malo delante de tus ojos" (vv. 3-4). Pero él también confesó el problema subyacente: su depravación intrínseca y dominante. El pecado yace en el mismo centro de su carácter. David se reconoce como un individuo caído y totalmente depravado. "He aquí, en maldad he sido formado, y en pecado me concibió mi madre" (v. 5).

Las buenas noticias del evangelio es que "Jehová cargó en él [Cristo] el pecado de todos nosotros". La expresión "cargó en él" se traduce de una palabra hebrea que significa "hacer caer", en el sentido de un ataque violento. Por ejemplo, la misma palabra se usa en 2 Samuel 1:15, donde David da instrucciones a uno de sus guerreros de ejecutar al amalecita que se jactó de haber matado a Saúl: "Ve y *mátalo*". La violencia de la idea quizás se expresa mejor en la manera en que la Biblia traduce esta expresión. El mismo término se usa varias veces en 1 Reyes 2 donde describe las órdenes de Salomón de ejecutar a hombres que habían sido desleales o que le habían hecho daño a su padre: "Entonces el rey Salomón envió por mano de Benaía hijo de Joiada, el cual *arremetió contra [Adonías]* y murió" (v. 25; cp. vv. 29, 31-32, 34, 46). La expresión literalmente significa "se le fue encima", y el intento de matar se sugiere claramente.

La misma palabra se usa, con similares implicaciones, en Isaías 53:6: "El Señor *hizo recaer* sobre él la iniquidad de todos nosotros" (NVI). La idea de violencia está implícita en la expresión. Un comentarista correctamente lo expresó así: "El pecado del que somos culpables no vuelve a nosotros para encontrarnos y golpearnos como deberíamos esperar, sino que más bien golpea [al Siervo de Jehová] en lugar de nosotros... La culpa que nos pertenecía hizo que Dios lo golpeara; es decir, que él como sustituto llevara el castigo que requería la culpa de nuestro pecado... El Pastor ha entregado su vida por las ovejas".[10]

O, como escribió el apóstol Pablo, "lo que la ley no pudo hacer, ya que era débil por causa de la carne, Dios *lo hizo*: enviando a su propio Hijo en semejanza de carne de pecado y *como ofrenda* por el pecado, condenó al pecado en la carne" (Ro. 8:3, LBLA, cursivas en el original). La realidad de la muerte vicaria y sustitutiva de Cristo a favor nuestro es el núcleo del evangelio según Dios, el tema central de Isaías 53.

Sin embargo, debemos recordar que el pecado no mató a Jesús; Dios lo hizo. La muerte del Siervo sufriente fue nada menos que un castigo que le administró Dios por los pecados que otros habían cometido. A eso nos referimos cuando hablamos de expiación penal sustitutiva. De nuevo, si la idea parece impactante e inquietante, así es como debe ser. A menos que retrocedamos ante la idea, es probable que aún no la hayamos captado. "Nuestro Dios es fuego consumidor" (He. 12:29). Esta es una de las principales razones de que el evangelio sea un tropezadero para los judíos, y una locura en lo que respecta a los gentiles (1 Co. 1:23), "mas para los llamados, así judíos como griegos, Cristo poder de Dios, y sabiduría de Dios" (v. 24).

No hay manera de evadir la realidad de que la doctrina de sustitución penal se afirma inequívocamente en el mensaje claro de Isaías 53. También la confirman y reiteran muchos otros pasajes a lo largo de las Escrituras (cp. 2 Co. 5:21; Gá. 3:13; He. 9:28; 1 P. 2:24). El Siervo de Jehová, aunque perfectamente inocente, llevó la culpa de otros y sufrió una angustia indescriptible por la expiación de sus pecados.

A pesar de los matices inquietantes en ese mensaje, se trata

---

10. Edward J. Young, *The Book of Isaiah*, 3 vols. (Grand Rapids, MI: Eerdmans, 1972), 3:350.

de buenas nuevas. Es más, no existen unas buenas noticias más gloriosas. Explican por qué Dios "no ha hecho con nosotros conforme a nuestras iniquidades, ni nos ha pagado conforme a nuestros pecados" (Sal. 103:10). Él no ha comprometido su propia justicia. Él no simplemente pasa por alto nuestros pecados. Al contrario, satisfizo completamente la justicia y eliminó para siempre nuestro pecado por medio de la muerte de su Hijo. "Cuanto está lejos el oriente del occidente, hizo alejar de nosotros nuestras rebeliones" (Sal. 103:12). Ahora la gracia puede reinar de veras a través de la justicia (Ro. 5:21). Y Dios puede ser *a la vez* "el justo, y el que justifica al que es de la fe de Jesús" (Ro. 3:26).

La salvación nacional de Israel está aún en el futuro. Pero nadie (judío ni gentil) debe esperar a algún acontecimiento futuro a fin de volverse del pecado y confiar en Cristo. Hoy día podemos ser salvos si oímos la voz de Dios (He. 3:7). La justicia de Dios está disponible incluso ahora "por medio de la fe en Jesucristo, para todos los que creen en él" (Ro. 3:22). Y "todo aquel que invocare el nombre del Señor, será salvo" (Ro. 10:13).

"He aquí ahora el tiempo aceptable; he aquí ahora el día de salvación" (2 Co. 6:2).

6

El Siervo silencioso

Nada puede sobrepasar la belleza y la propiedad de las imágenes, mediante las cuales se ilustra aquí la paciencia de nuestro Señor. Al igual que una oveja, que no produce ruido ni resistencia cuando el esquilador la despoja de la lana; y como un cordero, que se divierte incluso cuando es llevado al matadero, y sí, lame la mano que se levanta para matarlo, así nuestro bendito Señor soportó todos sus sufrimientos *en silencio, voluntariamente* y *con expresiones de amor por sus mismos asesinos.*

Dos veces se nota *su silencio* en el texto, porque esto indicó un dominio de sí mismo, el cual bajo sus circunstancias ningún ser creado pudo haber ejercido. Los santos más eminentes han abierto la boca en quejas contra Dios y el hombre. Job, ese distinguido modelo de paciencia, incluso maldijo el día de su nacimiento. Moisés, el más manso de los hijos de los hombres, que había soportado innumerables provocaciones, al final pronunció con sus labios tal imprudencia que por esta causa fue excluido del Canaán terrenal. E incluso el apóstol Pablo, de quien ningún ser humano alcanzó alguna vez una eminencia superior en alguna gracia, estalló en injurias contra el "sumo sacerdote de Dios", quien había ordenado que lo golpearan ilegalmente. Pero no hay engaño en Jesús; e incluso no abrió una sola vez la boca en una manera pecaminosa o impropia.

Charles Simeon[1]

---

1. Charles Simeon, *Horae Homileticae*, 21 vols. (Londres: Holdsworth and Ball, 1832), 8:370; cursivas en el original.

El versículo 7 de Isaías 53 revela (no en términos vagos e inciertos sino en una declaración directa) que al Siervo de Jehová se le dará muerte como a un cordero que es sacrificado. La imagen era inconfundible para los lectores de Isaías, quien vivió en una sociedad principalmente agraria. Estaban muy familiarizados con cultivar y recoger cosechas y con la cría de animales. Las ovejas en particular eran un elemento básico importante en sus vidas. Los animales proporcionaban alimento, y su lana se utilizaba para confeccionar ropa. Después de ver matar ovejas tanto por alimento como para sacrificios, el pueblo de Israel estaba muy consciente de la naturaleza dócil de estos animales.

En Isaías 53 la imagen de un cordero sacrificial se usa para presentar el impactante concepto de que el Siervo de Jehová (el Mesías a quien el pueblo judío esperaba como un poderoso conquistador militar y gobernante político) sería conducido pasiva y silenciosamente para ser sacrificado como una de las ovejas de ellos. Desde luego que las ovejas no saben cuándo las llevan al matadero. Pero el Siervo, sabiendo muy bien qué destino le esperaba, iría mansamente a su muerte en sumisión voluntaria a la voluntad de Jehová.

La confesión futura de Israel reconocerá que su Mesías, Jesús, es el verdadero "Cordero de Dios, que quita el pecado del mundo" (Jn. 1:29). Eso es exactamente lo que *todos* los que creen en el Señor Jesucristo siempre han confesado, tanto gentiles como judíos. Este es el mensaje fundamental del evangelio. Obviamente, Jesús es nuestro maestro, Señor, gran sumo sacerdote, ejemplo, libertador y Rey venidero. Pero no podemos conocerlo adecuadamente en cualquiera de tales papeles a menos que primero confesemos que "él es la propiciación por nuestros pecados" (1 Jn. 2:2). Esa es la lección de Isaías 53. "En ningún otro hay salvación; porque no hay otro nombre bajo el cielo, dado a los hombres, en que podamos ser salvos" (Hch. 4:12).

Ninguno de nosotros (incluso los descendientes genéticos de Abraham, Isaac y Jacob) puede ser salvo si no está dispuesto a confesar que Jesús fue "herido fue por nuestras rebeliones [y] molido por nuestros pecados"; que el castigo que soportó es lo que hizo posible la paz con Dios; y que las heridas que sufrió fueron el precio que pagó por liberar a su pueblo de la esclavitud del pecado y sanarlo espiritualmente (Is. 53:5). Confesamos además que Dios hizo que nuestro pecado recayera sobre Jesús (v. 6); que Él fue cortado de la tierra de los vivos, y herido por nuestras iniquidades (v. 8); que entregó su vida como ofrenda de culpa por nuestros pecados (v. 10); y que al llevar nuestros pecados ganó nuestra justificación (vv. 11, 12).

Todas esas verdades están implícitas en cualquier buena confesión de fe. Eso es lo que significa creer "en el Señor Jesucristo" (Hch. 16:31). El apóstol Pablo resumió e incluyó esas mismas verdades en forma abreviada cuando en 1 Corintios 15:3-4 entregó su famosa declaración resumida de lo esencial del evangelio: "Que Cristo murió por nuestros pecados, *conforme a las Escrituras*; y que fue sepultado, y que resucitó al tercer día, *conforme a las Escrituras*". (Isaías 53 fue sin duda uno de los principales textos del Antiguo Testamento que el apóstol tuvo en mente cuando escribió esa frase dos veces seguidas). La misma esencia de la fe verdadera en Cristo es confiar en que el sacrificio vicario y sustitutivo que Jesús ofreció a Dios a través de la cruz es un pago total y suficiente por todos nuestros pecados.

A pesar de la sencilla claridad de Isaías 53:7-8, la idea de que el Siervo de Jehová, el Mesías prometido, sería sacrificado como cordero expiatorio nunca tuvo lugar en el canon de la tradición rabínica. Después de la crucifixión y la resurrección de Jesús, el significado pleno de la profecía de Isaías fue evidente para todo cristiano que reflexione seriamente en el pasaje. Isaías 53 se destacó instantáneamente como un punto focal en el estudio, el testimonio, y la enseñanza de la Iglesia (Lc. 22:37; Hch. 8:32-35; 1 P. 2:24 25). Un tema común en la predicación de los apóstoles fue "que era necesario que el Cristo padeciese" (Hch. 17:3; cp. 3:18; 26:23; Lc. 24:26).

Mientras tanto, los guardianes de la tradición rabínica se mantuvieron firmes en su creencia de que el Mesías solo podía ser un campeón triunfante. En vez de tratar con Isaías 53, lo ignoraron por completo o trataron de explicar sus aparentes referencias a Cristo. Esa parte de Isaías cayó en desuso en la enseñanza y la liturgia de las sinagogas, y se desvaneció en el lejano trasfondo. (Como se explicó en el capítulo 2, aun hasta el día de hoy el pasaje siempre se omite de las lecturas públicas programadas en las sinagogas de todo el mundo).

Una de las graves acusaciones que durante su ministerio terrenal Jesús presentó contra los dirigentes judíos fue que habían permitido que sus tradiciones religiosas ensombrecieran y anularan la sencilla verdad de las Escrituras. Esa es una falacia común en todas las religiones dominadas por elaborados rituales. El sacramento y la ceremonia inevitablemente eclipsan la sana doctrina. El total desprecio de Jesús por la costumbre de citar tradición humana para disipar la enseñanza sencilla de la Palabra de Dios es evidente en la forma agudamente sarcástica con que reprendió a los escribas y fariseos:

> Bien invalidáis el mandamiento de Dios para guardar vuestra tradición. Porque Moisés dijo: Honra a tu padre y a tu madre; y: El que maldiga al padre o a la madre, muera irremisiblemente. Pero vosotros decís: Basta que diga un hombre al padre o a la madre: Es Corbán (que quiere decir, mi ofrenda a Dios) todo aquello con que pudiera ayudarte, y no le dejáis hacer más por su padre o por su madre, invalidando la palabra de Dios con vuestra tradición que habéis transmitido. *Y muchas cosas hacéis semejantes a estas* (Mr. 7:9-13).

Por la fuerza de la reprensión de Jesús, está claro que en esa época era muy común la práctica de modificar (e incluso anular) la Palabra de Dios con interpretaciones inverosímiles o enmiendas hechas por el hombre, como parte de la tradición rabínica. Al haber manipulado la crucifixión de Cristo, el concilio judío (incluso los principales sacerdotes y eruditos judíos de la época) simplemente no estuvieron dispuestos a ver la muerte y la resurrección de Cristo como cumplimiento de alguna profecía del Antiguo Testamento, incluso un pasaje tan claro como Isaías 53.

Cuando Pedro se paró en el pórtico de Salomón en el monte del templo y anunció que Jesús cumplió "lo que [Dios] había antes anunciado por boca de todos sus profetas, que su Cristo había de padecer" (Hch. 3:18), los líderes del sanedrín, el concilio judío gobernante, lo hizo encarcelar y le ordenó que se callara respecto a Jesús (Hch. 4:1-18). Los dirigentes judíos no pudieron negar, ni negaron, la verdad del mensaje apostólico. Simplemente no estuvieron dispuestos a creerlo:

> Entonces viendo el denuedo de Pedro y de Juan, y sabiendo que eran hombres sin letras y del vulgo, se maravillaban; y les reconocían que habían estado con Jesús. Y viendo al hombre que había sido sanado, que estaba en pie con ellos, no podían decir nada en contra. Entonces les ordenaron que saliesen del concilio; y conferenciaban entre sí, diciendo: ¿Qué haremos con estos hombres? Porque de cierto, señal manifiesta ha sido hecha por ellos, notoria a todos los que moran en Jerusalén, y no lo podemos negar (vv. 13-16).

Esa fue la respuesta de los líderes de élite, y el inicio del rechazo oficial de Jesucristo que pronto se instaló como tradición judía establecida... y que aún domina hoy día.

Sin embargo, esta no fue la respuesta universal de todos los hebreos étnicos. Incalculables miles de judíos *han* aceptado a Jesús como su Mesías, comenzando en el siglo I en Pentecostés (la fiesta judía de las semanas, un festival de la cosecha establecido en Éx. 34:22), cuando "se añadieron [a la iglesia] aquel día como tres mil personas" (Hch. 2:41). Durante al menos cinco años después de la resurrección de Cristo (antes del martirio de Esteban, Hch. 8:4), los discípulos todavía estaban ministrando en Jerusalén y sus alrededores, y prácticamente todos los que llegaron a la fe en Cristo en ese tiempo eran judíos. "Crecía la palabra del Señor, y el número de los discípulos se multiplicaba grandemente en Jerusalén; también *muchos de los sacerdotes obedecían a la fe*" (Hch. 6:7).

Los vínculos entre el sistema expiatorio del Antiguo Testamento y la muerte de "nuestra pascua, que es Cristo" (1 Co. 5:7) fueron demasiado numerosos y llamativos como para negarlos. Cualquier penitente de mente y corazón abiertos que entendió las lecciones del sacerdocio de Israel y el sangriento sistema expiatorio pudo ver fácilmente el cumplimiento de Isaías 53 en la muerte y resurrección de Cristo. Y muchos lo hicieron.

A lo largo de la historia de Israel, hasta la destrucción del templo por los romanos en el año 70 d.C., se habían sacrificado millones de animales. Los sacrificios se ofrecían no solo en la Pascua, sino también cada mañana y a la caída de la tarde en el templo (Éx. 29:38-42), y como ofrendas personales del pecado por parte de individuos (Lv. 5:5-7). Incluso antes que las regulaciones sacrificiales se detallaran en el libro de Levítico, estuvo el ejemplo del sacrificio aceptable de Abel (Gn. 4:4-5) y la ofrenda de Abraham de un carnero en lugar de su hijo Isaac (Gn. 22:13). Al pueblo judío se le había enseñado que el pecado causa muerte, que "el alma que pecare, esa morirá" (Ez. 18:4, 20). Y todo animal sacrificado durante toda la historia de Israel demostró vívidamente la realidad de que el castigo inevitable por el pecado es muerte. La verdad fue escrita a través de todos los rituales prescritos en el Antiguo Testamento: "Casi todo es purificado, según la ley, con sangre; y sin derramamiento de sangre no se hace remisión" (He. 9:22).

Según hemos señalado anteriormente, la interminable repetición de sacrificios animales dejó en claro que estos no podían expiar realmente la culpa humana. "La sangre de los toros y de los machos cabríos no puede quitar los pecados" (He. 10:4). Además, si los pecados deben expiarse por medio de un sustituto, ¿no debería el sustituto tener algún sentido consciente del precio que se está pagando, y por qué? Después de todo, pecamos de manera deliberada y voluntaria. Un animal moribundo no está haciendo nada a sabiendas o voluntariamente.

Sin embargo, como señala el comentarista Alec Motyer:

> En la muerte de Cristo se satisfizo de un solo golpe el fracaso mortal de los procesos sustitutivos existentes, pues el momento en que la sustitución animal falló también fue el momento en que el pecado es más grave. El pecado como fracaso... no necesita ser más que una piedad; el pecado como defecto moral... es angustiante, pero es debatible que lo que no puede evitarse

no puede reprocharse; pero *el pecado como testarudez... es lo que Dios no puede pasar por alto*. Es el mismo núcleo de nuestra condición pecaminosa que pecamos porque queremos hacerlo. "No queremos que éste [Jesús] reine sobre nosotros" (Lc. 19:14). Debido a esto, ningún animal puede hacer más que representar la sustitución: solo una persona puede sustituir a otra; solo una voluntad que consienta puede sustituir una voluntad rebelde. En realidad, el siervo cumple los requisitos establecidos para un sustituto: se equiparó con los pecadores en la condenación de ellos (Is. 53:4-5); no fue manchado por nuestro pecado (9); fue aceptable al Dios santo (6, 10). También agrega lo que ningún otro hizo o pudo hacer: la voluntad para aceptar y someterse al papel de sustituto.[2]

Aquellos "mismos sacrificios que se ofrecen continuamente cada año [nunca pueden] hacer perfectos a los que se acercan. De otra manera cesarían de ofrecerse, pues los que tributan este culto, limpios una vez, no tendrían ya más conciencia de pecado" (He. 10:1-2).

Sin embargo, no crea que la muerte de Cristo proporcionó un camino totalmente nuevo de salvación. Antes de la cruz los pecadores arrepentidos se salvaban por gracia, confiando en que Dios en su misericordia les proveería de un sacrificio que lo satisficiera. La respuesta de Abraham a Isaac personifica el espíritu de fe salvadora que tenían todos los santos del Antiguo Testamento: "Dios se proveerá de cordero para el holocausto" (Gn. 22:8). Fueron salvos, no por sangre de animales, sino por gracia divina, por medio de la fe, en anticipación del sacrificio perfecto que el Mesías ofrecería. Los sacrificios animales simplemente simbolizaban esa realidad y servían como una expresión de fe obediente. Tales sacrificios nunca fueron eficaces para redención. El perdón de Dios en el Antiguo Testamento era una expresión de su tolerancia divina. El derramamiento de la sangre de Cristo como propiciación es lo que finalmente expió todos los pecados que

---

2. J. Alec Motyer, *The Prophecy of Isaiah* (Downers Grove, IL: InterVarsity Press, 1993), p. 433; cursivas añadidas.

Dios misericordiosamente pasó por alto en tiempos del Antiguo Testamento (Ro. 3:25).

Los animales sacrificados representaron vívidamente el hecho de que la paga del pecado es muerte. También mostraron que Dios estaba dispuesto a proveer un sustituto inocente que moriría en lugar de pecadores penitentes. El Mesías, el Señor Jesús, siempre fue el único ordenado en el consejo eterno de Jehová para ser el sacrificio definitivo (1 P. 1:19-20). Solo Él es "el Cordero de Dios, que quita el pecado del mundo" (Jn. 1:29).

Juan el Bautista fue el último y más grande de los profetas del Antiguo Testamento, el precursor del Mesías, y quien tuvo el privilegio de presentar al Mesías verdadero a Israel. Así escribió Isaías de Juan el Bautista:

> Voz que clama en el desierto:
> Preparad camino a Jehová;
> > enderezad calzada en la soledad a nuestro Dios.
> Todo valle sea alzado,
> > y bájese todo monte y collado;
> y lo torcido se enderece,
> > y lo áspero se allane.
> Y se manifestará la gloria de Jehová,
> > y toda carne juntamente la verá;
> > porque la boca de Jehová ha hablado (Is. 40:3-5; cp. Mal. 3:1; 4:5-6; Mt. 3:3; 11:13-14; Jn. 1:23).

Cuando Juan señaló a Jesús como "el Cordero de Dios, que quita el pecado del mundo" (Jn. 1:29, 36), sin duda tenía a Isaías 53 en mente. Pedro también estaba aludiendo a la profecía de Isaías cuando escribió: "Fuisteis rescatados… con la sangre preciosa de Cristo, como de un cordero sin mancha y sin contaminación" (1 P. 1:18-19). Israel *tendrá* a Jesús como su Rey vivo y exaltado, pero primero Él tenía que morir "como cordero [que] fue llevado al matadero" (Is. 53:7).

El silencio sobrenatural del siervo mientras sufre es la señal que resalta la profecía de Isaías.

En silencio ante sus acusadores

Hemos visto (tanto en la introducción como en el principio del capítulo 1) que Isaías incluye cuatro cantos del siervo, todos con temas mesiánicos (42:1-9; 49:1-13; 50:4-11; y 52:13—53:12) que resaltan la mansedumbre y compasión del Siervo de Jehová. Otro tema repetido en los cantos es el odioso rechazo que el siervo recibe (49:7; 50:6). La voz del siervo habla en el segundo y tercer canto, pero el primero y el cuarto hablan de su quietud ("no gritará, ni alzará su voz, ni la hará oír en las calles" [42:2]. Y "como oveja delante de sus trasquiladores, enmudeció, y no abrió su boca" [53:7]). Apropiadamente, entonces, él no habla en el primero y cuarto cantos. En Isaías 42, el tono silencioso significa su gentileza y compostura. En el pasaje de Isaías 53, el silencio refleja sumisión a Dios y disposición de obedecer a Jehová sin importar el costo... incluso la muerte.

La palabra traducida "angustiado" en el versículo 7 se refiere al sufrimiento y maltrato que soportó el siervo en relación con su arresto y sufrimiento. Se utiliza en un sentido enfático y podría traducirse: "Él mismo fue angustiado".

Comenzando con su arresto en Getsemaní en medio de la noche, Jesús sufrió maltrato físico, psicológico y emocional. Soportó la atroz injusticia de juicios simulados en que fue ilegítimamente acusado por falsos testigos que dieron falso testimonio. Nunca presentaron pruebas de que hubiera cometido algún delito, y su inocencia fue formalmente declarada tanto por Herodes (Lc. 23:14-15) como por Pilato (Lc. 23:4, 14, 22). Su inocencia también fue confirmada por la esposa de Pilato (Mt. 27:19), el ladrón arrepentido (Lc. 23:41), el centurión y el escuadrón de ejecución (Mt. 27:54). Sin embargo, Pilato cedió a las exigencias del pueblo y sus dirigentes, e injustamente lo sentenció a ser crucificado. Tan severo fue el maltrato físico infligido sobre Él que "fue desfigurada su apariencia más que la de *cualquier* hombre, y su aspecto más que el de los hijos de los hombres" (Is. 52:14, LBLA). Cuando los dirigentes judíos y romanos terminaron de maltratarlo, sus heridas eran tan graves como para que los hombres escondieran "de él el rostro" (53:3).

El siervo también fue "afligido". La forma pasiva del verbo

hebreo en Isaías 53:7 significa que permitió que lo afligieran. Podría traducirse "se humilló a sí mismo". La misma palabra se usa en la negativa del faraón de humillarse en Éxodo 10:3, y significa "ser humillado o derribado". Quizás Pablo tuvo en mente Isaías 53:7 cuando escribió de Cristo: "Estando en la condición de hombre, *se humilló a sí mismo*, haciéndose obediente hasta la muerte, y muerte de cruz" (Fil. 2:8).

Jesús fue sumiso al plan del Padre en su muerte. Después de todo, el juicio humano no tenía una autoridad independiente sobre Él. Según le dijo a Pilato, "ninguna autoridad tendrías contra mí, si no te fuese dada de arriba" (Jn. 19:11). Ni el sanedrín, ni Herodes, ni Pilato tenían suficiente poder para juzgar a Cristo; simplemente llevaron a cabo el plan de Dios que "habían antes determinado que sucediera" (Hch. 4:28). Sin embargo, eso no alivió a esos gobernantes humanos de su responsabilidad por hacer mal uso de su autoridad humana. En Hechos 2:23, donde Pedro declara que Jesús fue "entregado por el determinado consejo y anticipado conocimiento de Dios", sigue diciendo que "lo mataron por medio de hombres perversos" (PDT). El control soberano de Dios sobre sucesos humanos no puede usarse como excusa para la maldad de los hombres.

Como una expresión de su humildad, el siervo "no abrió su boca". Su silencio humilde no fue la respuesta normal de cualquier persona que soporta opresión y tormento. La respuesta típica de alguien que padece injustamente sería llorar en voz alta y comunicar la queja, o al menos gemir como hicieron los hijos de Israel cuando estaban esclavizados en Egipto (Éx. 2:23). Job (Job 7:1-21; 23:2-4) y Pablo (Hch. 23:3) protestaron vocalmente cuando fueron afligidos con maltrato, expresando que no habían hecho nada malo para merecerlo. La gente típicamente no sufre en silencio, y mientras más intenso e injusto sea el sufrimiento, menos probable es que alguien lo sufra en pasivo silencio.

Sin embargo, el siervo "no abrió su boca; como cordero fue llevado al matadero".

Jesús fue arrestado en medio de la noche como si fuera un delincuente (Lc. 22:52), traicionado por Judas, severamente maltratado por los dirigentes judíos y romanos, y finalmente ejecutado, todo sin ninguna resistencia o queja. A lo largo de toda la prueba, el Nuevo Testamento menciona reiteradamente silencio absoluto de parte de Él. Cuando fue cuestionado por el sumo sacerdote, "Jesús callaba" (Mt. 26:63). En el juicio delante del concilio, "él callaba" (Mr. 14:61). Cuando los dirigentes religiosos judíos lo acusaron delante de Pilato, "nada respondió" (Mt. 27:12). Cuando Herodes lo interrogó, "él nada le respondió" (Lc. 23:9). Y cuando Pilato mismo lo interrogó, "Jesús no le dio respuesta" (Jn. 19:9). Es cierto que Jesús pronunció algunas palabras necesarias en cada una de estas situaciones. Pero no dijo una sola palabra en defensa de su inocencia o en protesta por su trato injusto. "Como oveja delante de sus trasquiladores, enmudeció, y no abrió su boca".

Su silencio señalaba su disposición a morir. Cabe destacar otra vez que el ministerio de Jesús no fue un plan noble que salió mal. Él mismo manifestó: "Yo pongo mi vida, para volverla a tomar. Nadie me la quita, sino que yo de mí mismo la pongo. Tengo poder para ponerla, y tengo poder para volverla a tomar" (Jn. 10:17-18). Él vino a este mundo para morir voluntariamente como el Cordero de Dios que quita el pecado del mundo. Al contemplar la cruz, Jesús declaró: "Ahora está turbada mi alma; ¿y qué diré? ¿Padre, sálvame de esta hora? Mas *para esto he llegado a esta hora*" (Jn. 12:27).

El silencio de Cristo también fue el silencio de juicio. A quienes obstinadamente endurecieron sus corazones y de forma persistente se negaron a escucharlo, individuos que "a pesar de que había hecho tantas señales delante de ellos, no creían en él" (Jn. 12:37), les hizo una exhortación final: "Aún por un poco está la luz entre vosotros; andad entre tanto que tenéis luz, para que no os sorprendan las tinieblas; porque el que anda en tinieblas, no sabe a dónde va. Entre tanto que tenéis la luz, creed en la luz, para que seáis hijos de luz" (vv. 35-36).

Después de eso vino el silencio de juicio, cuando Jesús "se fue y se ocultó de ellos" (v. 36).

Aquí, mientras el silencioso Siervo de Jehová aceptaba sin protestar el juicio injusto de los hombres y el juicio justo de Dios a favor de los pecadores, la soteriología del Antiguo Testamento alcanza su máxima expresión. "La misericordia y la verdad se encontraron; la justicia y la paz se besaron" (Sal. 85:10).

Ese es el mensaje del evangelio, mensaje de pecado y juicio, pero también de expiación sustitutiva, perdón y por sobre todo amor de Dios. Incluye el hecho de que el Mesías verdadero (el Siervo silencioso en Isaías 53) es el único sacrificio aceptable por el pecado, masacrado por Dios a favor de nosotros como nuestro Cordero pascual (1 Co. 5:7, 21).

En silencio en su muerte

Las palabras "cárcel" ("opresión" en algunas versiones) y "juicio" en Isaías 53:8 son términos legales. "Cárcel", como ya observamos en el versículo 7 en relación con "angustiado", se refiere a la injusticia y el sufrimiento que el siervo soportó durante su arresto y sufrimiento. Los dos términos están vinculados; los juicios injustos constituyen opresión. El "juicio" visto aquí comprende cada fase de los varios procesos a los que Jesús fue sometido. La frase "fue quitado" se refiere a la ejecución de la sentencia cuando lo llevaron para ejecutarlo. No hubo ningún intento de hacerle a Jesús un juicio justo. Varios veredictos lo declararon inocente, y luego fue entregado a los verdugos a instancias de una turba iracunda. Su muerte fue en realidad un acto de asesinato sancionado por el estado.[3]

Fue Pilato quien en última instancia ordenó que el Siervo del Señor fuera crucificado (una forma de ejecución reservada por lo general para esclavos). En consecuencia, Jesús "fue cortado de la tierra de los vivientes". Esa es una expresión hebrea común que se refiere a ser asesinado (cp. Jer. 11:19; Dn. 9:26). Aquí en Isaías 53:8 se refiere a la muerte violenta y prematura del Siervo como resultado del juicio justo de Dios sobre el pecado de la humanidad caída. El Mesías sería ejecutado, judicialmente asesinado, y arrastrado a su muerte como se lleva un cordero al matadero (cp. Jer. 11:19). *A pesar de* todo lo que Jesús era (Dios encarnado, quien hizo obras milagrosas que nadie más realizó [Jn. 15:24], y que habló como nadie jamás lo hizo [Jn. 7:46; cp. Mt. 7:28-29]), fue

---

3. Para más detalles sobre la injusticia de los juicios a Cristo, véase John MacArthur, *El asesinato de Jesús* (Grand Rapids: Portavoz, 2005).

ejecutado. *Debido a* quién es Él, esta fue la injusticia más horrible en la historia humana.

La declaración reveladora "su generación, ¿quién la contará? Porque fue cortado de la tierra de los vivientes" fue muy cierta. ¿Quién pensó seriamente en la injusticia cometida contra Jesús? ¿Quién protestó por su brutal trato y ejecución? ¿Dónde estaban los hombres rectos entre los líderes religiosos de la nación? ¿Dónde estaba el sumo sacerdote y el resto de los principales sacerdotes? ¿Dónde estaban los escribas, fariseos, saduceos y todos los demás que proclamaban su devoción a la ley de Dios? Si vamos al caso, ¿dónde estaban los propios discípulos de Jesús? Todos lo habían abandonado (Mt. 26:56), tal como Zacarías 13:7 profetizara. Solamente Juan regresó para unirse a un puñado de mujeres junto a la cruz... como testigo silencioso. ¿Por qué no se siguieron las estrictas reglas de procedimiento requeridas en casos de pena capital en vez de convertir el juicio a Cristo en un tribunal desautorizado?

Un famoso estudio del siglo xix de la jurisprudencia judía describió cómo habría sido un juicio justo en Israel del primer siglo:

> El día del juicio los encargados de la justicia mandaban que el acusado compareciera. A los pies de los ancianos se colocaban hombres que, bajo el nombre de *auditores* o *candidatos*, seguían regularmente las sesiones del concilio. Se leían los documentos del caso, y se llamaban a los testigos por orden. El que presidía dirigía esta exhortación a cada uno de ellos: "No son conjeturas o ningún rumor público lo que lo ha traído aquí a usted, y que le preguntemos; considere que sobre usted recae una gran responsabilidad: no nos concierne un asunto, como un caso de interés pecuniario, en el cual puedan repararse los daños. Si usted ocasiona la condenación de alguien acusado injustamente, la sangre de ese individuo y de toda su posteridad, a quienes habrá privado de la tierra, caerá sobre usted; Dios le pedirá cuentas, tal como pidió cuentas a Caín por la sangre de Abel. Hable".

Una mujer no podía ser testigo, porque no tendría el valor para dar el primer golpe al condenado, ni podía hacerlo un niño al no tener edad de responsabilidad, ni un esclavo, ni un hombre de mal carácter, ni alguien cuyos padecimientos impidieran el gozo pleno de sus facultades físicas y morales. *La simple confesión de un individuo contra sí mismo*, o la declaración de un profeta, por renombre que tuviera, no decidirían una condena. Los doctores declaran: "Consideramos que es fundamental que *nadie se prejuzgue a sí mismo*. Si un hombre se acusa delante de un tribunal, no debemos creerle, a menos que el hecho sea atestiguado por otros dos testigos; y es adecuado comentar que el castigo de muerte infligida a Acán en el tiempo de Josué fue una excepción, ocasionada por la naturaleza de las circunstancias; porque nuestra ley no condena por la simple confesión del acusado, ni por la declaración de un solo profeta".

Los testigos debían dar fe de la identidad del acusado, y declarar mes, día, hora y circunstancias del delito. Después de examinar las pruebas, los jueces que creían inocente al acusado declaraban sus razones; los que lo creían culpable hablaban después, y *con la mayor moderación*. Si a uno de los *auditores* o *candidatos* se le confiaba la defensa del acusado, o si quería en su propio nombre presentar alguna aclaración a favor de la inocencia, era admitido en la silla, desde la cual se dirigía a los jueces y al pueblo. Pero esta libertad no se le concedía si su opinión estaba a favor de condenar. Por último, cuando el acusado mismo quería hablar, le prestaban la más profunda atención. Una vez concluido el debate, uno de los jueces recapitulaba el caso; se retiraba a todos los espectadores; dos escribas tomaban los votos de los jueces; uno de ellos anotaba los que estaban a favor del acusado, y el otro los que lo condenaban. Once votos de veintitrés eran suficientes para absolver; pero se necesitaban trece para condenar. Si uno de los jueces declaraba que no estaban suficientemente informados, se agregaban dos ancianos más, y luego otros dos en sucesión, hasta que se formaba una asamblea de sesenta y dos, que era el número del gran concilio. Si una mayoría de votos absolvía, al acusado se le liberaba *instantáneamente*; si condenaba, los jueces posponían pronunciar la sentencia hasta el tercer día; durante el día intermedio no podían ocuparse de nada más que la causa, y se abstenían de comer libremente, de vinos y licores, y de todo lo que pudiera hacer que sus mentes fueran menos capaces de reflexionar.

En la mañana del tercer día los jueces regresaban al tribunal. Cada uno de los que no habían cambiado de parecer decía: *Continúo con la misma opinión y condeno*; cualquiera que al principio condenó podía absolver en esta sesión; pero a quien había absuelto no se le permitía condenar. Si una mayoría condenaba, dos *magistrados* acompañaban inmediatamente al condenado al lugar de castigo. Los ancianos no descendían de sus sillas; colocaban en la entrada del tribunal un oficial de justicia con una pequeña bandera en la mano; un segundo oficial montado a caballo seguía al prisionero, y constantemente volvía la mirada hacia el lugar de partida. Durante este intervalo, si alguna persona llegaba para anunciar a los ancianos cualquier nueva evidencia favorable al prisionero, el primer oficial ondeaba la bandera, y el segundo, tan pronto como percibía esto, devolvía el prisionero. Si el prisionero declaraba a los *magistrados* que recordaba algunas razones que se le habían escapado, lo llevaban delante de los *jueces* no menos de cinco veces. Si no ocurría ningún incidente, la procesión avanzaba lentamente, precedida por un heraldo que en voz alta se dirigía al pueblo de este modo: "Este hombre (declarando nombre y sobrenombre) es castigado por tal delito; los testigos que han jurado contra él son tales y tales personas; si alguien tiene evidencia que dar a favor del condenado, que salga rápidamente"…

A cierta distancia del lugar de castigo instaban al prisionero a confesar su delito, y le hacían tomar una bebida estupefaciente, a fin de hacerle menos terrible la inminencia de la muerte.[4]

---

4. M. Dupin, "The Trial of Jesus Before Caiaphas and Pilate", citado en Simon Greenleaf, *An Examination of the Testimony of the Four Evangelists by the Rules of Evidence Administered in Courts of Justice* (Londres: A. Maxwell & Son, 1847), 887-90; cursivas en el original.

¿Por qué el imperio de la ley fue contravenido deliberadamente por quienes promovieron el juicio y la crucifixión de Jesús? ¿Por qué la urgencia de darle muerte incluso cuando la nación se disponía a celebrar la Pascua? ¿No demuestra eso intenciones siniestras de parte de ellos?

A inicios de la historia cristiana se formularon esas mismas preguntas. En respuesta se registró en el Talmud un falso relato de la ejecución de Jesús desde la perspectiva de los dirigentes judíos:

> Hay una tradición: En la víspera del día de reposo y la Pascua colgaron a Jesús. Y el heraldo fue delante de él durante cuarenta días diciendo: "Jesús va a ser ejecutado porque ha practicado hechicería y seducido al pueblo de Israel, alejándolo de Dios. Cualquier persona que pueda presentar algún alegato justificativo por él, que venga y ofrezca información al respecto", pero ningún alegato justificativo se halló, así que fue ahorcado en la víspera del día de reposo y la Pascua. Ulla declaró: "¿Creen ustedes que él pertenece a aquellos por quienes debe buscarse un alegato justificativo? Él era un incitador, y el Dios de toda misericordia ha dicho [Dt. 13:8]: 'Ni le tendrás misericordia, ni lo encubrirás'".[5]

En otras palabras, el rabino Ulla argumentó que los delitos de Jesús eran tan atroces que no había necesidad de solicitar testimonio en su defensa. Sin embargo, el Talmud declara que el argumento del rabino fue rechazado (y que a Jesús le dieron cuarenta días para buscar testimonio que pudiera exonerarlo) *"porque él se mantuvo cerca del reino"*, es decir, porque pertenecía a la línea real de David.[6]

Los relatos del evangelio sobre la última semana de la vida terrenal de Jesús son detallados y coherentes, y anteriores a las leyendas talmúdicas en más de un siglo. Por tanto, la historia de los rabinos sobre un juicio justo que dura cuarenta días simplemente no es creíble. Pero es interesante por varias razones.

---

5. David Baron, *The Servant of Jehovah: The Sufferings of the Messiah and the Glory That Should Follow* (Nueva York: Marshall, Morgan & Scott, 1922), pp. 105-6.

6. David Baron, *The Ancient Scriptures and the Modern Jew* (Londres: Hodder & Stoughton, 1901), p. 18.

En primer lugar, es significativo que esta y otras leyendas revisionistas afirmaran que los delitos de Jesús fueran "hechicería" y otras transgresiones morales.[7] Ellos no cuestionan el linaje de Jesús; tácitamente lo afirman. David Baron fue un judío británico que se convirtió al cristianismo en el siglo XIX y escribió varias obras significativas (incluso un comentario excelente sobre Isaías 53). Baron señaló que los intentos de las autoridades judías por justificar el trato que dieron a Jesús demuestran que sabían la verdad acerca de Él. Baron dijo: "La realidad de que Cristo pertenecía a la casa real davídica estaba grabado profundamente en la conciencia de la nación judía, y brilla aún más por debajo de las leyendas blasfemas que los rabinos inventaron respecto a Él en autojustificación".[8]

Además, el relato talmúdico del juicio a Jesús refleja la profunda animosidad hacia Cristo que comenzó con el sanedrín durante su ministerio terrenal (Mr. 3:6; Jn. 11:53) y que aún encuentra expresión hoy día. Algunos seguidores devotos del judaísmo tradicional tienen tal antipatía hacia Jesús que no hablan de Él por nombre sino que lo sustituyen por expresiones judías despectivas. Un artículo de un sitio web judío que se burla del programa de estudios del Instituto Bíblico Moody explica la práctica:

En yiddish como en ningún otro idioma, las suposiciones básicas del cristianismo fueron socavadas. Para cuando [el Instituto Bíblico] Moody comenzó a enseñarlas, Jesús había sido por mucho tiempo un personaje tanto de temor como de burla en el mundo de habla yiddish. Regularmente se hacían referencias al Salvador con apodos desdeñosos como *yoizel*, *getzel* y, el más creativo, *yoshke pandre*. Los niveles de significado en este último nombre son asombrosos: Al usar el sufijo diminutivo yiddish "-ke", *yoshke* podría traducirse como "pequeño José", modificando la relación no biológica de Jesús con el crédulo esposo de María. Mientras tanto, *pandre* es yiddish para "pantera", una referencia a las alegaciones [hechas por el hereje Celso y repetidas en el Talmud] de que el padre de Jesús

---

7. Véase cap. 4, nota 17.
8. Ibíd.

no era ni Dios ni José el carpintero, sino un soldado romano saqueador llamado Pantera. Por tanto, el nombre astutamente hace ilegítimo al nacimiento de Jesús y violadores o tontos a quienes están asociados con este.[9]

El artículo sigue describiendo otras expresiones yiddish para Jesús, que son demasiado profanas para repetirlas. El hilo del amargo desprecio por Jesús puede rastrearse desde el concilio de la época de Jesús, a través del Talmud, hasta el tiempo actual.

Obviamente, no todos los judíos tienen tal desprecio por Jesús. Él es ultrajado por algunos y simplemente rechazado por otros. (Y para ser justos, el odio judío por Jesús a menudo lo ha empeorado el maltrato deliberado y sistemático a manos de individuos que afirmaban estar actuando en el nombre de Jesús. Quizás ningún grupo de personas ha sufrido más o por más tiempo que los judíos a manos de varios tiranos y fanáticos religiosos motivados por odio étnico o racial).

Aun así, es una realidad que cada rama importante del judaísmo rechaza las declaraciones de Cristo y repudia la afirmación de que es el Mesías. Los judíos devotos consideran apóstatas a los "judíos mesiánicos" (judíos étnicos que creen en Jesús), y por tanto ya no son judíos verdaderos. Los judíos ortodoxos observan con frecuencia un ritual de duelo de una semana equivalente a un funeral por los muertos cuando alguien en su comunidad confía en Jesús.

Aunque la confesión "no lo estimamos" en Isaías 53:3 es apropiada para alguien que se vuelve de la incredulidad a la fe, tiene un significado particular para los judíos porque (como observamos en el capítulo 4) fueron la nación elegida para traer el Mesías al mundo; las Escrituras se dieron a través de ellos; y poseyeron beneficios espirituales y una relación con Yahvé que ninguna otra nación tuvo el privilegio de disfrutar (Ro. 3:1-2; 9:4-5).

Y sin embargo, según declara la Biblia, cuando vino el Mesías prometido, "los suyos no le recibieron" (Jn. 1:11). Al contrario, sus

---

9. Peter Manseau, "Missionary Yiddish", 22 de enero de 2009, http://jewcy.com/jewish-religion-and-beliefs/missionary_Yiddish.

principales sacerdotes fueron los arquitectos de la conspiración que se cobró la vida de Jesús.

El trato cruel, injusto y malévolo que los dirigentes judíos le dieron no altera el hecho de que el siervo estaba entregando voluntariamente su vida *por ellos*. Isaías escribió: "Por la rebelión de mi pueblo [Él] fue herido" (53:8). El profeta usa como dos decenas de veces la expresión "mi pueblo" como un término técnico para la nación judía. "El buey conoce a su dueño, y el asno el pesebre de su señor; Israel no entiende, mi pueblo no tiene conocimiento" (Is. 1:3; véanse también 3:12; 5:13; 32:13; 40:1).

A propósito, este versículo distingue claramente "mi siervo" de "mi pueblo", mostrando por qué Israel *no puede* ser el siervo de Isaías 53. "[Mi siervo] fue cortado de la tierra de los vivientes, y por la rebelión de mi pueblo fue herido". El punto aquí es que a pesar de que el pueblo consideró al siervo como "por azotado, por herido *de Dios* y abatido" (v. 4), no comprendió que el golpe de juicio no fue por los pecados del siervo (no tenía ninguno), sino por los pecados de la nación (y no solo de la nación sino por todos los pecados de todo su pueblo, de toda lengua, tribu y nación).

El Evangelio de Juan relata cómo en la reunión donde se tramó la conspiración contra Jesús, el sumo sacerdote Caifás sostuvo que darle muerte a Jesús sería el menor de dos males: "Nos conviene que un hombre muera por el pueblo, y no que toda la nación perezca" (Jn. 11:50). El apóstol continúa explicando: "Esto no lo dijo por sí mismo, sino que como era el sumo sacerdote aquel año, profetizó que Jesús había de morir *por la nación; y no solamente por la nación*, sino también para congregar en una a los hijos de Dios que estaban dispersos [p. ej., los gentiles que llegarían a la fe en Jesús]" (vv. 51-52).

Israel colectivamente juzgó mal a Jesús. Creyeron que fue Dios quien le dio muerte por pecados y blasfemias, como afirmaban sus acusadores. En realidad, *fue* abatido por Dios... pero por los pecados de su pueblo, a fin de producir salvación tanto a judíos como a gentiles (Hch. 20:21; Ro. 1:16; 3:29-30; 9:24; 1 Co. 1:24; 12:13; Ef. 2:12-14).

En silencio en la tumba

Isaías 53:9 presenta un conjunto sorprendente de detalles: "Se dispuso [o se asignó] con los impíos su sepultura". Ya que fue crucificado con delincuentes, se esperaba que el cuerpo de Jesús se desechara de la misma forma que los de ellos. Los romanos generalmente dejaban en sus cruces los cuerpos muertos de delincuentes crucificados como símbolo de animales atropellados para ser devorados por aves y animales salvajes. En el mundo antiguo, dejar al descubierto el cadáver de alguien y negarse a enterrarlo era el acto final de deshonrarlo, como hicieron los filisteos con los cuerpos de Saúl y sus hijos (1 S. 31:10-12), y como los seguidores del anticristo harán con los cuerpos de los dos testigos en la tribulación (Ap. 11:7-9; véase también Jer. 25:33).

Dejar un cadáver expuesto fue estrictamente prohibido por Dios (Dt. 21:22-23). Pero los romanos dejaban deliberadamente al aire libre los restos de sus víctimas crucificadas. Las crucifixiones por lo general se hacían públicamente en vías de alto tráfico. Por tanto, los cadáveres de los condenados servían como ilustración gráfica del destino que esperaba a quienes se atrevieran a desafiar el poderío de Roma. Finalmente, los oficiales depositaban los huesos y cráneos en una fosa común. En Jerusalén, ese lugar era el valle de Hinom, una quebrada en las afueras de Jerusalén al sur de la ciudad.

Hinom tenía un pasado siniestro y malvado. Fue un sitio donde sacrificaban niños a Moloc, el detestable dios de los amonitas (1 R. 11:7), pasándolos por fuego (2 R. 17:17; 21:6; Jer. 32:35), una costumbre espantosa estrictamente prohibida por Dios (Lv. 18:21; 20:2-5; Jer. 7:31-32; 32:35). El nombre arameo para el valle fue transcrito al griego y usado en el Nuevo Testamento como apelativo del infierno. La transliteración en español es *Gehena*. En tiempos del Antiguo Testamento el lugar llegó a conocerse como "Tofet", cuyo significado es incierto. La mayoría de las fuentes dicen que significa "lugar de incineración" (de la palabra aramea para "chimenea"). Esa es una descripción apropiada. Otros lingüistas afirman que se deriva de la expresión hebrea para "tambor", que hace referencia a los tambores que constantemente resonaban para ahogar los gritos de los niños que quemaban vivos allí. Jeremías declaró que al lugar debía llamársele "Valle de la Matanza" (Jer. 19:6).

En tiempos de Jesús, el valle Hinom era el basurero de Jerusalén, donde continuamente ardía fuego en medio de la basura (cp. Is. 66:24; Mt. 3:12; Mr. 9:48). Después que los huesos de un delincuente crucificado eran limpiados por aves carroñeras, los restos finales eran lanzados a ese fuego.

Eso no le sucedería al siervo de Dios. La voz del Mesías habla en Salmos 16:10: "No dejarás mi alma en el Seol, ni permitirás que tu santo vea corrupción" (cp. Hch. 2:27-31; 13:35-37). En un giro sorprendente de acontecimientos, Isaías dice que el siervo en cambio estaría "con los ricos... en su muerte".

Ese rico fue José de Arimatea (Mt. 27:57), quien se había convertido en "discípulo de Jesús, pero secretamente por miedo de los judíos" (Jn. 19:38). Él no solo proporcionó su propia tumba sin usar (Lc. 23:53) para que Jesús fuera sepultado, sino que también audazmente pidió el cuerpo a Pilato (Mt. 27:58). Luego sepultó el cuerpo con la ayuda de Nicodemo, otra persona prominente que se convirtió discretamente en discípulo de Jesús (Jn. 19:39-42). Por eso, en lugar de que su cuerpo descompuesto fuera lanzado sin miramientos al vertedero de basura en Jerusalén, el cuerpo de Cristo fue sepultado en una tumba nueva sin usar perteneciente a un hombre rico... exactamente como Isaías había profetizado siete siglos antes. Dios dispuso el honroso entierro de su Hijo para demostrar al mundo que su Siervo, el Mesías de Israel, era inocente.

La última frase en el versículo 9 revela el significado de la sepultura del siervo: esta fue la forma en que Dios justificó la inocencia de Cristo. No permitiría ninguna humillación más de su Hijo. Las palabras finales de esta sección, "aunque nunca hizo maldad [pecado de acción], ni hubo engaño en su boca [pecado en el corazón]", fueron un testimonio del Padre a la perfección total e inmaculada de Jesús.

Este también fue el primer paso pequeño de su exaltación.

7

El Siervo sufrido y exaltado

Por tanto, no hay duda de que el profeta está comparando aquí dos cosas opuestas: a saber, (1) que Jesucristo debía estar durante mucho tiempo oculto, por así decirlo, sumergido en las profundidades del infierno, también por así decirlo, y que incluso cuando venga no debe tener gran pompa a fin de ser apreciado por los hombres sino todo lo contrario: debía ser rechazado, debían considerarlo con tal desprecio que incluso nadie pensaría que la salvación del pueblo podría lograrse por medio de Él; pero (2) no sería menos exaltado.

Juan Calvino[1]

Ocurrió el mismo día de su resurrección cuando Jesús se encontró con los dos discípulos que viajaban de Jerusalén al pueblo cercano de Emaús. Marcos 16:12-13 apenas menciona el hecho al pasar. Lucas nos cuenta lo que sucedió.

El camino a Emaús era de once kilómetros (Lc. 24:13). A paso muy rápido, ese viaje duraría por lo menos dos horas. Puesto que la gente solía viajar en grupos pequeños y conversar mientras caminaban, viajaban a un paso ligeramente más lento. Por lo que el camino a Emaús les tomaría aproximadamente de dos horas y media a tres horas. Estos dos discípulos "iban hablando entre sí

---

1. Leroy Nixon, trad., *The Gospel According to Isaiah* (Grand Rapids, MI: Eerdmans, 1953), p. 14.

de todas aquellas cosas que habían acontecido" (v. 14). Específicamente analizaban e intentaban encontrar sentido a los preocupantes acontecimientos de los últimos tres días, desde el arresto de Jesús la noche del jueves hasta la tumba vacía esa misma mañana.

Un viajero solitario los alcanzó. "Mientras hablaban y discutían entre sí, Jesús mismo se acercó, y caminaba con ellos" (v. 15).[2] Jesús preguntó: "¿Qué pláticas son estas que tenéis entre vosotros mientras camináis?" (v. 17).

> Ellos le dijeron: De Jesús nazareno, que fue varón profeta, poderoso en obra y en palabra delante de Dios y de todo el pueblo; y cómo le entregaron los principales sacerdotes y nuestros gobernantes a sentencia de muerte, y le crucificaron. Pero nosotros esperábamos que él era el que había de redimir a Israel; y ahora, además de todo esto, hoy es ya el tercer día que esto ha acontecido (vv. 19-21).

Los discípulos siguieron diciendo que en relación a la tumba vacía habían oído de "unas mujeres", y de una "visión de ángeles, quienes dijeron que él vive". Unos compañeros de ellos incluso habían ido a la tumba y la encontraron vacía, "pero a él no le vieron" (vv. 22-24).

¡Estos dos no se daban cuenta de que estaban diciéndole esto al Señor mismo!

Fue entonces que Jesús respondió reprochándoles: "¡Oh insensatos, y tardos de corazón para creer todo lo que los profetas han dicho! ¿No era necesario que el Cristo padeciera estas cosas, y que entrara en su gloria?" (vv. 25-26).

El Señor les dijo que la carrera del Mesías cae en dos categorías:

---

2. Lucas dice que a estos dos discípulos (uno llamado Cleofas; el otro no se sabe) se les impidió que "le conociesen" (v. 16). Eso obviamente significa que de manera soberana Dios les restringió la capacidad de discernir quién era (cp. v. 31), no necesariamente por medio de un milagro que de modo literal les nublara la visión, sino más probablemente usando en forma providencial el dolor y la confusión que tenían para evitar que el cuerpo resucitado y glorificado de Jesús se viera dramáticamente distinto del cadáver maltratado que fue bajado de la cruz y colocado en una tumba pocos días antes. Ellos no fueron los únicos que no reconocieron de inmediato a Jesús resucitado. María Magdalena lo confundió con un hortelano en la tumba (Jn. 20:15). Los once de igual modo no lo reconocieron al principio cuando los encontró en la costa de Galilea (Jn. 21:4). Era el mismo cuerpo, pero con la variante de que "se siembra en deshonra, resucitará en gloria; se siembra en debilidad, resucitará en poder" (1 Co. 15:43).

sufrimiento y *gloria*. Si hubieran entendido ese simple principio de los escritos de los profetas no se les habría conmocionado tanto la fe.

Después de que al fin se dieron cuenta de con quién habían estado hablando, "se decían el uno al otro: ¿No ardía nuestro corazón en nosotros, mientras nos hablaba en el camino, y cuando nos abría las Escrituras?" (v. 32).

Esa misma noche Jesús se apareció a los once apóstoles restantes y a algunos de sus otros seguidores, quienes estaban escondidos en un sitio secreto en Jerusalén, temerosos de las autoridades judías (Jn. 20:19). Después de asegurar a los aterrados discípulos que era realmente Él y no un fantasma, Jesús les declaró:

> Estas son las palabras que os hablé, estando aún con vosotros: que era necesario que se cumpliese todo lo que está escrito de mí en la ley de Moisés, en los profetas y en los salmos. Entonces les abrió el entendimiento, para que comprendiesen las Escrituras; y les dijo: Así está escrito, y así fue necesario que el Cristo padeciese, y resucitase de los muertos al tercer día (Lc. 24:44-46).

En otras palabras, Jesús reiteró lo que había dicho a los dos discípulos a principios de ese día: el Antiguo Testamento enseñaba que el Mesías debía padecer. Solo entonces sería glorificado y exaltado. Su exaltación comenzó cuando resucitó de los muertos y luego ascendió a la diestra del Padre.

Quienes no entienden que el sufrimiento de Cristo era prerrequisito para la gloria, no han comprendido lo básico respecto al evangelio. Este es un tema que resuena a través del mensaje cristiano (Mt. 26:64; Hch. 2:33; 7:55; Ro. 8:34; Ef. 1:20; Col. 3:1; He. 1:3; 1 P. 3:22).

Pero como hemos visto desde el principio, creer que el Mesías iba a sufrir simplemente no figuraba en la esperanza mesiánica popular. Los doctores judíos en teología se enfocaron en la gloria de Cristo y pasaron por alto la necesidad de que padeciera. Esperaban completamente que su Mesías estableciera su reino y liberara a Israel de sus enemigos, y esperaban con fervor que ese día llegara lo antes posible. Pero no comprendieron la enseñanza del Antiguo Testamento de que el Mesías iba a padecer y morir antes de conquistar y gobernar.

La expectativa de que el Mesías traería rápidamente la gloria de su reino a la tierra era tan fuerte y persistente, que incluso en su ascensión los principales discípulos todavía le preguntaron: "Señor, ¿restaurarás el reino a Israel en este tiempo?" (Hch. 1:6). Cualquier esperanza que hubieran tenido de que el reino comenzaría de inmediato debió haberse frustrado cuando Él contestó: "No os toca a vosotros saber los tiempos o las sazones, que el Padre puso en su sola potestad" (v. 7). Y en instantes, mientras miraban, "fue alzado, y le recibió una nube que le ocultó de sus ojos" (v. 9).

Finalmente entendieron y aceptaron que ese sufrimiento, y no solamente la gloria, era parte necesaria del ministerio del Mesías. Pedro escribiría más tarde: "Los profetas que profetizaron de la gracia destinada a vosotros, inquirieron y diligentemente indagaron acerca de esta salvación, escudriñando qué persona y qué tiempo indicaba el Espíritu de Cristo que estaba en ellos, el cual anunciaba de antemano los *sufrimientos* de Cristo, y *las glorias que vendrían tras ellos*" (1 P. 1:10-11).

Es imposible comprender la persona y la obra del Señor Jesucristo aparte de esas dos categorías. Juntas abarcan toda la gama de profecías del Antiguo Testamento sobre el Mesías. Ambos temas actúan coherentemente a través de los mensajes de los profetas. En efecto, hay numerosos textos esparcidos a través de todo el Antiguo Testamento ("comenzando desde Moisés, y siguiendo por todos los profetas") que Jesús pudo haber explicado en esas dos horas y media en el camino a Emaús.

Como ya sugerimos, los pasajes del Antiguo Testamento que anunciaron o predijeron los sufrimientos de Jesús incluirían el simbolismo en la disposición de Abraham de sacrificar a Isaac; el cordero de Pascua, la serpiente de bronce levantada en el desierto (Jn. 3:14); el derramamiento de sangre que era tan prominente en el sistema expiatorio; la perforación y las burlas descritas en el Salmo 22; el sufrimiento descrito en los Salmos 69, 118, y en otros salmos mesiánicos; y la traición y perforación de que habla Zacarías 11:12-13; 12:10.

Pero en ninguna parte del Antiguo Testamento los dos temas gemelos de sufrimiento y gloria se unen tan claramente y con tantos detalles como en Isaías 52:13—53:12. Sin duda a estas alturas usted entiende por qué esta profecía mesiánica detallada es tan extraordinaria al revelar tantos detalles precisos e históricamente verificables de la vida, muerte, resurrección y exaltación del Mesías siete siglos antes que naciera.

Los versículos 10 al 12 comprenden la quinta y última estrofa de este cuarto y último de los cantos del Siervo del Isaías. Las primeras estrofas han descrito al Siervo del Señor como el siervo asombroso, el siervo rechazado, el siervo sustituto, y el siervo silencioso: Sin embargo, "esta última estrofa es como un embalse al cual fluyen todas las líneas principales de pensamiento".[3] Empieza con una promesa victoriosa y termina con una proclamación jubilosa.

A fin de entender la estrofa final debemos volver a ver la sección inicial de este pasaje, Isaías 52:13-15. El versículo 13 presenta un enigma para el lector judío relacionado con el Siervo del Señor, en que el Mesías "será engrandecido y exaltado". La frase "engrandecido y exaltado" habla de su deidad. Se utilizan palabras similares en Isaías 6:1 y 57:15 para describir a Dios. Su divina majestad y gloria asustarán a las naciones, y eso es lo que reducirá a sus gobernantes a un silencio atónito cuando Él regrese en gloria (52:15).

Pero por otra parte, el siervo también es un hombre. Según el versículo 14, "fue desfigurado de los hombres su parecer, y su hermosura más que la de los hijos de los hombres". Como Dios es altamente exaltado; como hombre fue desfigurado y deformado.

He aquí el misterio que parecía imposible de entender para los lectores del Antiguo Testamento: ¿cómo podía este libertador glorioso, sorprendente y divino ser al mismo tiempo el más desfigurado y deformado de los hombres? La respuesta está en entender que en su primera venida el Mesías sería humillado y soportaría sufrimiento. Pablo escribió: "Estando en la condición de hombre, se

---

3. J. Alec Motyer, *The Prophecy of Isaiah* (Downers Grove, IL: InterVarsity Press, 1993), p. 436. Publicado en español por Andamio con el título *Isaías*.

humilló a sí mismo, haciéndose obediente hasta la muerte, y muerte de cruz" (Fil. 2:8). Después sería exaltado por el Padre. A causa de la obediencia voluntaria de Cristo, "Dios también le exaltó hasta lo sumo, y le dio un nombre que es sobre todo nombre, para que en el nombre de Jesús se doble toda rodilla de los que están en los cielos, y en la tierra, y debajo de la tierra; y toda lengua confiese que Jesucristo es el Señor, para gloria de Dios Padre" (vv. 9-11). Que el siervo sería tanto humillado como exaltado es el plan de Dios. Jehová es quien habla antes y después de la confesión de Israel, en los versículos 13-15 del capítulo 52 que describen el sufrimiento del siervo, y otra vez en la segunda mitad del versículo 11 y el versículo 12 del capítulo 53, que describen su exaltación. Lo que le sucedió a Jesucristo no fue una tragedia inesperada, sino el cumplimiento exacto del plan de Dios. El Siervo sufriente del Señor no fue una víctima infeliz; es, aún en lo extremo de su crucifixión, el victorioso Hijo de Dios. Fue escogido por el Padre y fortalecido por el Espíritu tanto para sufrir como para ser glorificado, a fin de traer a su pueblo perdón de sus pecados y vida eterna en el cielo. Él es el único sacrificio aceptable que quita los pecados del mundo (Jn. 1:29).

Así, pues Dios mismo proporciona la respuesta al enigma de Israel relacionado con su siervo. En Isaías 53:12 declara que aunque el siervo fue humillado y "contado con los pecadores" al llevar "el pecado de muchos", sin embargo será sumamente exaltado cuando Dios haga que tenga "parte con los grandes, y con los fuertes [reparta] despojos". Esta es la verdad más gloriosa e importante alguna vez revelada a la humanidad: las buenas nuevas de salvación para los pecadores por medio de la muerte del siervo del Señor. Y todo fue profetizado a la nación judía en Isaías 53.

"A él vendrán, y todos los que contra él se enardecen serán avergonzados" (Is. 45:24)

Como hemos dicho desde el principio, Isaías 53 es la confesión que se hará cuando finalmente el pueblo de Israel reconozca y reciba a Jesús como el Mesías verdadero. Hasta este momento, en Isaías 53 las provisiones y los beneficios de la muerte del siervo se han visto desde la perspectiva del Israel arrepentido. Esa perspectiva continúa durante la primera mitad de la estrofa final (v. 10 y la primera parte del v. 11).

Pero en la parte final de la quinta estrofa (la segunda mitad del v. 11 y el v. 12) hay un cambio en voz y perspectiva. Desde la mitad del versículo 11 ya no es la confesión del Israel arrepentido. Es Dios dando su veredicto sobre el sufrimiento y la muerte del siervo. El pronombre posesivo en la expresión "mi siervo" señala el cambio de voz. Dios es ahora el vocero, y afirma la veracidad de la confesión de Israel.

De modo que en Isaías 52:13-15 y 53:11-12 estamos oyendo la voz de Dios, con palabras de elogio por la fidelidad de su siervo. El pasaje entre esas dos declaraciones es la parte que predice el arrepentimiento futuro de Israel.

Ese día vendrá, tan cierto como Dios es fiel. Toda la promesa del nuevo pacto (Jer. 31:31-36) está marcada con esta promesa: "Así ha dicho Jehová: Si los cielos arriba se pueden medir, y explorarse abajo los fundamentos de la tierra, también yo desecharé toda la descendencia de Israel por todo lo que hicieron" (v. 37). En otras palabras, no es más posible para Dios abandonar a su nación escogida de lo que sería medir el infinito. El apóstol Pablo explícitamente plantea y responde la pregunta: "Digo, pues: ¿Ha desechado Dios a su pueblo? En ninguna manera. Porque también yo soy israelita, de la descendencia de Abraham, de la tribu de Benjamín" (Ro. 11:1). Ezequiel 36:22-38 es una promesa extendida para Israel de que Dios no ha dejado de tratar con ella como nación. "Habitaréis en la tierra que di a vuestros padres, y vosotros me seréis por pueblo, y yo seré a vosotros por Dios" (v. 28).

Pablo trata todo esto en detalle en Romanos 9—11. Afirma que al final se cumplirán todas las promesas del antiguo pacto para Israel. Así como las amenazas y maldiciones por su apostasía se cumplieron al pie de la letra, se cumplirán también las promesas de su restauración a la tierra prometida:

> Que ha acontecido a Israel endurecimiento en parte, hasta que haya entrado la plenitud de los gentiles; y luego *todo Israel será salvo*, como está escrito:

Vendrá de Sion el Libertador,
    que apartará de Jacob la impiedad.
Y este será mi pacto con ellos,
    cuando yo quite sus pecados (Ro. 11:25-27).

Esta no es una innovación reciente de la doctrina cristiana con relación a los últimos tiempos. Jesús mismo declaró: "Jerusalén será hollada por los gentiles, *hasta que los tiempos de los gentiles se cumplan*" (Lc. 21:24). Teólogos a través de la historia de la Iglesia —incluso muchos en la tradición reformada— han enseñado por mucho tiempo que los judíos, "las ramas naturales, serán injertados en su propio olivo" (Ro. 11:24). Es decir, en última instancia se volverán de su incredulidad, aceptarán a Jesús como Mesías, y heredarán todas las bendiciones de los pactos abrahámico y davídico.

Esa opinión fue enseñada por muchos de los padres de la iglesia, incluidos Justino Mártir, Orígenes, Juan Crisóstomo, Jerónimo y Cirilo de Alejandría. Tertuliano escribió: "En su última venida, junto con su aceptación y bendición [Cristo] favorecerá también la circuncisión, e incluso la descendencia de Abraham con el tiempo lo reconocerá".[4]

Agustín, el más grande todos los teólogos de los primeros siglos de la iglesia, también afirmó su creencia en la salvación futura de Israel, una opinión que aseveró que era común en su época: "Es un tema conocido en la conversación y el corazón de los fieles, que en los últimos días antes del juicio los judíos creerán en el Cristo verdadero, es decir nuestro Cristo, por medio de este gran y admirable profeta Elías que les explicará le ley".[5]

Tomás de Aquino, el más influyente (y tal vez el mejor) de los teólogos medievales católicos romanos, también creía en la salvación nacional de Israel. Creía que en los últimos tiempos, "los remanentes de Israel se convertirán".[6] También escribió: "Con la caída de los judíos, los gentiles que habían sido enemigos fueron reconciliados,

---

4. Tertuliano, *The Five Books Against Marcion*, 5.9, en *The Ante-Nicene Fathers*, ed. A. Roberts y J. Donaldson, 10 vols. (Grand Rapids. MI: Eerdmans, 1951), 3:448.

5. Agustín, *The City of God*, 20.29, en *The Nicene and Post-Nicene Fathers*, ed. Felipe Schaff, 14 vols. (Nueva York: Scribners, 1887), 2:448.

6. Tomás de Aquino, *Summa Theologica* (Nueva York: Cosimo, 2007), 2:1072.

por lo que después de la conversión de los judíos cerca del fin del mundo, habrá una resurrección general por la cual los hombres resucitarán de los muertos a vida inmortal".[7] Escribió además: "La ceguera de los judíos durará hasta que todos los paganos elegidos para salvación hayan aceptado la fe. Y esto está de acuerdo con lo que Pablo dice... acerca de la salvación de los judíos, es decir, que después de la conversión de los paganos, todo Israel será salvo".[8]

Juan Calvino, el más hábil de los teólogos entre los reformadores magisteriales, escribió en sus comentarios sobre Isaías 59:20:

> Pablo cita este pasaje (Ro. 11:26) para mostrar que aún existe alguna esperanza entre los judíos; a pesar de que de su inconquistable obstinación podría insinuarse que fueron completamente desechados y condenados a muerte eterna. Pero debido a que Dios está continuamente consciente de su pacto, y "porque irrevocables son los dones y el llamamiento de Dios" (Ro. 11:29), Pablo concluye justamente que es imposible que al final no haya un remanente que llegue a Cristo y obtenga esa salvación que él ha procurado. Por tanto, los judíos deben ser finalmente recogidos junto con los gentiles, pues de ambos "habrá un rebaño" bajo Cristo (Jn. 10:16).[9]

La Biblia de Ginebra era la Biblia de los reformadores originales ingleses. Fue la Biblia inglesa más influyente antes de la versión King James. Contiene notas escritas por muchos de los principales teólogos protestantes de la época. Las notas sobre Romanos 11:24 y 25 dicen en parte:

> Él [Pablo] habla de toda la nación, no de una parte... La ceguera de los judíos no es tan universal como para que el Señor no tenga ningún elegido en esa nación, ni esto continuará así: porque habrá un tiempo en que ellos también (como anunciaron

---

7. Tomás de Aquino, *On the Epistle of Romans*.

8. John Y. B. Hood, *Aquinas and the Jews* (Filadelfia: University of Philadelphia Press, 1995), p. 77. El extracto se tradujo del comentario latino de Aquino sobre Romanos.

9. Juan Calvino, *Commentary on the Book of the Prophet Isaiah*, trad. William Pringle, 4 vols. (Edinburgh: Calvin Translation Society, 1853), 4:269.

los profetas) aceptarán efectivamente lo que ahora con obstinación rechazan en su mayoría.

Muchos de los puritanos ingleses y estadounidenses, incluso John Owen, Thomas Manton, John Flavel, William Perkins, Thomas Boston, Increase Mather y Cotton Mather, también creían que habrá una conversión nacional de Israel.

Jonathan Edwards, considerado por muchos como el mejor teólogo estadounidense que haya vivido, afirmó sin rodeos: "Nada se ha profetizado con mayor certeza que esta conversión nacional de los judíos en Romanos 11. Y también hay pasajes del Antiguo Testamento que no pueden interpretarse en ningún otro sentido".[10]

El teólogo bautista inglés del siglo XVIII John Gill creía en "la conversión de los judíos y su asentamiento en su propia tierra",[11] por tanto escribió:

> La conversión de los judíos... seguirá a la destrucción del anticristo... Hay muchas profecías que hablan de esa conversión; como que nacerán de una vez; no en un sentido civil, creados y establecidos como nación; sino en sentido espiritual, nacidos otra vez de agua y del espíritu; serán inducidos a una profunda convicción de pecado, a un sentido verdadero de este, por lo cual llorarán; en particular por el pecado de su obstinado rechazo al Mesías verdadero, y su incredulidad continua en Él; cuando sean llevados y salgan con llanto y con súplicas, y busquen al Señor su Dios y a David su rey, el Mesías, y lo reciban y se sometan a Él; y se unan a las iglesias cristianas y se sometan a las ordenanzas de Cristo: esto será universal; todo Israel será salvo, toda la nación nacerá de una vez, de repente; porque durante muchos cientos de años se han mantenido como un pueblo distinto, y no han sido contados sino que se han mezclado entre las naciones, a pesar de estar esparcidos en medio de ellas; lo cual es algo maravilloso en la providencia, y

---

10. Jonathan Edwards, *A History of the Work of Redemption* (Worcester, MA: Thomas & Whipple, 1808), p. 487.

11. John Gill, *A Complete Body of Doctrinal and Practical Divinity*, 3 vols. (Londres: Ridgway, 1796), 2:155.

muestra claramente que Dios tiene algunas grandes cosas que hacer para ellos y por ellos.[12]

Charles Hodge, uno de los principales teólogos presbiterianos del siglo xix, escribió: "El segundo gran acontecimiento, el cual según la fe común de la Iglesia precederá a la segunda venida de Cristo, es la conversión nacional de los judíos".[13]

En un sermón titulado "La cosecha y la vendimia", Charles Spurgeon dijo con relación a la conversión futura del Israel nacional:

Es cierto que como pueblo, los judíos poseerán a Jesús de Nazaret, el Hijo de David como su Rey, que regresarán a su propia tierra y edificarán las ruinas antiguas, levantarán las antiguas desolaciones, y repararán las antiguas ciudades, las desolaciones de muchas generaciones.[14]

J. C. Ryle, contemporáneo de Spurgeon, también expresó su convicción de que un día Israel será restaurado:

Siempre me pareció que cuando tomamos literalmente los textos que predicen que los muros de Babilonia serán derribados, también deberíamos tomar literalmente los textos que predicen que los muros de Sion serán reconstruidos, que así como según la profecía los judíos fueron literalmente esparcidos, así también según la profecía los judíos serán literalmente reunidos.[15]

Teólogos contemporáneos como Geerhardus Vos, George Eldon Ladd, John Murray, William Hendriksen, R. C. Sproul, Millard Erickson y Wayne Grudem también han enseñado que habrá una conversión futura de la nación de Israel.

Cuando llegue ese día, los judíos mirarán a aquel a quien traspasaron y cambiarán de opinión acerca de Él. Habían creído que lo

---

12. Ibíd., 2:155.
13. Charles Hodge, *Systematic Theology* (Nueva York: Scribner's, 1884), 3:805.
14. Charles Spurgeon, *The Metropolitan Tabernacle Pulpit*, 63 vols. (Londres: Passmore & Alabaster, 1904), 50:553.
15. J. C. Ryle, "Watch!", en *Coming Events and Present Duties* (Londres: William Hunt, 1879), p. 19.

afligió Dios por ser un pecador blasfemo. Pero entonces entenderán que lo que le sucedió fue para pagar por los pecados de ellos, que fueron cargados sobre Él (2 Co. 5:21) para dar bienestar espiritual y sanidad a los pecadores.

El Siervo sufriente

Una de las características más sorprendentes de Isaías 53 es el hecho de que la generación futura de creyentes judíos que harán esta confesión expresa una comprensión plena del significado de la cruz de Cristo. Finalmente será correcto y completo el conocimiento que tienen del evangelio, enraizado en esta profecía antigua. Confesarán que "aunque [Cristo] nunca hizo maldad, ni hubo engaño en su boca" (v. 9), "con todo eso, Jehová quiso quebrantarlo, sujetándole a padecimiento" cuando "haya puesto su vida en expiación por el pecado" (v. 10). Cada detalle vital de la doctrina vicaria de Cristo, la expiación sustitutiva por los pecadores está expresada en esa declaración. No es exageración afirmar que esta es la verdad central de la fe cristiana.

Desde luego, los hombres le hicieron lo peor al siervo. Lo maltrataron hasta el punto de que apenas parecía humano (52:14). Lo despreciaron, rechazaron, oprimieron, afligieron e intentaron deshonrarlo incluso en su sepultura (53:3, 7, 8, 9). Él fue crucificado y asesinado "por manos de inicuos" (Hch. 2:23).

Sin embargo, como ya hemos resaltado más de una vez, el texto sorprendentemente explica: "Con todo eso, Jehová quiso quebrantarlo, sujetándole a padecimiento" (Is. 53:10). Jehová ordenó que algo terrible, inexplicable e incomprensible le sucediera a su siervo. La muerte del siervo fue obra de Dios, según su plan. Según reconoce la primera parte de Hechos 2:23, Jesús fue "entregado por el determinado consejo y anticipado conocimiento de Dios". Sin disminuir lo malvado del acto, la Biblia enseña claramente que esto fue precisamente lo que la mano y el propósito de Dios hubo "determinado que sucediera" (véase Hch. 4:27-28). Fue en última instancia *el Señor Dios* quien lo traspasó por nuestros pecados, lo castigó para traernos paz, lo hirió para curarnos, y puso nuestras iniquidades sobre Él.

Pero aún más sorprendente es que Dios, quien no se complace en la muerte de los malvados (Ez. 18:23, 32; 33:11), se complació en la muerte de su siervo, el justo. La palabra hebrea traducida "quiso" en el versículo 10 por la versión RVR-1960 literalmente significa "deleitarse en" o "complacerse en". La Reina Valera Contemporánea traduce la frase de manera más literal: "al Señor *le pareció bien* quebrantarlo".

Las palabras "sujetándole a padecimiento" son una frase fuerte que describe la intensidad del sufrimiento de Cristo. Indican una experiencia suficientemente insoportable como para debilitarlo por completo. Dios no solo quebrantó al siervo en el sentido de matarlo; lo hizo en la manera más espantosa imaginable.

Como hemos señalado varias veces, Jesús no sufrió la muerte de un mártir bienintencionado. Los mártires a lo largo de la historia de la iglesia han muerto entonando himnos de alabanza a Dios, dando confiadamente testimonio de su fe en el Señor. Murieron con esperanza y gozo en sus corazones porque lo hicieron bajo los dulces consuelos de la gracia.

Pero Jesús no recibió ayuda ni socorro en su muerte. Padeció bajo los terrores implacables y continuos de la ira y furia divina contra el pecado. Dios llegó al Calvario en medio de tinieblas para traer juicio, no sobre los impíos, sino sobre su Hijo. Ese día Dios trajo al Calvario las tinieblas externas del infierno cuando desencadenó toda su ira contra los pecados de todos los que alguna vez creerían en Jesucristo.

Ira infinita motivada por justicia infinita produjo castigo infinito sobre el Hijo eterno.

Con certeza "dura es esta palabra; ¿quién la puede oír?" (cp. Jn. 6:60) Incluso muchos cristianos rechazan la verdad de la sustitución penal relacionándola con el "maltrato infantil divino". Un escritor escribió irónicamente: "Si Dios quiere perdonarnos, ¿por qué simplemente no lo hace? ¿De qué manera castigar a un inocente mejora las cosas? ¿Sabe? Eso simplemente parece una injusticia más en la ecuación cósmica. Parece maltrato infantil divino".[16] En

---

16. Brian McLaren, *The Story We Find Ourselves In: Further Adventures of a New Kind of Christian* (San Francisco: Jossey-Bass, 2003), p. 143. McLaren, Tony Campolo, Steve Chalke y otros han hecho en los últimos años los mismos comentarios burlones sobre "abuso infantil divino".

realidad, el hecho de que Dios el Padre hiciera del alma de su propio Hijo una ofrenda por el pecado es la mayor expresión posible de su amor por la humanidad. "En esto consiste el amor: no en que nosotros hayamos amado a Dios, sino en que él nos amó a nosotros, y envió a su Hijo en propiciación por nuestros pecados" (1 Jn. 4:10).

Jesús pudo absorber en solo tres horas (y luego resucitar de los muertos) el juicio infinito del infierno eterno por todos los que alguna vez creerían, porque Él mismo es Dios infinito con poder infinito. La Biblia es clara al respecto: "Llevó él mismo nuestros pecados en su cuerpo" (1 P. 2:24). "Al que no conoció pecado, por nosotros lo hizo pecado" (2 Co. 5:21). "Él herido fue por nuestras rebeliones, molido por nuestros pecados" (Is. 53:5). Fue "hecho por nosotros maldición" (Gá. 3:13). Esta fue la copa que en Getsemaní Él le suplicó al Padre que le quitara, si era posible.

El clamor del Señor a la hora novena, "Eloi, Eloi, ¿lama sabactani?... traducido es: Dios mío, Dios mío, ¿por qué me has desamparado?" (Mr. 15:34). Ese ruego revela que el Padre no consoló inmediatamente a su Hijo cuando surgieron las tinieblas. Este es el único momento en el Nuevo Testamento en que Jesús se refiere a Dios de modo diferente a "Padre". La frase doble "Dios mío, Dios mío" es una expresión de afecto mezclada con desilusión (cp. Lc. 10:41; 13:34; 22:31). El Padre estaba presente en la furia del juicio, pero ausente en términos de consuelo.

Sin embargo, la ausencia del Padre era necesaria. Aunque el infierno incluye la furia total de la presencia personal de Dios para castigar, esa presencia no traería nada de consuelo, simpatía o alivio. Si Jesús iba a soportar el sufrimiento total del infierno, ese sufrimiento debía incluir tanto el castigo de Dios como la ausencia de su consuelo.

¿Cómo pudo haberle "complacido" a Dios producirle tal agonía y tormento a su Hijo?

Lo que le agradó fue el *resultado*, no el *dolor*. Su placer en herir a Jesús y hacerlo padecer no estuvo en el tormento infligido sobre su Hijo, sino en que este cumpliera el propósito del Padre; no en su agonía, sino en su logro; no en su sufrimiento, sino en la salvación que el sufriente consiguió. Dios estuvo complacido porque el siervo se sacrificó voluntariamente como ofrenda por la culpa; dio su vida para salvar a los pecadores.

La ofrenda por la culpa en el Antiguo Testamento (a la que a veces se hace referencia como ofrenda por el pecado) era uno de los cinco sacrificios principales en el sistema levítico. Tales sacrificios, descritos en los primeros siete capítulos de Levítico, también incluían el holocausto, la ofrenda de granos, la ofrenda de paz y la ofrenda por el pecado. Las tres primeras, holocausto, grano y paz, eran voluntarias para los israelitas individuales, pero las ofrendas por el pecado y la culpa eran obligatorias. Estas últimas se ofrecían todos los días en los sacrificios de la mañana y la tarde, así como en el día de reposo (Nm. 28:1-10). Cuatro de las ofrendas (todas menos la de grano) involucraban sacrificios animales, y describían el resultado mortal del pecado, la triste realidad de que "el alma que pecare, esa morirá" (Ez. 18:4, 20). Pero una vez más, también ofrecían esperanza, porque Dios permitía que un sustituto muriera en lugar del pecador, anunciando la muerte de Cristo como el sacrificio definitivo por el pecado (2 Co. 5:21; Ef. 5:2; He. 7:27; 9:26; 10:12).

El quinto y último sacrificio, la ofrenda por la culpa, añadía una dimensión importante que no se encontraba en los demás. Es el principio de la restitución, satisfacción o propiciación. La restitución se requería cuando alguien privaba a otro (sea a Dios o a otro ser humano) de su debido derecho. La ofrenda por la culpa era por consiguiente la más completa de las cinco ofrendas principales.

En el futuro los judíos como nación verán todo esto en la ofrenda de Cristo, cuyo sacrificio proporcionó satisfacción total por las demandas de la justicia divina, hizo restitución total, y sirvió como propiciación completa. La deuda del pecador es pagada en su totalidad por Dios, "anulando el acta de los decretos que había contra nosotros, que nos era contraria, quitándola de en medio y clavándola en la cruz" (Col. 2:14). Los pecadores arrepentidos, al haber muerto al pecado por medio de su unión con Cristo en su muerte (Ro. 6:2-4), son liberados de la culpa del pecado (Ro. 6:11, 18, 22; 8:2). La muerte de Jesús es la propiciación por los pecados de todos los que creen (1 Jn. 2:1-2).

El Siervo honrado

Al concluir su confesión, en la segunda parte de Isaías 53:10 y la primera parte del versículo 11, el remanente creyente se vuelve del sufrimiento que el Siervo soportó cuando Dios lo afligió, a fin de celebrar el honor que le fue concedido después. Su confesión menciona cuatro aspectos específicos de cómo Dios honrará a su Siervo.

En primer lugar, "verá linaje". A diferencia de los humanos, quienes ven a sus hijos, posiblemente a sus nietos, y en ocasiones a sus bisnietos, el Mesías verá todas las generaciones de su descendencia espiritual: aquellos a quienes no se avergüenza de llamar hermanos (He. 2:11). El Padre se los da (Jn. 6:37), y Cristo los lleva a la gloria (v. 10).

Él podrá hacer eso porque "vivirá por largos días" (Is. 53:10). Esa frase es un hebraísmo para vida larga y duradera (cp. Dt. 4:40; Pr. 28:16; Ec. 8:13). En Apocalipsis 1:18 Jesús declaró: "Estuve muerto; mas he aquí que vivo por los siglos de los siglos". El escritor de Hebreos observó que "[Jesús] puede también salvar perpetuamente a los que por él se acercan a Dios, viviendo siempre para interceder por ellos" (He. 7:25; cp. v. 16).

El Siervo también será honrado porque logró la obra de redención a través de su aceptación voluntaria del juicio agobiador de Dios. Por eso "la voluntad de Jehová será en su mano prosperada". La obra de redención que Cristo logró fue para alabanza de la gloria de Dios (Ef. 1:12), "por lo cual Dios también le exaltó hasta lo sumo, y le dio un nombre que es sobre todo nombre, para que en el nombre de Jesús se doble toda rodilla de los que están en los cielos, y en la tierra, y debajo de la tierra; y toda lengua confiese que Jesucristo es el Señor, para gloria de Dios Padre" (Fil. 2:9-11).

Por último, el Siervo será honrado por la satisfacción de ver que el plan de la redención llegó a su consumación: "Verá el fruto de la aflicción de su alma, y quedará satisfecho" (Is. 53:11). Tendrá el gozo de ver su descendencia espiritual, los redimidos, reunidos en el reino de Dios. Será su honra verlos alrededor de su trono, adorándolo y sirviéndolo, para alabanza de su gloria por toda la eternidad. En particular se deleitará en ver la salvación de Israel:

Por amor de Sion no callaré,
> y por amor de Jerusalén no descansaré,
hasta que salga como resplandor su justicia,
> y su salvación se encienda como una antorcha.
Entonces verán las gentes tu justicia,
> y todos los reyes tu gloria;
y te será puesto un nombre nuevo,
> que la boca de Jehová nombrará.
Y serás corona de gloria en la mano de Jehová,
> y diadema de reino en la mano del Dios tuyo.
Nunca más te llamarán Desamparada,
> ni tu tierra se dirá más Desolada;
sino que serás llamada Hefzi-bá,
> y tu tierra, Beula;
porque el amor de Jehová estará en ti,
> y tu tierra será desposada.
Pues como el joven se desposa con la virgen,
> se desposarán contigo tus hijos;
y como el gozo del esposo con la esposa,
> así se gozará contigo el Dios tuyo (Is. 62:1-5).

Lo más importante, Jesús estará satisfecho de que su obra de expiación sustitutiva esté completa, como lo indicó su grito triunfante y definitivo desde la cruz: "Consumado es" (Jn. 19:30). Como le dijo al Padre en la noche antes de su muerte: "Yo te he glorificado en la tierra; he acabado la obra que me diste que hiciese" (Jn. 17:4; cp. 4:34; 5:36).

8

El Siervo que cargó con el pecado

El Señor "llevará las iniquidades de ellos". Fue el decreto soberano del cielo el que constituyó a Cristo el gran sustituto por su pueblo. Ningún hombre tomó este oficio sobre sí. Incluso el Hijo de Dios no se rebajó a esta carga sin ser llamado. Fue elegido como cabeza del pacto; fue ordenado en el decreto divino para representar a su pueblo. Dios el Padre no puede rechazar el sacrificio que Él mismo ha diseñado. El anciano Abraham declaró: "Dios se proveerá de cordero para el holocausto, hijo mío". Lo hizo en el Salvador; y lo que Dios provee, Dios debe aceptarlo y lo aceptará.

Charles Spurgeon[1]

Isaías 53 responde la pregunta más importante que cualquier ser humano caído podría hacer: *¿Cómo puede un pecador ser reconciliado totalmente con Dios?* Esa es una cuestión que en última instancia todos debemos abordar en forma directa. La pregunta generalmente surge cuando alguien está luchando bajo el peso de su propia culpa, padeciendo la angustia de las consecuencias del pecado o el sentimiento del dolor profundo que siempre resulta

1. Charles Spurgeon, *The Metropolitan Tabernacle Pulpit*, 63 vols. (Londres: Passmore & Alabaster, 1864), 10:176.

cuando se paga el precio del pecado. Job y sus consejeros plantearon el interrogante más de una vez durante la terrible experiencia que experimentó: "¿Cómo se justificará el hombre con Dios?" (Job 9:2). "¿Quién hará limpio a lo inmundo?" (14:4).

Más adelante en la historia, uno de los consejeros de Job, Bildad, se hizo eco del dilema humano: "¿Cómo, pues, se justificará el hombre para con Dios? ¿Y cómo será limpio el que nace de mujer? He aquí que ni aun la misma luna será resplandeciente, ni las estrellas son limpias delante de sus ojos [de Dios]; ¿Cuánto menos el hombre, que es un gusano, y el hijo de hombre, también gusano?" (25:4-6).

Nadie está por encima del dilema. Nadie es tan justo para escapar del juicio de Dios. Salomón escribió: "Ciertamente no hay hombre justo en la tierra, que haga el bien y nunca peque" (Ec. 7:20). El apóstol Pablo escribió: "No hay justo, ni aun uno" (Ro. 3:10); y, "no hay diferencia, por cuanto todos pecaron, y están destituidos de la gloria de Dios" (vv. 22-23). Observe con atención que cuando la Biblia menciona nuestra condición caída y la universalidad del pecado, el propósito no es excusar (ni incluso mitigar) la culpa que tenemos como pecadores. Nadie debería pensar: *No soy tan malo. Al fin y al cabo, todos pecan.* Pero cuando la Biblia habla de que todos hemos pecado siempre es para resaltar la verdad de que sin un Salvador, toda la humanidad estaría totalmente condenada.

La respuesta verdadera, clara y satisfactoria al dilema de Job se encuentra en Isaías 53. He aquí cómo Dios "justifica al impío" (Ro. 4:5). He aquí cómo un hombre puede estar bien con Dios, y cómo Dios puede seguir siendo justo mientras justifica a pecadores (cp. Ro. 3:26). *"Por su conocimiento justificará mi siervo justo a muchos, y llevará las iniquidades de ellos"* (Is. 53:11).

En este capítulo reflexionaremos sobre este versículo tan poderoso, y entenderemos que todo el evangelio del Nuevo Testamento está empaquetado en esta declaración escueta. Toda doctrina controvertida que es esencial para entender la doctrina bíblica de la expiación está allí: la propiciación a través de la muerte de una víctima inocente; la salvación por gracia solo mediante la fe; la justificación por medio de la imputación de la justicia; y la expiación por la sustitución penal.

De ahí que Isaías 53 no solo resuma el evangelio; también presenta una interpretación clara y completa. Cualquiera que haya estudiado teología sistemática verá inmediatamente la sorprendente realidad de que la soteriología de Isaías es idéntica a la de Pablo y los apóstoles.

Con razón Isaías 53 es el evangelio según Dios. No es un accidente ni una sorpresa que este sea el mismo mensaje predicado por Jesús y los apóstoles en el Nuevo Testamento. Solo hay un evangelio verdadero (cp. Gá. 1:8-9).

La perspectiva divina sobre la obra del Siervo

Una de las características intrigantes de este pasaje es que todos los principios del evangelio que Isaías destaca más clara y enfáticamente son doctrinas que, con frecuencia, son atacadas por sectas pseudocristianas, denominaciones errantes y apóstatas, falsos maestros de todo tipo y grandes instituciones religiosas cuyo apego a sus propias tradiciones es más fuerte que su compromiso con las Escrituras. Aquí Isaías afirma inequívocamente las doctrinas de la justificación y la fe, la justicia imputada, la expiación sustitutiva y la muerte del Mesías como sacrificio ofrecido para propiciar a Jehová.

Tales doctrinas eran los mismos principios que fueron recuperados por los reformadores protestantes después de ser casi asfixiados bajo siglos de error acumulado y tradición sofocante de la iglesia. Los reformadores los desempolvaron, reconocieron su verdadera importancia, y los predicaron como verdades esenciales del evangelio. Son las mismas verdades que encendieron los corazones de los puritanos ingleses y estadounidenses. Se trata de las mismas doctrinas proclamadas por los herederos espirituales de los puritanos, hombres como George Whitefield, Jonathan Edwards, Charles Spurgeon y otros. Enseñadas con claridad y sin temor por predicadores que creen realmente en la autoridad de la Biblia y la proclaman "según es en verdad, la palabra de Dios" (1 Ts. 2:13), tales verdades siempre se han usado por Dios para atraer personas a Cristo y transformar comunidades enteras… y en ocasiones reformar culturas completas.

En años recientes algunos de los ataques más perturbadores

contra esas doctrinas han venido de escritores supuestamente protestantes que enfocan la erudición bíblica como si el objetivo fuera inventar nuevas perspectivas sobre doctrinas consagradas por el tiempo, encontrar novedosas interpretaciones de pasajes bíblicos centrales, o incluso idear una clase nueva de cristianismo. Ninguna de esas ideas es realmente novedosa. Todo punto esencial de la verdad del evangelio ha estado continuamente bajo ataque en un frente u otro desde tiempos apostólicos. La mayoría de las epístolas del Nuevo Testamento abordan errores doctrinales que fueron una amenaza para la fe y la salud espiritual de los creyentes de la iglesia primitiva. Por supuesto, el ejemplo clásico es el libro de Gálatas, el cual Pablo escribió para corregir (y condenar) un error que abundaba en las iglesias en Galacia. Falsos maestros estaban atacando el principio de la *sola fide*, diciendo a los cristianos gentiles que la fe sola no era un instrumento suficiente de justificación. Los falsos maestros de Galacia decían a los gentiles convertidos que primero debían circuncidarse. Otros incluso hoy día presentan un error similar al decir que el ritual del bautismo es el nuevo nacimiento del que Jesús habló en Juan 3. Afirman que las personas no pueden salvarse a menos que sean bautizadas. De ahí que el bautismo, una obra que debe realizarse, se añade sutilmente a la fe como requisito para entrar a la vida cristiana. Otra opción actualmente popular es la idea de que la justificación es un proceso que no se completará hasta que Dios declare justo al creyente en el juicio final. Invariablemente sugieren que el veredicto dependerá (al menos en parte) de las buenas obras realizadas por aquel a quien se juzga.

Todos esos puntos de vista destruyen la verdad de que los creyentes son salvos ahora (no en algún momento en el futuro) "por gracia... por medio de la fe; y esto no de vosotros, pues es don de Dios; *no por obras*, para que nadie se gloríe" (Ef. 2:8-9). Jesús expresó: "El que oye mi palabra, y cree al que me envió, tiene vida eterna; y no vendrá a condenación, mas ha pasado de muerte a vida" (Jn. 5:24). Los tiempos verbales son significativos. Quien cree, "*tiene* vida eterna" como posesión actual. Y ya es una realidad en tiempo pasado que tal persona "*ha pasado* de muerte a vida".

Las Escrituras están llenas de declaraciones que confirman todas las verdades controvertidas del evangelio. "El que en [Jesús] cree, no es condenado; pero el que no cree, ya ha sido condenado" (Jn. 3:18). "Hemos creído en Jesucristo, para ser justificados por la fe de Cristo y no por las obras de la ley, por cuanto por las obras de la ley nadie será justificado" (Gá. 2:16). "Al que no obra, sino cree en aquel que justifica al impío, su fe le es contada por justicia" (Ro. 4:5). "[Jesús] nos salvó, no por obras de justicia que nosotros hubiéramos hecho, sino por su misericordia" (Tit. 3:5). "Si por gracia, ya no es por obras; de otra manera la gracia ya no es gracia" (Ro. 11:6).[2]

El resto de la Biblia también afirma las doctrinas de sustitución penal, expiación por sangre, y propiciación.[3] Gran cantidad de textos importantes dejan en claro que fue Dios mismo quien ordenó que Cristo muriera por el pecado... y luego lo castigó en la cruz (Lc. 2:44-46; Hch. 2:23-24; 4:26-28; Ro. 8:32; 1 Jn. 4:10). "Dios *ha cumplido así* lo que había antes anunciado por boca de todos sus profetas, que su Cristo había de padecer" (Hch. 3:18).

Pero antes que se escribiera el Nuevo Testamento, Isaías 53 afirmó todas esas verdades en las propias palabras de Dios, y en el lenguaje más claro posible. Un versículo después que Isaías escribiera "Jehová quiso quebrantarlo, sujetándole a padecimiento" (Is. 53:10), el mismo Señor habla: "Por su conocimiento justificará mi siervo justo a muchos, y llevará las iniquidades de ellos" (v. 11).

Esa afirmación es contraria a todas las religiones concebidas por la mente humana. En lugar de instruir a las personas sobre cómo pueden ser mejores para ganarse el favor divino, alcanzar el nirvana, obtener iluminación o lo que sea, el evangelio según Dios

---

2. Las buenas obras son el *fruto* inevitable de nuestra fe, no una añadidura que hace efectiva a la fe. Cuando creemos, somos justificados y renacemos espiritualmente, somos resucitados de un estado de muerte espiritual. Este nuevo nacimiento (regeneración) es lo que hace que las buenas obras sean inevitables. Cambia el corazón y el carácter del creyente, dándole nuevos deseos y nueva disposición para obedecer. De modo que ningún creyente verdadero estará jamás totalmente desprovisto de buenas obras. Además, ningún creyente verdadero abandonará la fe (1 Jn. 2:19). No obstante, somos "creados en Cristo Jesús para buenas obras" (Ef. 2:10), no como resultado de ellas (v. 9). Y nuestra *justificación* está cimentada en lo que Cristo ha hecho por su pueblo, no en lo que ellos hacen por Cristo.

3. Véase, por ejemplo, Steve Jeffrey, Michael Ovey y Andrew Sach, *Pierced for Our Transgressions* (Wheaton, IL: Crossway, 2007). Véase también John MacArthur, *El evangelio según Pablo* (Nashville: Thomas Nelson, 2017).

anuncia que el siervo de Jehová, el Mesías de Israel —el Señor de la Iglesia— hace todo lo necesario para justificar a los pecadores. Específicamente, Dios los cuenta como justos debido a que su siervo cargó con el pecado de ellos. Por "la aflicción de su alma" expió esos pecados.

A propósito, observemos cuán contrario a esto son los muchos enfoques populares de confección humana sobre evangelización que prevalecen en la Iglesia de hoy. Este evangelio no es una súplica para que los pecadores estén satisfechos con Dios; es el anuncio de que Dios está satisfecho con lo que su siervo hizo a favor de los pecadores.

Dios es el vocero principal en los últimos dos versículos de la asombrosa profecía de Isaías. Lo sabemos porque los pronombres cambian de plural a singular: "*Mi* siervo", "*yo* le daré parte"; y el contexto deja en claro que Dios es ahora quien habla. El siervo sufriente es el Siervo de Jehová. Esta no puede ser otra voz que la de Dios.

Es la conclusión de la misma voz todopoderosa que habló primero en Isaías 52:13-15. Allí habló de la carrera del siervo y dijo que incluiría gloria (vv. 13 y 15) y sufrimiento (v. 14). Comenzando en Isaías 53:1, escuchamos el testimonio de los israelitas arrepentidos en el regreso del Mesías, confesando su pecado de haberlo rechazado. Finalmente, en Isaías 53:11 vuelve a cambiar tanto la voz como la perspectiva. Dios está hablando en tiempo real (en lo que respecta a la gente en la generación de Isaías). En el versículo 11 y la primera mitad del 12 trata con la cruz como un acontecimiento futuro. Sus palabras afirman el testimonio de los israelitas arrepentidos. Específicamente verifica que están en lo correcto al entender la expiación como un sacrificio vicario y propiciatorio. "Habiendo él llevado el pecado de muchos" (v. 12).

El comentarista J. Alec Motyer señala que la doctrina de la expiación sustitutiva es clara y completa en la confesión de Israel:

> Isaías 53:11 es una de las declaraciones más completas jamás escritas de la teología de la expiación. (i) El siervo sabe las necesidades que deben satisfacerse. (ii) Como "mi siervo justo" él es totalmente aceptable al Dios a quien nuestros pecados han ofendido, y ha recibido nombramiento divino para su tarea. (iii)

Como justo él está libre de todo contagio de nuestro pecado. (iv) Él se identificó personalmente con nuestro pecado y nuestra necesidad. (v) Logra completamente la tarea. Lo negativo es llevar los pecados, lo positivo es la provisión de justicia.[4]

Jehová también afirma la humanidad del siervo cuando declara que "derramó su vida hasta la muerte, y fue contado con los pecadores". Por tanto lo reconoce como un mediador verdadero porque ha "orado por los transgresores" (v. 12). El Nuevo Testamento señala que solo alguien que es tanto Dios como hombre podía cumplir tal papel, y solo hay una persona en la historia de la humanidad que cumple esa calificación. (Pronto volveremos a este punto).

Dios se refiere a su siervo como "justo". Esa descripción también se ajusta solo a un ser humano en toda la historia: el Señor Jesucristo. Como hemos observado desde el principio de este capítulo, la Biblia afirma en varias ocasiones y en términos claros que nadie puede ser justo:

No hay hombre que no peque (1 R. 8:46).

¿Quién podrá decir: Yo he limpiado mi corazón,
    limpio estoy de mi pecado? (Pr. 20:9).

Jehová miró desde los cielos sobre los hijos de los hombres,
    para ver si había algún entendido, que buscara a Dios.

Todos se desviaron, a una se han corrompido;
    no hay quien haga lo bueno,
    no hay ni siquiera uno (Sal. 14:2-3).

Si decimos que no tenemos pecado, nos engañamos a nosotros mismos, y la verdad no está en nosotros (1 Jn. 1:8).

La única persona sin pecado que ha vivido es el Señor Jesucristo. A su reto, "¿quién de vosotros me redarguye de pecado?" (Jn. 8:46),

---

4. J. Alec Motyer, *The Prophecy of Isaiah* (Downers Grove, IL: InterVarsity, 1993), p. 442.

sus enemigos no respondieron. Él "no conoció pecado" (2 Co. 5:21); fue "sin pecado" (He. 4:15); "no hizo pecado" (1 P. 2:22); fue "santo, inocente, sin mancha" (He. 7:26); y "no hay pecado en él" (1 Jn. 3:5). Solo Él, el Siervo del Señor, el Mesías, puede describirse como "justo", un término usado reiteradamente en el Nuevo Testamento para referirse a Jesús. "Vosotros negasteis al Santo y al Justo", declaró valientemente Pedro al pueblo judío (Hch. 3:14). En el juicio por su vida, Esteban retó sin temor a sus acusadores: "¿A cuál de los profetas no persiguieron vuestros padres? Y mataron a los que anunciaron de antemano la venida del Justo, de quien vosotros ahora habéis sido entregadores y matadores" (Hch. 7:52). Después del dramático encuentro de Pablo con el Cristo glorificado en el camino a Damasco, Ananías le manifestó. "El Dios de nuestros padres te ha escogido para que conozcas su voluntad, y veas al Justo, y oigas la voz de su boca" (Hch. 22:14).

Dios declara que el Justo "justificará... a muchos". Los "muchos" a los que justificará son el pueblo de Dios, aquellos que creen y por cuyos pecados murió e hizo expiación (Ro. 5:15, 19; 1 Co. 10:33; He. 9:28). La justicia de Él se les imputará, y solo sobre esa base (debido a lo que Cristo ha hecho por ellos, no por algún mérito que tengan) se los considera justos delante de Dios.

Los muchos serán justificados "por su conocimiento [de Él]". Algunos creen que la frase podría referirse al propio conocimiento del siervo. En lugar de eso, Isaías explica que "reposará sobre [el siervo] el Espíritu de Jehová" (Is. 11:2). Jesús expresó: "Todas las cosas me fueron entregadas por mi Padre; y nadie conoce al Hijo, sino el Padre, ni al Padre conoce alguno, sino el Hijo, y aquel a quien el Hijo lo quiera revelar" (Mt. 11:27).

Pero el punto aquí no es sobre algún conocimiento especial que el Justo posea. Él no justifica a pecadores porque tenga una comprensión superior. No fue su agudeza intelectual la que justificó a muchos, sino su muerte. Además, su conocimiento no es el instrumento de justificación sino la fe del pecador. Y a eso es a lo que se refiere en este texto la expresión "por su conocimiento". La frase hebrea significa: "Por *el conocimiento de él* justificará mi siervo justo a muchos". Es el mismo conocimiento del que Jesús habló cuando afirmó en su oración sacerdotal: "Esta es la vida eterna: que te conozcan a ti, el único Dios verdadero, y a Jesucristo, a quien has enviado" (Jn. 17:3). También es el mismo conocimiento que Pablo mencionó en Filipenses 3:10: "A fin de *conocerle* [a Jesucristo] y el poder de su resurrección".

El texto es una breve declaración de cómo los pecadores son justificados. No ganan una posición correcta con Dios porque son *hechos* justos. (Si ese fuera el caso, en realidad tendríamos que esperar hasta el juicio final para descubrir si somos justificados). El texto no podría ser más claro: los creyentes obtienen una posición correcta con Dios porque son *"contados entre* los justos" (NTV). "Dios [les] atribuye justicia sin obras" (Ro. 4:6), al igual que Abraham, quien "creyó a Jehová, y le fue contado por justicia" (Gn. 15:6).

En resumen, se les imputa una justicia que no les pertenece... se les acredita a su cuenta. Eso es a lo que Pablo se refirió en Filipenses 3:9, cuando expresó que quería "ser hallado en [Cristo], no teniendo mi propia justicia, que es por la ley, sino la que es por la fe de Cristo, la justicia que es de Dios por la fe". Es lo que tenía en mente cuando dijo de sus compatriotas israelitas: "Yo les doy testimonio de que tienen celo de Dios, pero no conforme a ciencia. Porque ignorando la justicia de Dios, y *procurando establecer la suya propia, no se han sujetado a la justicia de Dios*" (Ro. 10:2-3). Más tarde en ese mismo capítulo, Pablo refuerza la verdad de que la salvación viene solo a través de conocer a Cristo. Después de declarar que "todo aquel que invocare el nombre del Señor, será salvo" (v. 13), hace una serie de preguntas directas:

¿Cómo, pues, invocarán a aquel en el cual no han creído? ¿Y cómo creerán en aquel de quien no han oído? ¿Y cómo oirán sin haber quien les predique? ¿Y cómo predicarán si no fueren enviados? Como está escrito: ¡Cuán hermosos son los pies de los que anuncian la paz, de los que anuncian buenas nuevas! (vv. 14-15).

Los pecadores deben tener conocimiento de Cristo a fin de creer en Él.

Dicho sea de paso, ese pasaje de Romanos 10 es testimonio de Dios respecto a la urgencia de predicar el mensaje de Jesucristo hasta lo último de la tierra. Aquellos que llegan a Dios en fe penitente serán justificados solo si *conocen* y *confían* en el siervo que dio su vida para llevar "las iniquidades de ellos".

En la segunda mitad de Isaías 53:12, el verbo vuelve otra vez a tiempo pasado. Dios es quien sigue hablando, pero ahora habla de la muerte de su siervo como un hecho pasado. (Dios puede hacer eso porque trasciende el tiempo y la eternidad). Describiendo todavía el sacrificio voluntario hecho por "mi siervo justo", Jehová dice que "derramó su vida hasta la muerte". El verbo hebreo allí significa "desnudar", y tiene un fuerte significado de indefensión. Literalmente significa "él expuso su alma a la muerte", en el sentido de que la entregó. De manera voluntaria dio su vida. Este es un eco de la misma verdad confesada por los israelitas arrepentidos en el versículo 7: Murió "como cordero [que] fue llevado al matadero".

El énfasis está en la disposición del sacrificio del siervo. Jesús expresó: "Por eso me ama el Padre, porque yo pongo mi vida, para volverla a tomar. Nadie me la quita, sino que yo de mí mismo la pongo. Tengo poder para ponerla, y tengo poder para volverla a tomar" (Jn. 10:17-18). "Derramó su vida hasta la muerte". Él estaba actuando con un propósito definido; no estaban manipulándolo quienes lo sometieron a tal sufrimiento.

El siervo también fue "contado con los pecadores". Esa no es una referencia directa a su crucifixión entre dos malhechores (aunque sí sirve como una imagen viva de la humillación extrema de la que habla este versículo). Trata primero de su disposición de ser identificado con pecadores en su encarnación. Aunque Él mismo sin pecado (en realidad, aunque engalanado con la gloria de Dios, participando de la misma autoridad que Dios el Padre, y habitando en el lugar santo y alto del cielo) "no estimó el ser igual a Dios como cosa a que aferrarse, sino que se despojó a sí mismo, tomando forma de siervo, hecho semejante a los hombres; y estando en la condición de hombre, se humilló a sí mismo, haciéndose obediente hasta la muerte, y muerte de cruz" (Fil. 2:6-8).

Jesús vino a la tierra como un bebé, creció en pobreza, vivió entre pecadores, se mezcló con pecadores, y en última instancia murió en lugar de pecadores. Desde una perspectiva visual, no se destacó de los demás; a diferencia de sus innumerables descripciones a lo largo de los siglos, no tuvo aureola. Nada acerca de su apariencia física lo caracterizó como un ser sobrenatural. Es más, según hemos visto desde el principio, la desconexión entre su apariencia común y el poder milagroso que poseía fue un escollo para muchos que lo rechazaron (Is. 53:2). De ahí que concluyeran que el poder de este hombre de aspecto común debió haber venido de Satanás.

Aunque vino a la tierra "en semejanza de carne de pecado" y por ende fue contado con los pecadores, Jesús pudo hacer lo que ningún ser humano puede hacer: llevó el pecado de muchos y por eso "condenó al pecado en la carne" (Ro. 8:3).

Las últimas palabras del Padre acerca del siervo es que intercede "por los transgresores". Un intercesor o mediador es alguien que actúa como enlace entre dos partes. Jesucristo es el puente entre Dios y los pecadores. "Hay un solo Dios, y un solo mediador entre Dios y los hombres, Jesucristo hombre" (1 Ti. 2:5). Él es quien defiende nuestro caso delante de Dios, presentando los méritos de su sacrificio como pago total por nuestros pecados.

El apóstol Juan podría estar aludiendo deliberadamente a Isaías 53:12 cuando declara: "Abogado tenemos para con el Padre, a Jesucristo el justo" (1 Jn. 2:1). En realidad, la mediación sacerdotal de Cristo por los creyentes comenzó antes de su muerte. En su oración sacerdotal registrada en Juan 17 podemos verlo en su papel como el gran Sumo Sacerdote intercediendo por su pueblo. Ofrecerse como sacrificio fue el pináculo de su obra de sumo sacerdote, pero incluso hasta ahora continúa en el papel de nuestro Gran Sumo Sacerdote. Él vive "siempre para interceder por [los pecadores]" (He. 7:25).

Los verbos traducidos "derramó", "fue contado", y "llevado" están en tiempo perfecto, lo que significa una acción cumplida. Pero el verbo traducido "orado" es imperfecto, y describe acción continua y constante. Jesús es nuestro defensor incesante, intercesor y mediador (Ro. 8:34; He. 7:25; 1 Jn. 2:1).

Dios mismo afirma el sacrificio vicario de Cristo como la única ofrenda que puede satisfacer su justicia y (al mismo tiempo) justificar a los pecadores. Solo aquellos que conocen a Cristo serán declarados justos por Dios. Por tanto, conocer al Salvador es esencial: nadie entra al cielo sin el conocimiento salvador de Él. Por eso la orden para los cristianos es no inflar su autoestima, no manipular a Dios para conseguir riqueza y salud, ni utilizar trucos de mercadotecnia para formar grandes iglesias, sino difundir el conocimiento salvador de Jesucristo al mundo predicando el evangelio. La orden de nuestro Señor es: "Id, y haced discípulos a todas las naciones, bautizándolos en el nombre del Padre, y del Hijo, y del Espíritu Santo; enseñándoles que guarden todas las cosas que os he mandado" (Mt. 28:19-20).

Con las propias palabras de Jehová en Isaías 53:12, "por tanto, yo le daré parte con los grandes, y con los fuertes repartirá despojos", este magnífico pasaje termina donde comenzó en 52:13, con la exaltación de Jesucristo. Él regresará para derrotar la rebelión del mundo contra Dios, juzgar a los impíos, y establecer su reino glorioso de mil años en la tierra (Ap. 19:11—20:6). Recibirá el título de propiedad de la tierra (Ap. 5). Los reinos del mundo llegarán "a ser de nuestro Señor y de su Cristo; y él reinará por los siglos de los siglos" (Ap. 11:15). Y "en el nombre de Jesús se [doblará] toda rodilla de los que están en los cielos, y en la tierra, y debajo de la tierra" (Fil. 2:10).

Los "muchos" y los "fuertes" son las multitudes a las que Cristo ha justificado y por las cuales derramó su sangre (Mt. 26:28). Sus fuerzas no están en su propio poder carnal sino en el poder del Espíritu Santo que mora en ellos. También seremos exaltados como coherederos con Él (Ro. 8:17). Todos los redimidos de todas las épocas seremos parte de una comunión eterna con Jesús que enriquecerá nuestras vidas. Todo lo que Él posee de las glorias eternas en el cielo nuevo y la tierra nueva también será posesión nuestra. Reinaremos con Él en la tierra en el reino milenial y para siempre en el cielo nuevo y la tierra nueva.

Recordemos que Dios mismo afirma de manera categórica que la confesión de fe que se encuentra en Isaías 53 es una comprensión verdadera y sana de la obra de Cristo en la cruz. Esta debe ser la confesión de todos los que llegan a la fe en Cristo. Deben reconocerlo como el único sacrificio aceptable por el pecado, aceptarlo como el sustituto que murió en lugar de ellos, y confesar que Él resucitó de los muertos. Ese sigue siendo el único camino de salvación (Jn. 14:6; Hch. 4:12).

Siete preguntas importantes que resumen Isaías 53

Podríamos resumir Isaías 53 haciendo una serie de preguntas.

Primera: *¿Cuál es el tema de este capítulo?* Su tema es el sufrimiento... horrible, espantoso, traumático y agonizante. El siervo fue un "varón de dolores, experimentado en quebranto" (v. 3). Experimentó dolencias, llevó aflicciones, y fue "azotado... herido de Dios y abatido" (v. 4). Fue traspasado, molido, castigado y herido (v. 5). Fue angustiado y afligido como un cordero para el matadero (v. 7). Experimentó opresión y juicio, fue cortado de la tierra de los vivos, y azotado por los pecados de su pueblo (v. 8). Fue quebrantado y sometido a padecimiento (v. 10), y el versículo 11 se refiere a la angustia de su sufrimiento.

El padecimiento del siervo lleva a una segunda pregunta: *¿Fue merecido su sufrimiento?* No, quien lo padeció no merecía sufrir, ya que "nunca hizo maldad, ni hubo engaño en su boca" (v. 9). Y ya que lo que sale de la boca refleja lo que hay en el corazón (Mt. 12:34), no hubo maldad ni engaño en su boca porque no los había en su corazón. Es más, se le identifica como "justo" en el versículo 11.

Tercera: *¿Intentó Dios proteger del sufrimiento al siervo?* No, no lo hizo. Es más, "Jehová quiso quebrantarlo, sujetándole a padecimiento" (v. 10).

Cuarta: *¿Es coherente con la naturaleza justa de Dios que no protegiera al siervo silencioso y sin pecado?* Sí, porque el sufrimiento del siervo fue sustitutivo, soportado no por pecados propios sino por pecados ajenos. "Mas él herido fue por nuestras rebeliones, molido por nuestros pecados; el castigo de nuestra paz fue sobre él, y por su llaga fuimos nosotros curados" (v. 5); "Jehová cargó en él el pecado de todos nosotros" (v. 6); "fue cortado de la tierra de los vivientes, y por la rebelión de mi pueblo fue herido" (v. 8); "llevará las iniquidades de ellos" (v. 11); llevó "el pecado de muchos" (v. 12).

Quinta: *¿Por qué el siervo se sometería voluntariamente a eso?* ¿Por qué debería un hombre que es justo padecer algo tan horrible, estar desprotegido por Dios, y sufrir vicariamente por pecados que no cometió? Porque con gusto y con amor obedeció la voluntad de su Padre. Jesús hizo ofrenda por los pecados de otros (v. 10); libremente "derramó su vida hasta la muerte" (v. 12).

Qué maravillosa persona para sufrir tanto, sin merecerlo, y sin la protección de un Dios justo, aunque era justo al sufrir sacrificialmente y de buena gana.

Sexta: *¿Cuál es el resultado de su sufrimiento?* Primero, por su sufrimiento justificará a muchos. Les dará su justicia. "Verá el fruto de la aflicción de su alma, y quedará satisfecho; por su conocimiento justificará mi siervo justo a muchos, y llevará las iniquidades de ellos" (v. 11).

Segundo, será exaltado:

He aquí que mi siervo será prosperado,
   será engrandecido y exaltado, y será puesto muy en alto...
así asombrará él a muchas naciones;
   los reyes cerrarán ante él la boca,
porque verán lo que nunca les fue contado,
   y entenderán lo que jamás habían oído (Is. 52:13, 15).

Séptima: *¿Quién es este siervo que soportó de buena gana tal sufrimiento?* No puede ser otro que el Señor Jesucristo. ¿Cómo puede alguien no ver eso?

Mi sincera esperanza es que si usted ha leído hasta aquí, vea la verdad, y que ya sea judío o gentil, su propia confesión humilde sea un eco del mensaje de Isaías 53. En toda la Biblia no hay una verdad que nos libere más de nuestras cargas que esta: "Ciertamente llevó él nuestras enfermedades, y sufrió nuestros dolores... él herido fue por nuestras rebeliones, molido por nuestros pecados; el castigo de nuestra paz fue sobre él, y por su llaga fuimos nosotros curados" (Is. 53:4-5).

Parte 2

LA VIDA Y LOS TIEMPOS DEL PROFETA ISAÍAS

9

¡Heme aquí! Envíame a mí

Sin duda, Isaías fue el más grande de los profetas hebreos, el hombre más destacado de la nación en su tiempo, y posiblemente después de David, el personaje más notorio en la historia de Israel; y quizás más que cualquier otro profeta, él ha influido poderosamente en judíos y cristianos durante más de dos mil setecientos años. En un período crítico y accidentado de la historia de su nación sirvió en los oficios de profeta, estadista, reformador, maestro, escritor, orador y poeta.

W. Graham Scroggie[1]

En esta parte de nuestro estudio vamos a considerar la vida y el ministerio de Isaías, y el contexto histórico de sus escritos. Será útil ver cómo Isaías 53 se ajusta al rango de mensajes proféticos escritos por el inspirado profeta. Lo que descubrimos es que el brillo de esta gema profética se intensifica en gran manera por su ambiente dentro del amplio panorama de la vida y las predicciones de Isaías.

Comenzamos la introducción a este libro observando que el mismo nombre de Isaías habla de salvación. Podría traducirse "Jehová salva", o "Jehová es salvación". El nombre es un resumen apropiado del mensaje profético de Isaías, el cual (como hemos visto) hace resonar esa nota en gran manera en el capítulo 53.

---

1. W. Graham Scroggie, *The Unfolding Drama of Redemption*, 3 vols. (Londres: Pickering & Inglis, 1953), 1:322-23.

Isaías es, en muchas formas, un personaje misterioso. Solo aparece como un protagonista menor en los libros históricos del Antiguo Testamento. Se le menciona solo treces veces en 2 Reyes y tres veces en 2 Crónicas, siempre en relación con sus profecías. Por Isaías 8:3 sabemos que estaba casado, aunque no se nos dice el nombre de su esposa. Simplemente la llama "la profetisa". Juntos tuvieron al menos dos hijos cuyos nombres se dan: Sear-jasub (Is. 7:3) and Maher-salal-hasbaz (8:3). Esos pocos detalles biográficos deben deducirse de las propias predicciones de Isaías. Aparte del nombre de su padre, los libros históricos del Antiguo Testamento no contienen información personal sobre él.

El profeta se presenta en Isaías 1:1 como "hijo de Amoz". Se identifica de ese modo un total de trece veces en referencias dispersas en 2 Reyes, 2 Crónicas e Isaías. Tal vez el padre del profeta era un personaje tan prominente cuando se escribió el registro bíblico que no se consideró necesario dar más información de antecedentes. Por otra parte, Amoz no se menciona en ninguna parte de la Biblia, excepto como padre de Isaías, por lo que los antecedentes familiares del profeta son básicamente desconocidos para los lectores de generaciones posteriores. No hay registro que nos diga siquiera a qué tribu pertenecía. Una antigua tradición judía afirma que Isaías fue primo del rey Uzías, pero no existe evidencia bíblica para eso.

Sin embargo, existen algunas claves que sugieren que Isaías era de una familia importante o influyente. Tenía suficiente prestigio social como para poder realizar una visita no anunciada al rey (Is. 7:3), y tuvo una relación bastante cercana con el sumo sacerdote Urías y el profeta Zacarías como para pedirles que fueran testigos fieles que le confirmaran sus calificaciones proféticas (8:2).

No se nos dice cómo o cuándo murió Isaías, una omisión poco común para un personaje bíblico tan destacado. La Mishná, un registro escrito de antiguas tradiciones orales judías, afirma que a Isaías lo mandó matar Manasés, uno de los últimos reyes de Judá. Examinaremos más de cerca el reinado de Manasés en el capítulo 10, pero por ahora basta observar que el relato de la Mishná está en perfecto acuerdo con lo que la Biblia enseña acerca del carácter de Manasés, quien "derramó... mucha sangre inocente en gran manera, hasta llenar a Jerusalén de extremo a extremo" (2 R. 21:16). Numerosas fuentes judías y cristianas que datan del siglo II d.C. afirman que a Isaías lo aserraron con una sierra para madera.[2] Hebreos 11:37 hace una alusión posible al martirio de Isaías cuando cita la fe de santos del Antiguo Testamento que fueron "aserrados".

Algunas veces se hace referencia a Isaías como el "Pablo" del Antiguo Testamento, y la comparación es adecuada. Al igual que Pablo, es claro que Isaías tuvo un intelecto bien desarrollado y profundo conocimiento de la Palabra de Dios. El enfoque central en el mensaje del profeta es el Mesías prometido y el medio compasivo por el cual Él proporciona salvación para su pueblo. Ese también fue el tema principal del apóstol: "Jesucristo, y... éste crucificado" (1 Co. 2:2; véase también 1:23). Sin duda usted ya ha notado de nuestro estudio hasta aquí que Isaías 53 está dominado por las mismas doctrinas redentoras que son características distintivas de la teología paulina: Cristo crucificado y resucitado, expiación sustitutiva, justificación por fe, y soberanía de Dios.

Escenario histórico

Es evidente que Isaías tuvo una larga vida, a juzgar por el hecho de que su carrera profética abarcó los reinados de por lo menos cuatro monarcas: "Uzías, Jotam, Acaz y Ezequías" (Is. 1:1). Su primer versículo nos permite identificar precisamente dónde encaja Isaías en la cronología del Antiguo Testamento. El espacio que él nos proporciona comienza en realidad en el 739 a.C. (el año en que terminó el reinado de Uzías) y se extiende más allá del tiempo de Ezequías, quien murió alrededor del 686 a.C. Sabemos que Isaías vivió más que él porque 2 Crónicas 32:32 enseña que Isaías escribió un relato completo de la vida de Ezequías. (Esa obra no se incluye en el canon de las Escrituras, y no le sobreviven copias. El único texto inspirado que Isaías escribió es el libro del Antiguo Testamento que lleva su nombre).

Isaías recopiló sus profecías y las escribió para la posteridad,

2. Por ejemplo, *Justin Martyr's Dialogue with Trypho the Jew*, trad. Henry Brown (Londres: George Bell, 1846), p. 256. El Comentario latino de San Jerónimo sobre Isaías 57:1 (c. 410 d.C.) llama a esto *certissima traditio*, una tradición sumamente segura.

probablemente completando la obra una década después de la muerte de Ezequías. Ese período se deduce del hecho de que el último suceso que Isaías relata como *historia* (no profecía) es el asesinato de Senaquerib (Is. 37:36-38). El rey asirio fue asesinado por dos de sus propios hijos en el 681 a.C. como cinco años después de la muerte de Ezequías.

Eso significa que el ministerio del profeta duró unos sesenta años o más. Como ya hemos señalado, esta línea del tiempo también significa que Isaías 53 se escribió al menos setecientos años antes del acontecimiento que describe.

Vimos en el capítulo 2 que Isaías arregló sus profecías en orden temático en dos secciones principales, con el punto divisorio entre los capítulos 39 y 40. Los primeros treinta y nueve capítulos comienzan y terminan con advertencias proféticas acerca del *juicio y el cautiverio* que venían al reino de Judá. Los capítulos 40—66 luego prometen *gracia y salvación*.

La segunda parte de Isaías se entiende mejor como una promesa única de liberación entretejida entre varias profecías discretas que Isaías recibió durante el curso de su ministerio. Veinticuatro versículos en Isaías 40—66 incluyen las palabras "así dice Jehová" o similares. Se trata de profecías individuales que se le dieron a Isaías, quien entonces era dirigido por el Espíritu Santo (cp. 2 P. 1:21) para trenzarlas juntas en una visión gloriosa. Es una revelación majestuosa de la salvación que el Mesías venidero traería al pueblo de Dios.

Esos últimos veintisiete capítulos describen no solamente la liberación de Israel de su cautiverio y la redención de los pecadores de la culpa y la esclavitud al pecado, sino también la liberación definitiva de todas las naciones y los pueblos de la tierra del dominio de Satanás. En resumen, el relato que Isaías hace de la salvación prometida de Dios es un prolongado crescendo que finalmente describe cómo la maldición de Génesis 3:17-19 será completamente derrocada en el reino milenial venidero bajo el gobierno del Mesías. Tal como hemos observado en el capítulo 2 de este libro, Isaías edifica poco a poco ese crescendo en tres movimientos de nueve capítulos cada uno. Los capítulos 40—48 son principalmente acerca de la *liberación de Judá del cautiverio babilónico*.

El tema en los capítulos 49—57 es la *redención del pecado*. Y los capítulos 58—66 culminan con una profecía sobre el *reinado de justicia sobre la tierra*, cuando el Mesías asume su trono legítimo en Jerusalén y Jehová declara: "He aquí que yo extiendo sobre ella paz como un río" (66:12).

El pueblo en la época de Isaías tenía buenas razones para estar deseoso por la paz prometida del reino mesiánico. Durante el trascurso de la carrera de Isaías, Jerusalén estuvo frecuentemente sitiada por ejércitos hostiles. Los tiempos de paz eran frágiles. Y la "paz" por lo general se negociaba haciendo alianzas impías con gobernantes paganos o pagando tributo a imperios malvados. (Incluso los mejores reyes judíos de esa época tendían a ser demasiado pragmáticos y propensos a transigir cuando se trataba del manejo de asuntos internacionales). El resultado inevitable para toda la nación judía fue una espiral repetitiva de decadencia espiritual y una pérdida de la bendición que viene al guardar la fe.

¿Cómo entró el pueblo de Dios en un ciclo tan destructivo?

El reino dividido

Si usted tiene algún conocimiento de la amplia historia del Antiguo Testamento, sabe que después de la muerte de Salomón alrededor del 930 a.C. Israel se dividió en dos reinos. Este fue un punto decisivo importante que marcó un final abrupto de la época dorada de Israel. El reino del norte, que retuvo el nombre *Israel*, era una federación de diez tribus gobernadas por una serie de reyes impíos que no tenían ningún derecho legítimo al trono davídico. La división comenzó cuando las diez tribus rechazaron a Roboam, el heredero legítimo de Salomón. En realidad repudiaron el linaje real elegido de Dios y, por tanto, mostraron desprecio por las promesas mesiánicas de las Escrituras. En su rebelión ungieron a Jeroboam, un rey rival elegido por ellos mismos. Abandonaron Jerusalén, el templo, y el sacerdocio levítico. Adoptaron a Samaria como su capital, y mantuvieron esta sucesión de reyes usurpadores durante más de doscientos años. Naturalmente, todos sus reyes eran apóstatas, y la historia espiritual de las tribus del norte es un relato ininterrumpido de reincidencia y decadencia. Aunque el Señor les envió profetas (empezando con Elías y su sucesor Eliseo), el reino de Israel nunca se arrepintió de veras. Finalmente, en el 722 a.C. la capital Samaria fue arrasada por los asirios, y la mayoría de los habitantes en el reino del norte fueron llevados al exilio del que nunca regresaron por completo como nación bajo Dios (2 R. 17:24).

El reino del sur, *Judá*, consistía solo de dos tribus: Judá y Benjamín. Solo ellas permanecieron leales al trono davídico cuando el reino se dividió después de la muerte de Salomón (1 R. 12:21).[3] Judá era la más grande de todas las tribus, y Benjamín era la más pequeña. Pero la ciudad de Jerusalén estaba dentro del territorio de Benjamín, y la tribu de Judá ocupaba una vasta región que se extendía desde la frontera sur de Benjamín hasta Cades Barnea. (Cades era el lugar en el desierto del Sinaí desde el cual se suponía que originalmente los israelitas del tiempo de Moisés entraran a la tierra prometida. Pero se rebelaron y fueron condenados a cuarenta años de vagar por el desierto).

Al combinar sus tierras y poblaciones, Judá y Benjamín constituían un reino que era aproximadamente dos tercios del tamaño de las otras tribus. Además, cuando la mayoría en el reino del norte fue llevada cautiva por los asirios, miembros de cada tribu y "forasteros" de Efraín, Manasés y Simeón (tres de las tribus del norte) huyeron de su propia tierra y entraron al territorio de Judá (2 Cr. 15:9). De modo que Judá constituía una formidable entidad política, con representación de todas las tribus.

No obstante, muchos de los reyes de Judá no fueron mejores que sus ilegítimos rivales del norte. La dinastía davídica sí produjo algunos reformadores piadosos. Pero en general, la historia espiritual de Judá es una crónica mancillada: una larga historia de decadencia y desobediencia, interrumpida de vez en cuando por

---

3. Según 1 Reyes 12:20, no quedó "tribu alguna que siguiese la casa de David, sino sólo la tribu de Judá". Pero el versículo siguiente afirma que el rey "reunió a toda la casa de Judá *y a la tribu de Benjamín*, ciento ochenta mil hombres" para luchar contra Jeroboam. Algunos de la tribu de Benjamín en la frontera norte pudieron haber estado con Jeroboam, porque el territorio de Benjamín se dividió. Betel, por ejemplo, yacía dentro de las fronteras de Benjamín (Jos. 18:21-22), y la Biblia informa que Jeroboam puso allí un becerro de oro (1 R. 2:29). Sin embargo, la mayor parte de Benjamín permaneció leal a Roboam (2 Cr. 11:1-12). Más tarde el reino del sur recuperó Betel y supuestamente todo el territorio restante que originalmente fue parte de la herencia de Benjamín (2 R. 23:15).

alguna época brillante de avivamiento y bendición. Los períodos de reforma por lo general no duraban más que una generación o dos.

Isaías ministró en el reino de Judá. Recordemos que el ministerio del profeta abarcó muchas décadas y por lo menos cuatro administraciones reales. Los cuatro reyes que Isaías nombra en su primer versículo cubren todo el espectro entre el bien y el mal. Pero Isaías empieza el relato de sus profecías dirigiéndose a todo Judá como "gente pecadora, pueblo cargado de maldad, generación de malignos, hijos depravados" (Is. 1:4). Los primeros treinta y nueve capítulos están llenos de advertencias dirigidas a reyes y habitantes, instándoles a no seguir el camino trazado por sus parientes del norte. Al final, Judá no hizo caso a ninguna de tales advertencias.

Uzías y Jotam

El primer rey con quien Isaías tuvo alguna relación fue Uzías (alternativamente conocido como Azarías [cp. 2 R. 14:21 y 2 Cr. 26:1]). Uzías fue un rey básicamente bueno con instintos piadosos. Bajo su liderazgo, Judá prosperó materialmente, porque en general Uzías "hizo lo recto ante los ojos de Jehová" (2 Cr. 26:4); sin embargo, hacia el final de su reinado se vio demasiado atrapado en su propio éxito político y económico. "Cuando ya era fuerte, su corazón se enalteció para su ruina; porque se rebeló contra Jehová su Dios, entrando en el templo de Jehová para quemar incienso en el altar del incienso" (v. 16).

Solo a los sacerdotes se les permitía ofrecer incienso en el templo. Por esta intrusión arrogante en el oficio sacerdotal, al instante Uzías fue afligido con lepra, permaneció "leproso hasta el día de su muerte, y habitó leproso en una casa apartada, por lo cual fue excluido de la casa de Jehová" (v. 21).

Podemos concluir con seguridad que Isaías nació y creció bajo el régimen de Uzías porque el rey gobernó durante cincuenta y dos años (2 R. 15:2), e Isaías no recibió su llamado formal al oficio profético hasta que el rey murió. En esa ocasión, Isaías vio una visión del "Señor sentado sobre un trono alto y sublime, y sus faldas llenaban el templo" (Is. 6:1). Según parece Isaías había recibido otras visiones antes de la muerte de Uzías (cp. 1:1), pero la experiencia que describe en el capítulo 6 fue el primer momento decisivo culminante en la vida y la carrera del profeta. Él cuenta la historia como una escena retrospectiva, así que a pesar de que han pasado seis capítulos en el libro de Isaías, se trata del relato de cómo empezó su ministerio público, estableciéndonos la fecha con bastante precisión: "En el año que murió el rey Uzías" (Is. 6:1). Una vez más, eso ocurrió en el 739 a.C.

El siguiente rey en la lista de Isaías es Jotam, de quien no tenemos mucho que decir. La Biblia informa que Jotam "hizo lo recto ante los ojos de Jehová, conforme a todas las cosas que había hecho Uzías su padre, salvo que no entró en el santuario de Jehová" (2 Cr. 27:2*a*); es decir, por supuesto, que Jotam no se entrometió en los deberes sacerdotales como había hecho su padre. Parece que aprendió del error de Uzías.

Sin embargo, luego el texto añade en forma inquietante: "Pero el pueblo continuaba corrompiéndose" (v. 2*b*). Según parece, Jotam, a pesar de su rectitud y decencia personal, no fue un líder eficaz y no llevó a la nación en una dirección más piadosa. Hizo poco por eliminar la adoración falsa o frenar la espiral espiritual descendente de la nación (2 R. 15:35). Cuando una sociedad adquiere gusto por transigir y adopta cierto nivel de desprecio por las cosas de Dios, no es tarea fácil reformar la cultura. Esa dificultad pronto entrará nuevamente en juego cuando consideremos el reinado del nieto de Jotam, Ezequías.

El reinado de Jotam duró dieciséis años, y cuando murió, su hijo y sucesor llevó al reino de Judá a una época de apostasía y rebelión sin precedentes.

Acaz

Tercero en la lista de cuatro reyes nombrados en Isaías 1:1 fue Acaz, un hombre despreciable impulsado solo por pasiones perversas, absoluta superstición, y una fascinación impía con la religión pagana. Acaz no tenía capacidad alguna de ofrecer liderazgo espiritual a la nación judía. Aunque era quien reinaba en el trono de Judá cuando Israel fue derrocado por los asirios, Acaz no aprendió nada del juicio divino que cayó sobre el reino del norte. Es más, pareció estar tratando de imitar o incluso de superar la maldad de los reyes de Israel. Según 2 Crónicas 28:2-3, "anduvo en los caminos de los reyes de Israel, y además hizo imágenes fundidas a los baales. Quemó también incienso en el valle de los hijos de Hinom, e hizo pasar a sus hijos por fuego, conforme a las abominaciones de las naciones que Jehová había arrojado de la presencia de los hijos de Israel".

En otras palabras, Acaz sacrificó su propia descendencia como holocausto a Moloc (cp. 2 R. 16:3) en ese barranco de maldad en las afueras de Jerusalén llamado "Hinom": *Gehena* en arameo. (Analizamos este lugar al final del capítulo 6. Fue un sitio asociado por tanto tiempo con maldad y fuego, que se convirtió en una metáfora del infierno).

Está claro que Acaz odiaba a Dios, participando en toda práctica abominable que originalmente había provocado que el Señor condenara las religiones salvajes de los cananeos cuando los expulsó de la tierra en el tiempo de Josué.

El rey despreció tanto al Señor que incluso trató de rechazar una promesa de liberación divina cuando sabía que más la necesitaba. En realidad, "el rey Acaz en el tiempo que aquél le apuraba, añadió *mayor* pecado contra Jehová" (2 Cr. 28:22). Cuando los reyes de Damasco y de Israel amenazaban con atacar Jerusalén, Isaías llegó a Acaz con un mensaje alentador de parte de Dios, asegurándole que no debía temer el poder militar de estas naciones hostiles. El Señor ofreció darle a Acaz cualquier señal que este pidiera. La idea era que el cumplimiento de la señal confirmaría la verdad de la tranquilizadora profecía de Isaías. Es decir, ¡a Acaz se le dio literalmente una promesa de liberación y un cheque en blanco de parte de Dios para pedir lo que quisiera! "Pide para ti señal de Jehová tu Dios, demandándola ya sea de abajo en lo profundo, o de arriba en lo alto" (Is. 7:11).

Pero Acaz era tan hostil a Dios y tan poco dispuesto a orar que rechazó la propuesta misericordiosa del Señor. "No pediré", le contestó al profeta (v. 12). Incluso trató en vano de ocultar su desprecio absoluto por Dios bajo un manto de piedad artificial, añadiendo: "No tentaré a Jehová". Se negó rotundamente a pedir alguna señal, incluso algo tan sencillo como una paja en el viento o un augurio en el orden del vellón de Gedeón.

Por eso Dios mismo escogió una profunda señal celestial. Isaías entregó el mensaje en esta profecía ahora conocida: "Por tanto, el Señor mismo os dará señal: He aquí que la virgen concebirá, y dará a luz un hijo, y llamará su nombre Emanuel" (Is. 7:14). La señal que Dios ofreció ponía la mirada mucho más allá de la vida de Acaz y señalaba la venida del Mesías como la mayor prueba posible del cuidado y la protección de Dios por su pueblo.

Tras haber rechazado en forma necia el cuidado y la protección del Señor, Acaz buscó protección militar en Asiria, una nación más grande, más poderosa, y (si fuera posible) más pagana que Israel y Siria juntas. Fue una alianza pecaminosa, estrictamente prohibida por la ley mosaica (Éx. 23:31-33). Luego, agravando ese pecado, Acaz compró la ayuda del rey de Asiria despojando al templo de sus objetos valiosos. "Tomando Acaz la plata y el oro que se halló en la casa de Jehová, y en los tesoros de la casa real, envió al rey de Asiria un presente" (2 R. 16:8).

A fin de solidificar aún más su alianza con Asiria, Acaz emprendió una campaña de sincretismo religioso, combinando las formas y los rituales de la idolatría asiria con ceremonias judías. En los terrenos del templo Acaz instaló un altar propio (diseñado en un modelo pagano que vio en Damasco). Quitó el altar de bronce del Señor y reordenó el templo de acuerdo con sus propias preferencias (vv. 10-20). Su objetivo obvio era unir el paganismo asirio con las tradiciones judías.

Esto desde luego corrompió toda actividad en el templo en tal manera que eliminó cualquier pretensión de adoración verdadera. Se trató de una vergonzosa violación del primer mandamiento, la base misma de la ley judía: "No tendrás dioses ajenos delante de mí" (Éx. 20:3).

En efecto, el templo mismo se convirtió en centro de adoración pagana. Hacia el final del reinado de Acaz, el paganismo había inundado Judá y prácticamente erradicado todo vestigio de adoración colectiva legítima. "Además de eso recogió Acaz los utensilios de la casa de Dios, y los quebró, y cerró las puertas de la casa de Jehová, y se hizo altares en Jerusalén en todos los rincones" (2 Cr. 28:24).

Esos fueron días aciagos en Israel: espiritual, económica y políticamente. El pueblo mismo reincidía seriamente en sus malos hábitos, y en gran manera fue indiferente a la alianza de Acaz con las abominaciones paganas. Sin embargo, lo despreciaron tanto por su maldad tiránica que cuando murió "lo sepultaron en la ciudad de Jerusalén, pero no lo metieron en los sepulcros de los reyes de Israel; y reinó en su lugar Ezequías su hijo" (2 Cr. 28:27).

Ezequías

Las cosas mejoraron de inmediato. "Comenzó a reinar Ezequías siendo de veinticinco años, y reinó veintinueve años en Jerusalén... E hizo lo recto ante los ojos de Jehová, conforme a todas las cosas que había hecho David su padre" (2 Cr. 29:1-2).

Ezequías es el último de los cuatro reyes nombrados en el primer versículo de Isaías. Fue uno de los reyes más fieles que se haya sentado en el trono de David, y su historia es notable. Fue un gobernante coherentemente bueno y piadoso que llegó en un momento de la historia en que parecía que la dinastía davídica era irremediablemente corrupta. Su piadosa influencia fue un respiro bienvenido después de la implacable tendencia malvada y mundana de su propio padre.

La reforma y el avivamiento llegaron de modo inesperado, al parecer de la nada. ¿Cómo pudo un reformador como Ezequías surgir de la casa de un hombre malvado como Acaz? La Biblia no nos dice nada acerca de la crianza de Ezequías. No sabemos quién lo instruyó en los caminos del Señor. Pero fue evidente desde el mismo principio que él estaba auténticamente dedicado al Dios de Abraham, Isaac y Jacob. Además, fue un reformador celoso y enérgico. Ezequías se puso a trabajar de inmediato en una campaña para restaurar la fe que su padre había tratado implacablemente de erradicar:

En el primer año de su reinado, en el mes primero, abrió las puertas de la casa de Jehová, y las reparó. E hizo venir a los sacerdotes y levitas, y los reunió en la plaza oriental. Y les dijo:

¡Oídme, levitas! Santificaos ahora, y santificad la casa de Jehová el Dios de vuestros padres, y sacad del santuario la inmundicia. Porque nuestros padres se han rebelado, y han hecho lo malo ante los ojos de Jehová nuestro Dios; porque le dejaron, y apartaron sus rostros del tabernáculo de Jehová, y le volvieron las espaldas. Y aun cerraron las puertas del pórtico, y apagaron las lámparas; no quemaron incienso, ni sacrificaron holocausto en el santuario al Dios de Israel (2 Cr. 29:3-7).

Ezequías prohibió la adoración pagana en los lugares altos. Incluso "hizo pedazos la serpiente de bronce que había hecho Moisés, porque hasta entonces le quemaban incienso los hijos de Israel" (2 R. 18:4). Por supuesto, la serpiente de bronce era una pieza importante de la herencia espiritual del antiguo Israel. Era también uno de los principales símbolos de Cristo en el Antiguo Testamento (Nm. 21:4-9; Jn. 3:14-15). Pero el pueblo había pecado al convertirla en un ídolo. Incluso la llamaron "Nehustán", como si fuera un dios. Por tanto, la Biblia elogia a Ezequías por destruirla. Su fe y devoción personal al Señor estaban más allá de toda duda.

Sin embargo, a pesar de las reformas de Ezequías, el pueblo de Judá en general permaneció tibio, con inclinaciones mundanas, y espiritualmente complaciente: dejándose guiar fácilmente en una dirección u otra. Cuando los asirios estuvieron listos a invadir Jerusalén, los principales asesores de Ezequías lo instaron a aliarse con Egipto para hacer retroceder la amenaza. Eso habría sido una repetición del pecado que dio inicio a los peores actos de apostasía de Acaz. El hecho de que los asesores más cercanos de Ezequías estuvieran a favor de transigir es un buen indicador de la condición espiritual del resto de la población. La mayor parte de la nación permanecía fácilmente susceptible al engaño espiritual a pesar del liderazgo piadoso de Ezequías. Una vez más vemos que es más fácil llevar a las personas a la apostasía que sacarlas de ella.

Esta historia explica por qué las predicciones de Isaías en esos treinta y nueve capítulos están salpicadas de reproches y amonestaciones acerca de la fidelidad del pueblo de Dios. El Señor mismo reprochó reiteradamente al pueblo de Judá por la tendencia que tenían de poner su confianza en el poder carnal y en las armas de la guerra carnal:

¡Ay de los hijos que se apartan, dice Jehová,
  para tomar consejo, y no de mí;
para cobijarse con cubierta, y no de mi espíritu,
  añadiendo pecado a pecado!
Que se apartan para descender a Egipto,
  y no han preguntado de mi boca;
para fortalecerse con la fuerza de Faraón,
  y poner su esperanza en la sombra de Egipto.
Pero la fuerza de Faraón se os cambiará en vergüenza,
  y el amparo en la sombra de Egipto en confusión...

Ve, pues, ahora, y escribe esta visión en una tabla delante
    de ellos,
  y regístrala en un libro,
para que quede hasta el día postrero,
  eternamente y para siempre.
Porque este pueblo es rebelde,
  hijos mentirosos,
hijos que no quisieron oír
  la ley de Jehová;
que dicen a los videntes: No veáis;
  y a los profetas: No nos profeticéis lo recto,
decidnos cosas halagüeñas,
  profetizad mentiras;
dejad el camino, apartaos de la senda,
  quitad de nuestra presencia al Santo de Israel
    (Is. 30:1-3, 8-11).

Hay más:

¡Ay de los que descienden a Egipto por ayuda,
  y confían en caballos;

y su esperanza ponen en carros, porque son muchos,
    y en jinetes, porque son valientes;
y no miran al Santo de Israel,
    ni buscan a Jehová! (31:1).

Debe reconocerse que Ezequías obedeció el mensaje del Señor. A diferencia de su padre perverso y contra el consejo de sus propios asesores políticos, no puso su confianza en el poderío militar reforzado por alianzas extranjeras. Buscó al Señor como su fortaleza y salvación.

El testimonio de fe de Ezequías era tan conocido que los asirios lo utilizaron para mofarse del pueblo fiel en Jerusalén. Con el ejército asirio en formación de batalla fuera de la ciudad, Senaquerib dio instrucciones a su oficial principal, el Rabsaces, de que gritara en hebreo al pueblo judío: "Oíd las palabras del gran rey, el rey de Asiria. El rey dice así: No os engañe Ezequías, porque *no os podrá librar. Ni os haga Ezequías confiar en Jehová, diciendo: Ciertamente Jehová nos librará*; no será entregada esta ciudad en manos del rey de Asiria" (Is. 36:13-15). El Rabsaces siguió ese mensaje con amenazas viles e insultantes dirigidas a infundir temor y aversión en los corazones de los judíos. (Sus diatribas burlonas contienen algunos de los dichos más burdos y vulgares que se registran en las Escrituras).

Cuando Ezequías vio al ejército asirio acampado a la entrada de la ciudad y oyó las amenazadoras palabras del Rabsaces, se cubrió de cilicio (símbolo de luto, humildad y contrición) y envió mensajeros a buscar más consejo de parte de Isaías.

Isaías respondió al rey con una carta en la que decía: "Así ha dicho Jehová: No temas por las palabras que has oído, con las cuales me han blasfemado los siervos del rey de Asiria. He aquí que yo pondré en él un espíritu, y oirá un rumor, y volverá a su tierra; y haré que en su tierra perezca a espada" (Is. 37:6-7).

El profeta relata lo que aconteció después:

Tomó Ezequías las cartas de mano de los embajadores, y las leyó; y subió a la casa de Jehová, y las extendió delante de

Jehová. Entonces Ezequías oró a Jehová, diciendo: Jehová de los ejércitos, Dios de Israel, que moras entre los querubines, sólo tú eres Dios de todos los reinos de la tierra; tú hiciste los cielos y la tierra. Inclina, oh Jehová, tu oído, y oye; abre, oh Jehová, tus ojos, y mira; y oye todas las palabras de Senaquerib, que ha enviado a blasfemar al Dios viviente. Ciertamente, oh Jehová, los reyes de Asiria destruyeron todas las tierras y sus comarcas, y entregaron los dioses de ellos al fuego; porque no eran dioses, sino obra de manos de hombre, madera y piedra; por eso los destruyeron. Ahora pues, Jehová Dios nuestro, líbranos de su mano, para que todos los reinos de la tierra conozcan que sólo tú eres Jehová (vv. 14-20).

Ahí se ve la piedad y la fe de Ezequías, quien hace un marcado y refrescante contraste con su padre, el malvado Acaz, que neciamente rechazó el bondadoso consuelo del Señor y en cambio trató de sellar la victoria para sí haciendo alianzas pecaminosas con los enemigos del Señor.

Tal como había prometido, el Señor liberó a Ezequías. También contestó la arrogancia carnal de Senaquerib con varios golpes fuertes de la vara del juicio divino, comenzando esa misma noche:

Salió el ángel de Jehová y mató a ciento ochenta y cinco mil en el campamento de los asirios; y cuando se levantaron por la mañana, he aquí que todo era cuerpos de muertos. Entonces Senaquerib rey de Asiria se fue, e hizo su morada en Nínive. Y aconteció que mientras adoraba en el templo de Nisroc su dios, sus hijos Adramelec y Sarezer le mataron a espada, y huyeron a la tierra de Ararat; y reinó en su lugar Esar-hadón su hijo (vv. 36-38).

La palabra del Señor es buena

Entonces la historia da un giro inesperado. Al triunfo de Ezequías le sigue un juicio severo en lugar de un final feliz. Se encontró inmediatamente cara a cara con su mortalidad. "En aquellos días Ezequías enfermó de muerte" (38:1).

Como solía hacer, el rey apeló a la ayuda y misericordia divina, por lo que el Señor le envió este mensaje por medio de Isaías: "He oído tu oración, y visto tus lágrimas; he aquí que yo añado a tus días quince años" (v. 5).

Ezequías respondió escribiendo un salmo de agradecimiento y testimonio. Una línea en particular, escrita en forma de oración a Dios, demuestra la humildad del corazón del rey, la profundidad de su devoción, y la agudeza de su percepción espiritual: "He aquí, amargura grande me sobrevino en la paz, mas a ti agradó librar mi vida del hoyo de corrupción; porque echaste tras tus espaldas todos mis pecados" (v. 17). Ezequías entendía con claridad que personalmente necesitaba salvación y limpieza del pecado, y que solo Dios podía proporcionarlas. Incluso confesó que las pruebas a las que Dios lo había sometido fueron para el propio bien de Ezequías. Nadie puede dudar de la autenticidad de la fe y salvación de este hombre.

"Ninguna cosa quedará"

Sin embargo, las reformas del rey y la influencia de su liderazgo piadoso no evitaron en última instancia la apostasía de Judá. A pesar de las advertencias de Isaías al pueblo, el reino del sur finalmente siguió el mismo sendero de apostasía que había llevado al juicio de sus hermanos en el reino del norte, Israel. (En el capítulo siguiente examinaremos cómo sucedió eso).

Isaías supo lo que venía, incluso durante las reformas de Ezequías. Los últimos cuatro versículos de los primeros treinta y nueve capítulos de Isaías resumen la terrible profecía de juico venidero:

> Entonces dijo Isaías a Ezequías: Oye palabra de Jehová de los ejércitos: He aquí vienen días en que será llevado a Babilonia todo lo que hay en tu casa, y lo que tus padres han atesorado hasta hoy; ninguna cosa quedará, dice Jehová. De tus hijos que saldrán de ti, y que habrás engendrado, tomarán, y serán eunucos en el palacio del rey de Babilonia (Is. 39:5-7).

A primera vista, la respuesta de Ezequías a esa profecía pudo parecer egoístamente indiferente: "La palabra de Jehová que has hablado es buena. Y añadió: A lo menos, haya paz y seguridad en mis días" (39:8). Sin embargo, sugiere que Ezequías sabía que el juicio de Dios debió haberse hecho mucho tiempo atrás, y que Judá no tenía derecho de reclamar las bendiciones de paz y seguridad. La promesa de Dios de extender tal gracia más allá de la vida de Ezequías era evidentemente más de lo que el rey esperaba. Es comprensible que le produjera gran alivio saber que esa calamidad no caería a la nación durante su vida.

Ese es el amargo final de la primera mitad de Isaías, y es la última vez que el nombre de Ezequías aparece en el libro.

Por cierto, vale la pena señalar que la primera división importante de Isaías termina con cuatro capítulos de material histórico que sirven como especie de separación entre las dos principales secciones proféticas del libro. El profeta parece haber incluido este pasaje para ofrecer el contexto apropiado a sus profecías contra Asiria. El interludio histórico empieza con el sitio de Senaquerib contra Jerusalén, y termina justo antes de registrar la muerte de Ezequías. Es más, tales capítulos (Isaías 36—39) duplican 2 Reyes 18:13—20:19 prácticamente palabra por palabra, pero Isaías omite dos versículos que se encuentran al final de 2 Reyes 20 (vv. 20-21), que describen el final de la vida de Ezequías: "Los demás hechos de Ezequías, y todo su poderío, y cómo hizo el estanque y el conducto, y metió las aguas en la ciudad,[4] ¿no está escrito en el libro de las crónicas de los reyes de Judá? Y durmió Ezequías con sus padres, y reinó en su lugar Manasés su hijo".

Si la tradición es cierta (y ciertamente es verosímil) de que Manasés mandó matar posteriormente a Isaías, la muerte del profeta simboliza perfectamente el rechazo definitivo de la nación a las súplicas proféticas de Isaías.

Pero Dios retuvo piadosamente su juicio sobre Judá durante otros cien años después de la muerte de Ezequías. La nación sería bendecida con varias oportunidades más de reformarse antes que finalmente Jerusalén fuera derrotada.

---

4. Este fue un conducto famoso, que todavía existe, que llevaba agua más de medio kilómetro a través de roca sólida desde la única fuente natural de Jerusalén hasta el estanque de Siloé. Cp. 2 Cr. 32:30.

10

Desaparición de Judá

Judá fue arrancado de su tierra (2 R. 25:21) unos 860 años después de que Josué los llevara a tomar posesión de ella. Ahora las Escrituras se habían cumplido. *Jehová te llevará a ti, y al rey que hubieres puesto sobre ti, a nación que no conociste* (Dt. 28:36). El pecado mantuvo a sus padres cuarenta años fuera de Canaán, y ahora los *expulsó.* El Señor es conocido por los juicios que lleva a cabo, y cumple la palabra que ha pronunciado (Am. 3:2). *A vosotros solamente he conocido de todas las familias de la tierra; por tanto, os castigaré por todas vuestras maldades.*

Matthew Henry[1]

El juicio finalmente *vino* sobre Judá, y la riqueza y los habitantes de la nación judía fueron llevados a Babilonia exactamente del modo que predijo Isaías 39:6-7. Nabucodonosor fue el instrumento humano que Dios utilizó para traer juicio sobre Judá.

Hacia el final del siglo VII a.C. (sesenta y cinco años después de la muerte de Ezequías) el Imperio neoasirio había comenzado a desmoronarse. Una implacable sucesión de insurrecciones, guerras civiles e incursiones de vecinos poderosos debilitaron gradualmente

---

1. Matthew Henry, *Commentary on the Whole Bible*, 6 vols. (Old Tappan, NJ: Revell, sin fecha.), 2:835; cursivas en el original.

el enorme imperio. En el 612 a.C., una gran coalición de ejércitos enemigos atacó a Nínive, la capital asiria. La ciudad fue devastada por completo (en cumplimiento de Nah. 3:5-7), pero el rey asirio escapó. Unos siete años después, los ejércitos aliados de los medos y los caldeos, dirigidos por Nabucodonosor, derrotaron completamente las fuerzas combinadas de Egipto y Asiria en la batalla de Carquemis (Jer. 46:2). El centro del poder mundial se movió a Babilonia bajo Nabucodonosor.

Este nuevo imperio, el neobabilonio (o caldeo) dominaría el mundo durante solo ochenta y siete años, pero mientras duró fue un reino sumamente próspero e influyente. Ya una vez Babilonia había sido el centro del poder mundial, más de novecientos años antes de Nabucodonosor, quien se propuso volver a crear (y sobrepasar) la antigua gloria de la ciudad. Reconstruyó Babilonia en una metrópoli espectacular con amplias avenidas y exuberantes jardines. Restauró templos antiguos, construyó magníficos edificios cívicos (incluso varios palacios para sí mismo), y rodeó la ciudad con imponentes fortificaciones: gruesas murallas conectadas por torres vigiladas con enormes puertas colocadas a intervalos clave, todas hechas con coloridos ladrillos vitrificados.[2] La fuerza laboral usada para todo este trabajo de construcción consistió principalmente de cautivos que él había deportado del resto de Mesopotamia y de la región oriental del Mediterráneo.

Mientras tanto, Nabucodonosor emprendió campañas militares de largo alcance en un esfuerzo por extender su reino.

En el 597 a.C., enojado por una revuelta judía, Nabucodonosor envió sus ejércitos a tomar control de Jerusalén. Durante las dos o tres décadas siguientes la mayoría de habitantes de Judá fueron reubicados en Babilonia por la fuerza. Nada quedó de la famosa gloria que distinguió a la nación hebrea durante el reinado

---

2. La famosa puerta de Istar era parte de la muralla de Nabucodonosor. Se descubrió y excavó a principios del siglo xx, y luego la llevaron a Berlín, donde fue reconstruida ladrillo a ladrillo y puede verse en el Museo de Pérgamo en Berlín. Está hecha de ladrillo azul vitrificado, y profusamente adornada con toros y dragones coloridos, y adornos decorativos. Incluye una inscripción escrita por el mismo Nabucodonosor, que dice que él diseñó las puertas de la ciudad y "las adornó magníficamente con lujoso esplendor para que toda la humanidad las admirara".

de Salomón. La tierra prometida estuvo desolada hasta que a los judíos se les permitió regresar; y cuando volvieron, estuvieron sin rey. Es más, después de la conquista babilónica, la continuidad de la dinastía davídica parecía estar irremediablemente rota. Ningún descendiente de David se ha sentado en el trono de Jerusalén desde ese momento hasta ahora.

Pero las Escrituras *no pueden* ser quebrantadas (Jn. 10:35). El propósito de Dios no puede frustrarse. Todas sus promesas son sí y amén (2 Co. 1:20). "Es imposible que Dios mienta" (He. 6:18). Por supuesto, eso significa que Dios aplica sus amenazas de juicio tan fielmente como cumple sus promesas de bendición. Pero ninguna interrupción en el linaje davídico de los reyes podría evitar que el Mesías viniera como se prometió. Tampoco el paso del tiempo le evitará regresar un día para restablecer su trono. Jeremías 3:17 describe una época todavía futura: "En aquel tiempo llamarán a Jerusalén: Trono de Jehová, y todas las naciones vendrán a ella en el nombre de Jehová en Jerusalén; ni andarán más tras la dureza de su malvado corazón".

Judá después de Isaías

El trato de Dios con su pueblo indiferente y desobediente nos recuerda que "la misericordia de Jehová es desde la eternidad y hasta la eternidad" (Sal. 103:17). "Porque un momento será su ira, pero su favor dura toda la vida" (30:5). Y la línea de tiempo de Isaías demuestra que la paciencia de Dios excede en mucho la severidad de su juicio.

Recuerde, Ezequías murió en el 686 a.C. Nabucodonosor tomó el poder sobre Jerusalén como noventa años después, en el 597. Mientras tanto, Dios fue muy misericordioso con Judá. Los judíos no hicieron caso de las palabras de advertencia de Isaías; no siguieron el liderazgo piadoso de Jotam; se entregaron a la maldad total bajo Acaz; y luego se negaron a aceptar de todo corazón las reformas de Ezequías. Sin embargo, Dios contuvo su mano de juicio durante casi nueve décadas más *después* de la muerte de Ezequías.

Por el contrario, el período desde el inicio del juicio de Dios hasta el final del cautiverio de Judá fue apenas de setenta años (Jer. 25:11-12).[3]

La apostasía de Judá nos enseña una lección vital de advertencia. Nos brinda una advertencia clara sobre el peligro de *la rebeldía*. Ese es el término bíblico usado para describir el frecuente alejamiento de la nación hebrea del Señor hacia la incredulidad y la desobediencia. Es una expresión adecuada. El Señor mismo la utiliza en Isaías 57:17: "Escondí mi rostro y me indigné; y él siguió rebelde por el camino de su corazón". En Jeremías 8:5 el Señor pregunta retóricamente: "¿Por qué es este pueblo de Jerusalén rebelde con rebeldía perpetua? Abrazaron el engaño, y no han querido volverse". Las palabras hebreas en tales textos se derivan de una raíz que habla de retroceder, perder terreno, o volver una y otra vez al mismo lugar. Evoca la imagen de alguien que no parece tener el empuje necesario para avanzar espiritualmente, y de todos modos no hace ningún esfuerzo serio. En Oseas 4:16 el Señor compara a Israel con una "novilla indómita". La expresión hebrea para "indómita" en ese versículo transmite la connotación de un animal obstinado que perezosamente se desliza cuesta abajo por una colina resbaladiza y luego deliberadamente se niega a subir de nuevo. La mayoría de traducciones modernas de Oseas 4:16 dejan en claro que el Señor está hablando de una negativa obstinada de avanzar. "Israel es obstinado como una vaquilla terca" (NTV).

Charles Spurgeon, quizás el mejor predicador del siglo XIX, pasó los últimos años de su vida advirtiendo a los cristianos sobre los peligros de la rebeldía. Citó varios ejemplos de la historia de la iglesia para demostrar que cuando el pueblo de Dios empieza

---

3. La conquista de Jerusalén por Nabucodonosor ocurrió en el 597 a.C., y el cautiverio de Judá terminó con el decreto de Ciro, aproximadamente en el 536. De ahí que los años de cautiverio estricto ascendieron a menos de sesenta y cinco. Setenta era la cantidad de años que la tierra quedaría improductiva. Al parecer, la cuenta comenzó con la profecía de Jeremías, entregada en la última década del siglo VII a.C., cuando la situación política en Judá y sus alrededores era demasiado volátil para que la tierra fuera cultivada como habría sido normalmente. Este juicio fue profetizado en la época de Moisés (Lv. 26:32-35) y debía durar "hasta que la tierra hubo gozado de reposo; porque todo el tiempo de su asolamiento reposó, hasta que los setenta años fueron cumplidos (2 Cr. 36:21). Debido a que Israel no había observado el año sabático de reposo desde el tiempo de Saúl (como 490 años antes del cautiverio), el Señor hizo que la tierra estuviera en desolación un año por cada año de jubileo que la nación había descuidado.

a apartarse de la verdad bíblica sana y establecida, está dejando la seguridad de la bendición y la protección de Dios, y dando un paso precario cuesta abajo por un sendero que siempre termina en desastre. Lo comparó a una pendiente empinada con una superficie resbaladiza donde es imposible tener apoyo seguro. Si se tropieza, el impulso toma el control. El tirón de la fuerza de gravedad es implacable y la senda está llena de peligros, por lo que en última instancia es imposible descender sin caerse. Aquellos cuyos pies ya empiezan a resbalarse no tienen forma de recuperar el control, mucho menos recobrar el terreno perdido.

Esa es una justa descripción de la experiencia de Judá en la era del reino dividido, especialmente después de la muerte de Ezequías.

Manasés: Peor que los cananeos

He aquí un resumen abreviado de lo que sucedió después del fallecimiento de los cuatro reyes mencionados en Isaías 1:1. En 2 Crónicas 32:33 leemos: "Durmió Ezequías con sus padres, y lo sepultaron en el lugar más prominente de los sepulcros de los hijos de David, honrándole en su muerte todo Judá y toda Jerusalén; y reinó en su lugar Manasés su hijo". Manasés resultó ser doblemente hijo del infierno que su abuelo. Recuerde que según la tradición judía, Manasés es el rey que hizo matar a Isaías. La Biblia se expresa así de Manasés:

> Hizo lo malo ante los ojos de Jehová, conforme a las abominaciones de las naciones que Jehová había echado de delante de los hijos de Israel. Porque él reedificó los lugares altos que Ezequías su padre había derribado, y levantó altares a los baales, e hizo imágenes de Asera, y adoró a todo el ejército de los cielos, y les rindió culto. Edificó también altares en la casa de Jehová, de la cual había dicho Jehová: En Jerusalén estará mi nombre perpetuamente. Edificó asimismo altares a todo el ejército de los cielos en los dos atrios de la casa de Jehová. Y pasó sus hijos por fuego en el valle del hijo de Hinom; y observaba los tiempos, miraba en agüeros, era dado a adivinaciones, y consultaba a adivinos y encantadores; se excedió en hacer lo malo ante los

ojos de Jehová, hasta encender su ira. Además de esto puso una imagen fundida que hizo, en la casa de Dios... *Manasés, pues, hizo extraviarse a Judá y a los moradores de Jerusalén, para hacer más mal que las naciones que Jehová destruyó delante de los hijos de Israel.* Y habló Jehová a Manasés y a su pueblo, mas ellos no escucharon (2 Cr. 33:2-10).

¡Tenga en cuenta que las costumbres perversas a las que Manasés se entregó personalmente van desde la idolatría rutinaria de adivinación hasta la matanza sacrificial de algunos de sus propios hijos! Este es un descendiente directo de David (y antepasado de Cristo). ¡Pero la Biblia lo cataloga expresamente como más malvado que los cananeos que habían contaminado totalmente la tierra prometida con idolatría antes del tiempo de Josué! Qué acusación más contundente.

Durante el reinado de Ezequías, Jerusalén fue literalmente la única ciudad importante del mundo que estuvo libre de los horrores de las ansias paganas de sangre. Bajo el dominio asirio, el resto del mundo "civilizado" estaba dedicado a creencias supersticiosas que para nada eran civilizadas. Indescriptibles atrocidades religiosas —hasta sacrificios humanos— eran comunes y corrientes en Nínive, Babilonia, y prácticamente en todos las demás centros urbanos importantes de Mesopotamia. Se podría decir que los rituales sangrientos eran de buen gusto. En las palabras de un escritor, Manasés afirmó y promovió esta absurda tendencia, "no con el carácter de un aficionado, como ocurrió con su abuelo Acaz, sino en el de un fanático".[4]

Manasés desmanteló con pasión la cultura de adoración levítica que tan cuidadosamente su padre había tratado de revivir y preservar. De manera sistemática reemplazó las creencias y prácticas judías con "costumbres traídas del oriente" (Is. 2:6). En otras palabras, importó perversiones religiosas de estilo asirio que van desde imágenes paganas abominables hasta crueldad ritualista. Más que cualquier rey antes que él, llenó la tierra con ídolos (v. 8).

---

4. John Franklin Genung, "Manasseh: A king of Judah", en *The International Standard Bible Encyclopaedia*, ed. James Orr, 5 vols. (Chicago: Howard-Severance, 1915), 3:1978.

Convirtió a toda Jerusalén, incluso el templo, en un centro atroz de idolatría abierta, profanando la casa de Dios en formas que ni siquiera su malvado abuelo se habría imaginado.

Manasés parecía estar tratando de revivir la adoración a Baal, incluso la devoción al siniestro dios amonita, Moloc, deidad demoníaca que (según se creía) solo podía apaciguarse con sacrificios infantiles.

El lugar donde Manasés construyó su altar a Moloc fue "el valle del hijo de Hinom" (2 Cr. 33:6; Jer. 7:31; 32:35). Como ya sabemos, ese mismo sitio se había usado antes con el mismo propósito maligno. Es el lugar donde Acaz, abuelo del malvado Manasés, había sacrificado niños (2 Cr. 28:3; véase nuestros comentarios anteriores sobre el valle Hinom cerca del final del capítulo 6, y en el capítulo 9).

Manasés revivió la perversa costumbre de sacrificio de niños con un celo tan ambicioso que en realidad hizo "una institución de lo que Acaz había intentado como un recurso desesperado".[5] Isaías 57:5 indica que bajo la influencia de Manasés muchas personas en Judá adoptaron la práctica de sacrificio infantil.

Sublime gracia... y Amón

Los arqueólogos han encontrado inscripciones asirias que datan del reinado de Manasés y que lo catalogan como vasallo de los reyes asirios Esar-hadón y Asurbanipal (hijo y nieto de Senaquerib respectivamente). En general el reinado de Manasés estuvo libre de cualquier amenaza militar externa, sobre todo porque pagó tributo a esos reyes asirios.

El hecho de que el reinado de Manasés fuera pacífico no disminuye en ninguna manera la maldad que cometió. En gran medida fue personalmente responsable de provocar la gravedad del juicio que finalmente cayó sobre Judá. La Biblia es enfática al respecto:

Manasés los indujo [a los habitantes de Judá] a que hiciesen más mal que las naciones que Jehová destruyó delante de los hijos de Israel. Habló, pues, Jehová por medio de sus siervos

---

5. Ibíd.

los profetas, diciendo: Por cuanto Manasés rey de Judá ha hecho estas abominaciones, y ha hecho más mal que todo lo que hicieron los amorreos que fueron antes de él, y también ha hecho pecar a Judá con sus ídolos; por tanto, así ha dicho Jehová el Dios de Israel: He aquí yo traigo tal mal sobre Jerusalén y sobre Judá, que al que lo oyere le retiñirán ambos oídos (2 R. 21:9-12).

Aunque Manasés fue uno de los peores reyes de Judá, casi al final de su reinado el Señor le mostró extraordinaria compasión, llevándolo según parece al punto de verdadero arrepentimiento.

La misericordia de Dios vino con la aparición del desastre. Manasés debió haber hecho algo que pareció sospechoso o desleal al monarca asirio reinante, por lo que fue arrestado, brutalmente atado, y llevado a Babilonia para ser enjuiciado. La Biblia informa que este fue el diseño soberano de Dios: "*Jehová* trajo contra ellos los generales del ejército del rey de los asirios, los cuales aprisionaron con grillos a Manasés, y atado con cadenas lo llevaron a Babilonia" (2 Cr. 33:11).

En Babilonia, Manasés invocó el nombre del Señor. "Luego que fue puesto en angustias, oró a Jehová su Dios, humillado grandemente en la presencia del Dios de sus padres. Y habiendo orado a él, fue atendido; pues Dios oyó su oración y lo restauró a Jerusalén, a su reino. Entonces *reconoció Manasés que Jehová era Dios*" (vv. 12-13).

De vuelta en Jerusalén, Manasés instituyó reformas nuevas y profundas. "Asimismo quitó los dioses ajenos, y el ídolo de la casa de Jehová, y todos los altares que había edificado en el monte de la casa de Jehová y en Jerusalén, y los echó fuera de la ciudad. Reparó luego el altar de Jehová, y sacrificó sobre él sacrificios de ofrendas de paz y de alabanza; y mandó a Judá que sirviesen a Jehová Dios de Israel" (vv. 15-16).

Pero tales correcciones, aunque al parecer indicaban un cambio verdadero en el corazón de Manasés, no fueron tan sólidas como habían sido las de su padre, y la transigencia que Manasés había patrocinado antes tuvo una atracción gravitacional y generacional de largo alcance en el pueblo de Judá. El versículo 17 de 2 Crónicas 33 agrega esto: "Pero el pueblo aún sacrificaba en los lugares altos, aunque lo hacía para Jehová su Dios". Es decir, esta fue una reforma parcial. El pueblo adoraba ahora al Dios verdadero (al menos en nombre), pero no en una forma que mostrara verdadera obediencia a su Palabra. Las últimas reformas de Manasés pudieron haber aminorado temporalmente el descenso de la nación a la degradación, pero Judá no pudo apartarse de la calamidad que le aguardaba al final del deslizamiento resbaladizo.

El reinado de Manasés duró cincuenta y cinco años (más que cualquier otro rey en Judá durante el reino dividido). Le sucedió su hijo Amón, quien rápidamente llevó de regreso el reino al sendero de la apostasía y lo acercó más que nunca al precipicio del juicio divino. Amón "anduvo en todos los caminos en que su padre anduvo, y sirvió a los ídolos a los cuales había servido su padre, y los adoró; y dejó a Jehová el Dios de sus padres, y no anduvo en el camino de Jehová" (2 R. 21:21-22). Después de solo dos años de su desdichado liderazgo, Amón fue asesinado por sus propios siervos, y fue sucedido por Josías.

Josías, el mejor de los reyes de Judá

Josías fue un reformador como su bisabuelo Ezequías. Solo tenía ocho años cuando asumió el trono, lo cual sugiere que nació cerca del tiempo en que su abuelo Manasés se arrepintió de su maldad. La Biblia no ofrece detalles sobre los primeros dieciocho años del reinado de Josías, y solo nos dice que "hizo lo recto ante los ojos de Jehová, y anduvo en todo el camino de David su padre, sin apartarse a derecha ni a izquierda" (2 R. 22:2).

Entonces, dieciocho años después de ascender al trono, Josías emprendió el proyecto de reparar y restaurar el templo. Mientras se hacían tales reparaciones, el sumo sacerdote descubrió un rollo que contenía el libro de la ley. El rollo fue leído a Josías, y su respuesta inmediata fue arrepentimiento afligido. "Cuando el rey hubo oído las palabras del libro de la ley, rasgó sus vestidos" (2 R. 22:11).

A causa de la humildad y fe de Josías, el Señor le prometió que el juicio amenazado no caería durante su vida. Los primeros veinticuatro versículos de 2 Reyes 23 describen las muchas reformas que

Josías instituyó. Luego las Escrituras dicen esto de él: "No hubo otro rey antes de él, que se convirtiese a Jehová de todo su corazón, de toda su alma y de todas sus fuerzas, conforme a toda la ley de Moisés; ni después de él nació otro igual" (v. 25). El largo reinado de treinta y un años de Josías fue una muestra final de misericordia divina y oportunidad para su pueblo rebelde.

Sin embargo, lo triste es que Josías no fue capaz de sacar a sus compatriotas de la decadencia y la apostasía. Murió por una herida en batalla cuando un arquero egipcio le disparó en una escaramuza contra el faraón Necao en Meguido. Su muerte marcó el final de todas las reformas bajo los reyes de Judá.

Joacaz y Joacim

A Josías le sucedió Joacaz, de quien la Biblia dice: "De veintitrés años era Joacaz cuando comenzó a reinar, y reinó tres meses en Jerusalén... Y él hizo lo malo ante los ojos de Jehová, conforme a todas las cosas que sus padres habían hecho" (vv. 31-32). A Joacaz también se le llamó Salum (Jer. 22:11). Tenía un medio hermano mayor que debió haber sucedido a su padre en el trono (1 Cr. 3:15), pero 2 Crónicas 36:1 declara: "Entonces el pueblo de la tierra tomó a Joacaz hijo de Josías, y lo hizo rey en lugar de su padre en Jerusalén". Su reinado fue interrumpido cuando el faraón de Egipto lo tomó cautivo y se lo llevó a su tierra, donde murió.

El rey egipcio reemplazó a Joacaz en el trono de Judá con su medio hermano mayor, Joacim, permitiéndole a este quedarse en Jerusalén. Joacim sirvió a satisfacción del faraón y no tuvo ninguna consideración por el Señor. La Biblia dice que "hizo lo malo ante los ojos de Jehová, conforme a todas las cosas que sus padres habían hecho" (2 R. 23:37). La tradición judía registra que él fue la peor clase de tirano: orgullosamente siniestro, moralmente perverso, abiertamente despreciativo de todo lo santo. Se volvió notorio por la manera desenfrenada e impía en que se entregó a la propia gratificación. El relato de su mal comportamiento revela cuán lejos y rápido descendió el estado espiritual de Judá después de la muerte de Josías. Según fuentes rabínicas antiguas, Joacim vivió en relaciones incestuosas con su madre, nuera y madrastra, y tuvo la costumbre de asesinar hombres, cuyas esposas luego violaba y les arrebataba las propiedades. Sus vestiduras eran de "*shaatnéz*" [tela mixta, expresamente prohibida en Dt. 22:11], y a fin de esconder el hecho de que era judío se hizo hacer un epispasmo [una inversión artificial de su circuncisión] por medio de una operación, y tenía tatuado el cuerpo... Incluso se jactaba de su impiedad, manifestando: "Mis predecesores, Manasés y Amón, no supieron cómo podrían enojar más a Dios. Pero yo hablo abiertamente; lo único que Dios nos da es luz, y ya no la necesitamos porque tenemos una clase de oro que brilla exactamente como la luz; además, Dios ha entregado este oro a la humanidad [Sal. 115:16] y no puede volvérselo a llevar"...

Cuando a Joacim le informaron que Jeremías estaba escribiendo sus Lamentaciones, envió a por el rollo, y con calma leyó los cuatro primeros versículos, comentando sarcásticamente: "Sigo siendo el rey". Cuando llegó al quinto versículo y vio las palabras, "porque Jehová la afligió por la multitud de sus rebeliones" (Lm. 1:5), tomó el rollo, tachó los nombres de Dios que estaban allí y lo lanzó al fuego.[6]

La carrera profética de Jeremías coincidió en parte con el reinado de Joacim. El profeta publicó muchas profecías duras contra la malvada promiscuidad del rey. Jeremías 36 es el relato del profeta de cómo Joacim quemó un rollo que contenía *todas* las palabras que Dios había hablado a Jeremías (v. 2). Sin embargo, "la palabra del Señor permanece para siempre" (1 P. 1:25). Por lo que Jeremías simplemente hizo que su escriba, Baruc, tomara un nuevo rollo, y "escribió en él de boca de Jeremías todas las palabras del libro que quemó en el fuego Joacim rey de Judá; *y aun fueron añadidas sobre ellas muchas otras palabras semejantes*" (Jer. 36:32).

Jeremías 22:18-19 es una profecía concerniente a la muerte de Joacim:

---

6. Isadore Singer, ed., *The Jewish Encyclopedia*, 12 vols. (Nueva York: Funk & Wagnalls, 1904), 7:85.

Así ha dicho Jehová acerca de Joacim hijo de Josías, rey de Judá:

No lo llorarán, diciendo:
    ¡Ay, hermano mío! y ¡Ay, hermana!
ni lo lamentarán, diciendo:
    ¡Ay, señor! ¡Ay, su grandeza!
En sepultura de asno será enterrado,
    arrastrándole y echándole fuera de las puertas
    de Jerusalén.

Joacim reinó once años durante un cambio radical en la política mundial. Poco después que Joacim asumiera el trono en Jerusalén, Nabucodonosor ascendió al poder en Babilonia. Este hizo de Joacim su vasallo durante tres años (2 R. 24:1), pero Joacim, quien había servido diligentemente al faraón egipcio, se rebeló contra Nabucodonosor. La rebelión de Joacim (una expresión apropiada de su carácter retador) se convirtió así en el detonador que desencadenó la ira de Nabucodonosor contra Judá. Los ejércitos de Nabucodonosor demostraron ser el instrumento por el cual Dios finalmente juzgó a la apóstata nación judía:

> Jehová envió contra Joacim tropas de caldeos, tropas de sirios, tropas de moabitas y tropas de amonitas, los cuales envió contra Judá para que la destruyesen, conforme a la palabra de Jehová que había hablado por sus siervos los profetas. Ciertamente vino esto contra Judá por mandato de Jehová, para quitarla de su presencia, por los pecados de Manasés, y por todo lo que él hizo; asimismo por la sangre inocente que derramó, pues llenó a Jerusalén de sangre inocente; Jehová, por tanto, no quiso perdonar (2 R. 24:2-4).

Nabucodonosor mandó encadenar a Joacim con la intención de llevarlo a Babilonia (2 Cr. 36:6). Pero el sitio continuó por muchos meses, y Joacim evidentemente murió antes que Nabucodonosor pudiera llevarlo a Babilonia. Josefo dice que Nabucodonosor ordenó que el cuerpo del rey "fuera lanzado delante de los muros, sin ninguna sepultura",[7] tal como Jeremías 22:19 había profetizado.

Final del reino dividido e inicio del cautiverio babilónico

El sucesor de Joacim fue Joaquín (también conocido como Jeconías y Conías). Corría el 597 a.C., año en que Jerusalén cayó. Los ejércitos de Nabucodonosor ya habían abierto brechas en los muros de la ciudad. Así que casi tan pronto como Joaquín ascendió al trono se rindió ante Nabucodonosor y fue llevado a Babilonia, junto con prácticamente todo funcionario del gobierno en Judá (2 R. 24:12-16). Joaquín fue mantenido cautivo allí por el resto de su vida. Esta fue la primera deportación importante de lo que llegaría a ser el cautiverio babilónico, del que Isaías había advertido a la nación casi un siglo antes que ocurriera. En realidad, una advertencia detallada de este juicio exacto se incluyó en la ley de Moisés (Lv. 26:14-39), siglos antes de Isaías.

Nabucodonosor destituyó formalmente a Joaquín como rey casi de inmediato, aunque lo dejó con vida. Es más, él sobrevivió a Nabucodonosor y, según 2 Reyes 25:27-30, el sucesor de Nabucodonosor elevó a Joaquín a un lugar de honor. "Le cambió los vestidos de prisionero, y comió siempre delante de él todos los días de su vida. Y diariamente le fue dada su comida de parte del rey, de continuo, todos los días de su vida" (vv. 29-30). Ese es el último versículo de 2 Reyes, y parecía ser el final permanente de la dinastía davídica.

Joaquín (Jeconías) fue en realidad la última persona en la dinastía de David en sentarse en el trono de Judá. Al igual que muchos de sus predecesores, "hizo lo malo ante los ojos de Jehová, conforme a todas las cosas que había hecho su padre" (2 R. 24:9). Jeremías 22:30 relata una maldición divina sobre toda su línea de descendencia: "Así ha dicho Jehová: Escribid lo que sucederá a este hombre privado de descendencia, hombre a quien nada próspero sucederá en todos los días de su vida; porque ninguno de su descendencia logrará sentarse sobre el trono de David, ni reinar sobre Judá".

---

7. *Antigüedades de los judíos*, 10.6.3.

Lo que quiere decir no era que Joaquín literalmente no tendría hijos. Los tuvo (1 Cr. 3:17-20). Pero en lo que respecta a la dinastía davídica, bien pudo no haberlos tenido, porque ninguno en su dinastía heredaría el trono de David.

A primera vista, esa profecía parecería haber puesto fin a la línea real de Israel, incumpliendo el pacto davídico. Pero Mateo 1:11-16 rastrea la línea real desde Joaquín ("Jeconías") a través de José. Cristo fue el hijo adoptado de José y descendiente verdadero de David a través de la línea de María (Lc. 3:23-31). Jesús, por tanto, heredó de la línea de José el derecho al trono, y la maldición contra el linaje real de Joaquín no se le aplicó. De modo que Dios cumplió tanto la promesa como la maldición, lo cual desde el tiempo de Jeremías hasta el nacimiento de Cristo pudo haber parecido irreconciliable.

El último rey titular de Judá fue Sedequías, tío de Joaquín. (Lo encontramos anteriormente, en el capítulo 4 de esta obra). Fue nombrado por Nabucodonosor, quien cambió el nombre del rey títere Matanías (2 R. 24:17). La Biblia dice de él: "Hizo lo malo ante los ojos de Jehová, conforme a todo lo que había hecho Joacim" (v. 19).

La decisión de poner a Sedequías en el trono parece haber sido una jugada calculada de Nabucodonosor para debilitar al pueblo judío. Nabucodonosor había empezado las deportaciones a Babilonia llevando primero a los habitantes más nobles, capacitados y aptos. "Llevó en cautiverio a toda Jerusalén, a todos los príncipes, y a todos los hombres valientes, hasta diez mil cautivos, y a todos los artesanos y herreros; no quedó nadie, excepto los pobres del pueblo de la tierra... a los poderosos de la tierra; cautivos los llevó de Jerusalén a Babilonia. A todos los hombres de guerra, que fueron siete mil, y a los artesanos y herreros, que fueron mil, y a todos los valientes para hacer la guerra" (vv. 14-16).

Parece que Nabucodonosor eligió a Sedequías señalando a la persona más pasiva con modestas habilidades de liderazgo y vínculos sanguíneos con la línea real.

Pero Sedequías trató de rebelarse, y la airada respuesta de Nabucodonosor a su rebelión resultó en la última deportación importante de judíos de la tierra prometida. El ejército babilonio arrasó entonces la ciudad de Jerusalén, junto con el templo. Nabucodonosor depuso a Sedequías, le sacó los ojos, y se llevó a todos los demás (excepto algunos de los más pobres) al cautiverio en Babilonia (2 R. 25:1-21). Todo lo que quedaba que tuviera algún valor fue llevado o destruido. La tierra quedó desolada.

Por tanto, se cumplió al pie de la letra toda profecía que Isaías había pronunciado sobre el juicio y la cautividad de Judá. Aquellos que se habían burlado de las palabras de juicio de Isaías sabían ahora con seguridad que él era un profeta verdadero. De ahí que el cautiverio tuviera el efecto beneficioso de atraer a muchos judíos cautivos a la fe de sus padres. El Salmo 137 es un famoso lamento y una oración de liberación escrita por un desconocido escritor mientras la nación se hallaba cautiva:

Junto a los ríos de Babilonia,
allí nos sentábamos, y aun llorábamos,
    acordándonos de Sion.
Sobre los sauces en medio de ella
    colgamos nuestras arpas.
Y los que nos habían llevado cautivos
    nos pedían que cantásemos,
y los que nos habían desolado nos pedían alegría, diciendo:
    Cantadnos algunos de los cánticos de Sion.

¿Cómo cantaremos cántico de Jehová
    en tierra de extraños?
Si me olvidare de ti, oh Jerusalén,
    pierda mi diestra su destreza (vv. 1-5).

Una vez cumplidas las advertencias calamitosas sobre el cautiverio babilónico, las promesas de salvación que escribió Isaías captaron toda la atención del remanente fiel, ya que anhelaban liberación. Sabían con mucha seguridad que tal como había venido el juicio, llegaría un tiempo en que "volverán los redimidos de Jehová; volverán a Sion cantando, y gozo perpetuo habrá sobre sus cabezas; tendrán gozo y alegría, y el dolor y el gemido huirán" (Is. 51:11).

Eso explica por qué, comenzando con Isaías 40, hasta el capítulo 66, la profecía de Isaías está dominada por una serie de promesas y profecías sobre liberación. Ahora entendemos por qué el capítulo 53 confirma y explica todas las demás promesas. La expiación lograda a través del sufrimiento del Siervo de Jehová es la base necesaria y el prerrequisito para cualquier otra expresión de misericordia y liberación de parte de Dios.

Reconocimientos

Mi profundo agradecimiento a Phil Johnson y Dave Enos, quienes ayudaron a redactar este material de transcripciones de mis sermones; a Keith Erickson, quien hizo un trabajo magistral de corrección del borrador final; y a Lydia Brownback y el resto del equipo en Crossway por su tarea tan cuidadosa y hábil en pulir el manuscrito final.

Apéndice

"Varón de dolores"

Sermón de Charles Spurgeon[1]

"Varón de dolores, experimentado en quebranto"
Isaías 53:3

Posiblemente se oirá un murmullo en la congregación: "Este tema es deprimente y lúgubre". Sin embargo, oh amados, no es así, porque por enormes que fueran las aflicciones de nuestro Redentor, ya pasaron todas, y debemos considerarlas como un triunfo sagrado.

Por severa que haya sido la lucha, se ha obtenido la victoria; el barco de trabajo fue severamente sacudido por las olas, pero ahora ha entrado al cielo deseado. Nuestro Salvador ya no está agonizando en Getsemaní, o expirando sobre la cruz. La corona de espinas se ha reemplazado por muchas coronas de soberanía. Los clavos y la lanza han cedido paso al cetro. Esto tampoco es todo, porque aunque el sufrimiento ha terminado, los benditos resultados nunca se acaban.

Podemos recordar el esfuerzo, porque el Hombre Niño nació en el mundo. La siembra en lágrimas fue seguida por una cosecha en

---

1. Este sermón fue predicado por Charles Haddon Spurgeon en marzo de 1873. Tomado del *The Metropolitan Tabernacle Pulpit*, 63 vols. (Londres: Passmore & Alabaster, 1873), 19:121-32. El material se ha acomodado al español moderno, se han insertado referencias bíblicas, se ha simplificado la puntuación, se han modernizado algunas expresiones, y se ha reducido la súplica final de Spurgeon a su congregación. Las citas corresponden a la RVR-1960 o fueron parafraseadas ligeramente por Spurgeon.

gozo. Los moretones en el calcañar de la simiente de la mujer están bien recompensados por la rotura de la cabeza de la serpiente. Es agradable oír de las batallas peleadas cuando la victoria decisiva ha terminado la guerra y establecido la paz. Entonces con la doble reflexión de que el Redentor ha concluido toda la obra de redención, y que en lo sucesivo contempla el éxito de todos sus esfuerzos, nos regocijaremos incluso mientras entramos en comunión con sus sufrimientos.

Que nunca olvidemos que el tema de los dolores del Salvador ha demostrado ser más eficaz para el consuelo de los dolientes que cualquier otro tema en la brújula de la revelación, o fuera de ella. Incluso las glorias de Cristo no ofrecen tanto consuelo a los espíritus afligidos como los sufrimientos de Cristo. Él es, en todas las actitudes, el consuelo de Israel, pero es más que un varón de dolores. Los espíritus afligidos no se vuelven tanto a Belén como al Calvario. Prefieren Getsemaní a Nazaret. Los afligidos no buscan tanto el consuelo del Cristo que vendrá por segunda vez en estado de esplendor, sino del Cristo que vino por primera vez, un hombre débil y lleno de aflicciones.

La flor de la pasión nos brinda el mejor perfume. El madero de la cruz sangra el bálsamo más curativo. En este caso, lo semejante cura lo semejante, porque no existe debajo del sol remedio para la aflicción como las aflicciones de Emanuel. Así como la vara de Aarón se tragó todas las demás varas, así los dolores de Jesús hacen que nuestras penas desaparezcan. Por eso vemos que en la tierra negra de nuestro tema se siembra luz para los justos, luz que brota para los que se encuentran en oscuridad y en la región de sombras de muerte.

Vamos entonces sin renuencia a la casa de luto, y estemos en contacto con "el Doliente Principal", quien por sobre todos los demás podría decir: "Yo soy el hombre que ha visto aflicción" (Lm. 3:1).

No nos desviaremos de nuestro texto esta mañana, sino que nos mantendremos tan cerca como para detenernos en cada una de sus palabras, las que nos darán nuestras divisiones: "Un hombre"; "varón de dolores"; "experimentado en quebranto".

Un hombre

No hay novedad para nadie aquí presente en la doctrina de la humanidad real y verdadera del Señor Jesucristo. Sin embargo, aunque no hay nada de novedoso en ella, es totalmente importante. Por tanto, oigámosla de nuevo.

Esta es una de esas campanas de iglesia del evangelio que deben tañer todos los domingos. Es una de aquellas provisiones de la casa del Señor que, como el pan y la sal, deben ponerse en la mesa en toda comida espiritual. Este es el maná que debe caer todos los días alrededor del campamento. Nunca podremos meditar demasiado sobre la bendita persona de Cristo como Dios y como hombre.

Reflexionemos en que aquel a quien aquí se llama un hombre fue ciertamente "Dios verdadero de Dios verdadero", y "varón de dolores", y sin embargo al mismo tiempo "Dios sobre todas las cosas, bendito por los siglos" (Ro. 9:5). Aquel que fue "despreciado y desechado entre los hombres" fue amado y adorado por ángeles; y aquel de quien los hombres esconden el rostro con desprecio, fue adorado por querubines y serafines. Este es el gran misterio de la piedad. "Dios fue manifestado en carne" (1 Ti. 3:16). El que era Dios, y que en el principio era con Dios, se hizo carne y habitó entre nosotros. El Altísimo se rebajó para convertirse en lo más bajo; el Grandioso tomó su lugar entre lo menos. Es extraño, y se necesita toda nuestra fe para captarlo; pero es cierto que aquel que se sentó en el pozo de Sicar y dijo "dame de beber", era nada menos que quien cavó los canales del océano y vertió en ellos las inundaciones.

Hijo de María, ¡también eres Hijo de Jehová! Hombre de la esencia de tu madre, también eres la Deidad esencial; ¡te adoramos este día en espíritu y en verdad!

Después de recordar que Jesucristo es Dios, ahora nos corresponde recordar que su humanidad aun así fue real y sustancial. Difiere de nuestra propia humanidad en la ausencia de pecado, pero no difirió en ningún otro aspecto.

Es ocioso especular en una humanidad celestial, como algunos han hecho, y que en su intento por alcanzar la precisión han sido arrastrados por torbellinos de error. Nos basta saber que el Señor nació de mujer, que fue envuelto en pañales y puesto en un pesebre, y que debió ser amamantado por su madre como cualquier otro recién nacido. Creció en estatura como cualquier ser humano, y como hombre sabemos que comió y bebió, tuvo hambre y sed, se alegró y se entristeció. Su cuerpo se podía tocar, atender, herir y hacer sangrar. Él no era un fantasma, sino un hombre de carne y hueso, incluso como nosotros; un hombre que necesitó dormir, que requirió alimento, y estuvo sujeto al dolor; y un hombre que al final entregó su vida a la muerte.

Podría haber habido alguna diferencia entre su cuerpo y el nuestro, porque ya que nunca se contaminó por el pecado, no fue susceptible de corrupción. Diferente en cuerpo y alma, el Señor Jesús fue hombre perfecto según el orden de nuestra hombría, a "semejanza de carne de pecado", y debemos pensar en Él bajo ese aspecto. Nuestra tentación es considerar la humanidad del Señor como algo muy diferente de la nuestra. Estamos en condiciones de espiritualizarlo, y no pensar en Él como realmente hueso de nuestro hueso y carne de nuestra carne. Todo esto es parecido a grave error. Podemos imaginar que honramos a Cristo con tales conceptos, pero a Cristo no se le honra con lo que no es verdad.

Él fue un hombre, un hombre verdadero, un hombre de nuestra especie, el Hijo de hombre; en realidad un hombre representativo, el segundo Adán. "Por cuanto los hijos participaron de carne y sangre, él también participó de lo mismo" (He. 2:14). "Se despojó a sí mismo, tomando forma de siervo, hecho semejante a los hombres" (Fil. 2:7).

Pues bien, esta condescendiente participación en nuestra naturaleza nos acerca mucho al Señor Jesús en relación. Puesto que Él fue hombre, aunque también Dios, según la ley hebrea fue nuestro redentor: nuestro pariente más cercano. Ahora bien, si según la ley se había perdido una herencia, el pariente más cercano tenía derecho a redimirla. Nuestro Señor Jesús ejerció su derecho legal, y al vernos vendidos en cautiverio y arrebatada nuestra herencia, vino a redimirnos a nosotros y a nuestro estado perdido.

Qué bendición que tuviéramos tal pariente. Cuando Rut fue a espigar en los campos de Booz, la circunstancia más misericordiosa en su vida fue que Booz resultara ser su pariente cercano. Y nosotros que hemos espigado en los campos de la compasión alabamos al Señor porque su Hijo unigénito es nuestro pariente cercano, nuestro hermano, nacido para adversidad.

No habría sido coherente con la justicia divina que se hubiera aceptado cualquier otra sustitución que no fuera la de un hombre. El hombre pecó, y el hombre debe reparar el daño hecho a la honra divina. La brecha a la ley fue causada por el hombre, y el hombre debía repararla. El hombre había pecado; el hombre debía ser castigado. No estaba en el poder de un ángel haber dicho: "Padeceré por el hombre", porque los sufrimientos angelicales no habrían reparado los pecados humanos. Pero el hombre, el hombre inigualable, al ser representante del hombre, y por derecho de parentesco, se le permitió redimirlo, intervino, sufrió el castigo debido, enmendó la justicia perjudicada, ¡y por eso nos liberó! ¡Gloria sea a su bendito nombre!

Y ahora amados, ya que el Señor viera en la hombría de Cristo una oportunidad de convertirse en nuestro Redentor, confío en que muchos aquí que han estado bajo la esclavitud de Satanás verán en esa misma naturaleza humana una atracción que los lleve a acercársele. Pecadores, no tienen que llegar ante un Dios absoluto; no se nos pide que nos acerquemos al fuego consumidor. Es posible que temblemos al acercarnos a quien hemos ofendido tan gravemente. Pero hay un hombre ordenado para mediar entre nosotros y Dios, y si queremos llegar ante Dios debemos hacerlo a través de Él: Cristo Jesús el hombre. Dios aparte de Cristo es terrible fuera de sus lugares santos. Bajo ningún concepto perdonará al culpable... ¡a menos que mire al Hijo del hombre!

No le retumba la mano,
Ningún terror le cubre la mente;
No hay rayo que conduzca almas culpables
Hacia las feroces llamas abajo.

Él es un hombre con manos llenas de bendición, ojos húmedos con lágrimas de piedad, labios desbordantes de amor, y un corazón que se derrite con ternura. ¿No le ven la herida en el costado? A través de esa contusión hay una senda hacia su corazón, y quienes necesitan su compasión pueden estimularla. ¡Oh pecadores! El camino hacia el corazón del Salvador está abierto, y quienes se arrepienten no serán rechazados. ¿Por qué los desesperados deberían tener miedo de acercarse al Salvador? Él se ha dignado asumir el carácter del Cordero de Dios. Nunca conocí ni siquiera un niño pequeño que temiera a un cordero. El más timorato se acercará a un cordero, y Jesús usó este argumento cuando dijo a todos los que están trabajados y cargados: "Llevad mi yugo sobre vosotros, y aprended de mí, que soy manso y humilde de corazón" (Mt. 11:29).

Sé que podrían sentirse tristes y temblorosos, pero ¿debemos temblar en la presencia del Señor? Si somos débiles, nuestra debilidad conmoverá su simpatía, y la lastimera imposibilidad que tengamos será un argumento para la abundante misericordia del Salvador. Si yo estuviera enfermo y pudiera escoger dónde yacer, con miras a sanar, diría: pónganme donde pueda verme el mejor y más amable médico sobre la tierra. Pónganme donde un hombre con gran destreza e igual ternura me tenga siempre bajo su mirada. No gemiré durante mucho tiempo en vano... si Él puede curarme, lo hará.

Pecadores, por un acto de fe esta mañana pongámonos debajo de la cruz de Jesús. Levantemos la mirada y digámosle: "Médico bendito, cuyas heridas por mí pueden curarme, cuya muerte por mí puede darme vida, ¡mírame aquí abajo! Eres hombre. Sabes que el hombre sufre. Eres hombre. ¿Dejarás que se hunda en el infierno un hombre que pide ayuda a gritos? Eres hombre, y puedes salvarme. ¿Dejarás que un pobre indigno que anhela misericordia sea llevado a una infeliz desesperanza, mientras te clama que tus méritos lo salven?"

Oh, culpables, tengan fe en que pueden alcanzar el corazón de Jesús. Pecadores, volemos hacia Jesús sin miedo. Él espera salvarnos. Su oficio es recibir pecadores y reconciliarlos con Dios. Agradezcamos que no debamos acudir primero a Dios, como deberíamos hacer. Sino que estamos invitados a venir a Jesucristo, y por medio de Él al Padre. Que el Espíritu Santo nos guíe a la meditación devota en la humildad de nuestro Señor; y que podamos encontrar la puerta de la vida, el portal de la paz, ¡la puerta del cielo!

Luego permítanme agregar, antes de dejar este punto, que todo hijo de Dios también debe consolarse en la realidad de que nuestro Redentor es de nuestra propia especie, que fue hecho semejante a sus hermanos, que podría ser un compasivo y fiel sumo sacerdote; además fue tentado en todo, como lo somos nosotros, para que pudiera socorrer a los que son tentados (He. 2:17; 4:15).

La simpatía de Jesús es lo siguiente más valioso a su sacrificio. El otro día estuve al pie de la cama de un cristiano, quien comentó: "Me siento agradecido con Dios de que nuestro Señor se llevara nuestras enfermedades. Por supuesto, lo grandioso fue que cargó con nuestros pecados, pero después de eso yo, como sufriente, me siento agradecido de que también tomara nuestras enfermedades".

Personalmente yo también doy testimonio de que en temporadas de gran dolor me ha sido consolador en grado superlativo saber que el Señor Jesús tiene una sensación de compañerismo en cada punzada que atormenta a su pueblo. No estamos solos, porque uno como el Hijo del hombre camina en el horno con nosotros (cp. Dn. 3:25). Las nubes que flotan sobre nuestro cielo también han oscurecido los cielos para Él.

Jesús sabe lo que significan las fuertes tentaciones, porque ha sentido lo mismo.

Cuán completamente quita lo amargo de la aflicción saber que Él la padeció una vez.

Se cuenta que los soldados macedonios hacían prolongadas marchas forzadas que parecían estar más allá del poder de la resistencia mortal, pero el motivo de su incansable energía estaba en la presencia de Alejandro. Él solía caminar con ellos, y soportar igual fatiga. Si al rey mismo lo hubieran cargado como un monarca persa en un palanquín en medio de una condición fácil y lujosa, los soldados se habrían cansado pronto; sin embargo, cuando miraban al mismo rey de hombres, hambriento cuando ellos tenían hambre, sediento cuando tenían sed, a menudo tomando el vaso de agua que le ofrecían y pasándoselo a un compañero soldado que parecía más débil, no podían soñar con quejarse. Pues cada macedonio sentía que podía soportar cualquier fatiga si Alejandro la soportaba.

Sin duda, hoy podemos soportar pobreza, calumnia, desprecio o dolor corporal, o la muerte misma, porque Jesucristo nuestro Señor soportó eso. Debido a su humillación será un placer ser humillados por su causa, por los salivazos que le bajaban por las mejillas será algo justo que se burlen de nosotros por causa de Él. Por los golpes y las vendas en los ojos será un honor ser deshonrados. ¡Y mediante la cruz la vida misma se convertirá en rendición por tal causa y tan precioso Maestro!

Que el varón de dolores se nos aparezca ahora y nos permita soportar alegremente nuestras penas. Si hay consuelo en alguna parte, sin duda alguna se encuentra en la deleitable presencia del Crucificado: "Será aquel varón como escondedero contra el viento, y como refugio contra el turbión" (Is. 32:2).

Debemos detenernos un tiempo en las palabras siguientes:

Varón de dolores

La expresión pretende ser muy enfática, no es "varón adolorido" sino "varón de dolores", como si fuera hecho de aflicciones y estas fueran elementos constitutivos de su ser. Algunos hombres son varones de placer, otros de riqueza, pero Él fue "varón de dolores". Él y el dolor pudieron haber intercambiado nombres. Quien lo vio, percibió dolor, y quien ve dolor debe mirarlo a Él. Este varón declara: "Mirad, y ved si hay dolor como mi dolor que me ha venido" (Lm. 1:12).

Nuestro Señor es llamado varón de dolores porque esta fue su señal peculiar y su característica especial. Muy bien podríamos llamarlo "varón de santidad", porque no hubo pecado en Él; o varón de labores, porque tomó en serio los asuntos de su Padre; o "varón de elocuencia", porque nunca nadie habló como este hombre. Bien podríamos llamarlo adecuadamente en el lenguaje de nuestro himno "varón de amor", porque nunca hubo un amor más grande que aquel que brilló en su corazón. Sin embargo, por notorias que todas estas y muchas otras excelencias fueran, si hubiéramos mirado a

Cristo y después nos hubieran preguntado cuál era la peculiaridad más llamativa en Él, habríamos dicho: *sus dolores*.

Las diversas partes de su carácter fueron tan singularmente armoniosas que no predominó ninguna cualidad como para que se convirtiera en una característica principal. En su descripción moral, el ojo es perfecto, pero así también es la boca. Las mejillas son como "eras de las especias", pero los labios también son como "los lirios", que sueltan aroma fragante. En Pedro vemos entusiasmo exagerado y a veces hasta presunción; y en Juan el amor por su Señor le haría bajar fuego del cielo sobre sus enemigos. Deficiencias y exageraciones existen en todas partes, menos en Jesús. Él es el hombre perfecto, un hombre íntegro, el santo de Israel.

Pero hubo una peculiaridad, y radicó en el hecho de que "fue desfigurado de los hombres su parecer, y su hermosura más que la de los hijos de los hombres" por los excesivos sufrimientos que continuamente le atravesaron el espíritu. Las lágrimas fueron su insignia, y la cruz su honor. Fue el guerrero en armadura negra, y no como ahora el jinete sobre el caballo blanco. Él fue el Señor de la aflicción, el Príncipe del dolor, el Emperador de la angustia, "varón de dolores, experimentado en quebranto".

> ¡Oh! ¡Rey del dolor! (título extraño, pero cierto,
> Solo para ti de entre todos los reyes),
> ¡Oh! ¡Rey de heridas! Cómo lloraré por ti,
> Quien todo dolor me evitaste.

¿No se le dio por eminencia el título "varón de dolores" a nuestro Señor? Él no solo fue afligido sino preeminente entre los afligidos. Todos los hombres tienen una carga que llevar, pero la de Él fue la más pesada de todas. ¿Quién hay de nuestra especie que esté libre de penas? Busquen por toda la tierra, y en todas partes hallarán cardos y espinos, y estos han herido a todos los nacidos de mujer. En lo alto de los lugares elevados de la tierra hay dolor, porque la viuda real llora a su señor. Abajo en la cabaña donde creemos que nada más que alegría puede reinar, mil lágrimas amargas se derraman sobre penuria extrema y opresión cruel. En los más soleados climas la serpiente se arrastra entre las flores. En las regiones más fértiles florecen los venenos y las plantas sanas. En todas partes "los hombres deben trabajar y las mujeres deben llorar". Hay penas en el mar, y tristeza en la tierra. Pero en este lote común, el "primogénito entre muchos hermanos" tiene más de una doble porción. Su copa es más grande, su bautismo más profundo que el resto de la familia.

Los sufrientes comunes deben ceder el lugar, porque nadie puede competir con Jesús en infortunio. Los dolientes comunes deben estar contentos con rasgar sus vestiduras, pero Él mismo está desgarrado por su aflicción; ellos beben en el tazón del dolor, pero Jesús lo absorbe hasta acabarlo. Quien fuera el Hijo más obediente, bajo la vara padeció mucho más al ser golpeado y afligido por Dios; ningún otro de los afligidos ha sudado grandes gotas de sangre, y nadie más en la misma amargura de la angustia clamó: "Dios mío, Dios mío, ¿por qué me has desamparado?" (Mr. 15:34).

Las razones de este sufrimiento superior pueden encontrarse en el hecho de que con su pena no hubo mezcla de pecado. El pecado merece aflicción, pero también embota el borde del dolor al volver el alma indiferente y desagradable. No nacemos sin pecado como nació Jesús, y no temblamos ante la condenación del pecado como pasó con Él. Cristo tuvo naturaleza perfecta, la cual al no conocer pecado no estaba en su ámbito en medio del dolor, sino que como pájaro terrestre fue arrastrado al mar por el vendaval. Para el ladrón la cárcel es su hogar, y la comida de la prisión es la carne a la que está acostumbrado, pero para un hombre inocente una prisión es miseria, y todo acerca de ella es extraño. La naturaleza pura de nuestro Señor fue peculiarmente sensible a cualquier contacto con el pecado.

Es triste que por la caída hayamos perdido gran parte de esa sensación. En la medida en que somos santificados, el pecado se vuelve la fuente de miseria para nosotros. Al ser perfecto, cada pecado le dolió a Jesús más de lo que nos duele a nosotros. No tengo duda de que hay muchas personas en el mundo que pueden vivir alegremente en las guaridas del vicio: pueden oír blasfemias sin horrorizarse, ver lujuria sin disgustarse, y presenciar robos o asesinatos sin repugnancia. Pero para muchos de nosotros, una familiaridad de una hora con tales abominaciones sería el castigo más severo. Una frase en la cual se blasfema el nombre de Jesús es para nosotros tortura de la clase más tremenda. La mera mención de los hechos vergonzosos del vicio nos llena de horror. Vivir con los malvados sería suficiente infierno para los justos. La oración de David está llena de agonía en que grita: "No arrebates con los pecadores mi alma, ni mi vida con hombres sanguinarios" (Sal. 26:9). ¡Qué dolor debió haberle causado al perfecto Jesús la escena del pecado!

Nuestras manos encallecen por el trabajo, y nuestros corazones por el pecado; pero nuestro Señor fue, por así decirlo, como un hombre cuya carne era una sola herida temblorosa. Él fue delicadamente sensible a cada toque del pecado. Atravesamos matorrales de espinos y cardos de pecado porque estamos cubiertos con indiferencia. Pero imaginemos a un hombre desnudo obligado a atravesar un bosque de zarzas, y así le pasó al Salvador con su sensibilidad moral. Él pudo ver pecado donde nosotros no podemos verlo y sentir sus atrocidades como no podemos sentirlas. Por tanto, hubo más para afligirlo, y pudo ser afligido más.

Junto a su sensibilidad dolorosa por la maldad del pecado estaba su tierna compasión hacia las tristezas de los demás. Si pudiéramos conocer y entrar en las aflicciones de esta congregación, es probable que fuéramos los hombres más dignos de lástima. En esta casa hay congoja esta mañana, la cual, si pudiera encontrar una voz, llenaría nuestros corazones de agonía. Oímos de pobreza aquí; vemos enfermedad allá; observamos luto; y señalamos sufrimiento. Notamos el hecho de que los hombres están pasando a la tumba y (ah, una pena mucho más amarga) descendiendo al infierno. Pero de una manera u otra, o bien estas cosas se vuelven tan comunes que no nos conmueven, o por el contrario nos endurecemos cada vez más. El Salvador siempre se conmovió con las penas de los demás, porque su amor era creciente. Las tristezas de todos los hombres eran sus tristezas. Su corazón era tan grande que era inevitable que se convirtiera en "varón de dolores".

Recordamos que además de esto nuestro Salvador tenía una

relación peculiar con el pecado. No solo se afligía al verlo y se entristecía al percibir sus efectos en los demás, sino que el pecado recayó realmente sobre Él. Jesús mismo fue contado con los pecadores. Y por tanto fue llamado a soportar los terribles golpes de la justicia divina. Padeció agonías desconocidas e incontables. El poder divino lo fortaleció para sufrir, de lo contrario la mera hombría le habría fallado. La ira cuyo poder ningún hombre conoce se volcó sobre Él. "El Padre se agradó en herirlo, lo puso a padecer".

Contemplemos al hombre, y fijémonos en lo vano que sería tratar de igualarle el dolor.

El título "varón de dolores" también se le dio a nuestro Señor para indicar la constancia de sus aflicciones. Él cambió su lugar de morada, pero siempre se guareció con dolor. El dolor tejió sus pañales y fabricó la mortaja. Al nacer en un establo, el dolor lo recibió. Solamente en la cruz en su último aliento el dolor se separó de Él. Sus discípulos pudieron abandonarlo, pero sus dolores no lo abandonarían. A menudo estuvo totalmente solo, pero nunca solo sin un dolor. Desde la hora de su bautismo en el Jordán hasta el momento de su bautismo en los dolores de la muerte, siempre llevó la túnica negra y fue "varón de dolores".

También fue "varón de dolores" por la variedad de sus padecimientos. No fue un hombre de un solo dolor, sino de dolores. Todos los sufrimientos del cuerpo y el alma fueron conocido para Él: los dolores del hombre que activamente lucha por obedecer; los dolores del hombre que se queda callado y soporta pasivamente. Conoció los dolores de los nobles, porque fue el Rey de Israel. Conoció los dolores de los pobres, porque no tenía "dónde recostar su cabeza" (Mt. 8:20). Dolores relativos y dolores personales; dolores mentales y dolores espirituales; dolores de toda clase y grado lo atacaron. La aflicción vació su aljaba sobre él, convirtiéndole el corazón en el blanco de todas las aflicciones imaginables.

Pensemos por uno o dos minutos en algunas de esas angustias.

Nuestro Señor fue varón de dolores en cuanto a su pobreza. Oh, quienes estamos en necesidad, no es tan deplorable como la de Él, quien no tenía dónde recostar la cabeza, pero nosotros tenemos al menos un techo humilde que nos protege. Nadie nos niega un vaso de agua, pero Él estuvo en el pozo en Samaria y dijo: "Dame de beber" (cp. Jn. 4:7). Leemos más de una vez que tuvo hambre. Su trabajo era tanto que constantemente se encontraba cansado, y leemos de una ocasión en que lo llevaron "incluso como estaba" a la barca... demasiado débil para subir Él mismo, pero lo llevaron como estaba y lo colocaron cerca del cabezal para que durmiera. Pero no tuvo mucho tiempo para descansar, porque lo despertaron diciéndole: "Maestro, ¿no tienes cuidado que perecemos?" (Mr. 4:36-38). Su vida fue dura, sin nada de comodidad terrenal que la hiciera soportable.

Recordemos los que nos lamentamos alrededor de la tumba abierta o lloramos al recordar tumbas recién ocupadas, que nuestro Salvador conoció el desgarro de la pérdida. Jesús lloró mientras se hallaba ante la tumba de Lázaro (Jn. 11:35).

Tal vez los más amargos de sus dolores fueron los relacionados con su obra misericordiosa. Vino como el Mesías enviado por Dios, en una misión de amor, y los hombres rechazaron las afirmaciones que hizo. Cuando fue a su propio pueblo, donde se había criado, y se presentó, quisieron arrojarlo de cabeza por un despeñadero (Lc. 4:28-29). Es difícil venir a cumplir un encargo de amor desinteresado y toparse con tal ingratitud como esa. Tampoco se quedaron con el frío rechazo, pues luego procedieron a burlarse y ridiculizarlo. No hubo ningún tipo de desprecio que no derramaran sobre Él. No, ni fue simplemente desprecio, sino que procedieron a la falsedad, la calumnia, y la blasfemia. Dijeron que era un borracho (Lc. 7:34). Escuchen esto, ángeles, ¡y asómbrense! Sí, ¡bebedor de vino llamaron al bendito Príncipe de vida! Dijeron que estaba aliado con Beelzebú, que tenía demonio, y que estaba loco (Jn. 10:20), ¡a pesar de que había venido a destruir las obras del diablo! (1 Jn. 3:8). Lo acusaron de todo delito que la maldad de ellos podía sugerir.

No hubo una sola palabra que Él dijera que no rechazaran; ni una doctrina que no tergiversaran. No podía hablar porque encontrarían en sus palabras alguna ocasión para enfrentarlo. Y todo el tiempo lo único que hacía era buscar el beneficio de ellos en toda forma. Cuando se puso serio contra los vicios que cometían fue por piedad de sus almas. Si les condenó los pecados fue porque estos los destruirían. Pero su celo contra el pecado siempre estuvo calmado con amor por las almas de los hombres. ¿Hubo alguna vez un hombre tan lleno de buena voluntad hacia los demás que recibiera tan desagradecido trato de parte de aquellos a quienes ansiaba servir?

A medida que transcurría su vida, sus aflicciones se multiplicaban. Predicaba, y cuando los corazones de los hombres eran duros y no creían lo que les decía, se entristecía "por la dureza de sus corazones" (Mr. 3:5). Siempre estuvo haciendo el bien (Hch. 10:38), y por sus buenas obras agarraron piedras para matarlo. Por desgracia, le apedrearon el corazón cuando no pudieron lastimarle el cuerpo.

Él les suplicó, y con dolor declaró su amor, y en su lugar recibió de ellos odio implacable y diabólico. El amor despreciado viene con penas de mordacidad peculiar. Muchos han muerto con sus corazones destrozados por la ingratitud. Tal amor como el de Jesús no podía ser menospreciado por el bien de los que amaba. Se consumía dentro de sí mismo porque los hombres no conocieron sus propias misericordias y rechazaron la salvación que les ofrecía.

El dolor de Él no fue porque los hombres lo lastimaron, sino porque se destruían a sí mismos. Eso fue lo que levantó las compuertas de su alma e hizo que los ojos se le llenaran de lágrimas: "¡Jerusalén, Jerusalén, que matas a los profetas, y apedreas a los que te son enviados! ¡Cuántas veces quise juntar a tus hijos, como la gallina junta sus polluelos debajo de las alas, y no quisiste!" (Mt. 23:37). El lamento no es por su propia humillación sino por el rechazo suicida que hicieron de su misericordia. Estos fueron algunos de los dolores que soportó.

Pero sin duda encontró un poco de consuelo con los compañeros a quienes reunió a su alrededor. Lo hizo; pero a pesar de todo debió haber encontrado tanto dolor como consuelo en su compañía. Eran malos alumnos. Aprendían lentamente. Lo que aprendían, lo olvidaban. Lo que recordaban no lo practicaban. Y lo que practicaban en un momento, lo contradecían en el siguiente. Fueron tristes consoladores para el varón de dolores. La suya fue una vida solitaria. Quiero decir que incluso cuando estaba con sus seguidores, se halló solo. Una vez les dijo: "¿Así que no habéis podido velar conmigo una hora?" (Mt. 26:40). Pero en realidad pudo haberles dicho lo mismo todas las horas de sus vidas, porque aunque simpatizaban con Él con lo máximo de sus capacidades, no podían participar de tales sufrimientos al grado que Jesús los padeció.

Un padre en una casa con muchos niños pequeños no puede contar sus penas a sus bebés. Si lo hace, no le comprenderían. ¿Qué saben ellos de ansiosas transacciones comerciales, o de pérdidas abrumadoras? Pobrecitos, su padre no desea que se compadezcan de él; los mira y se alegra de que los juguetes los consuelen y que sus pequeños balbuceos no sean interrumpidos por los grandes pesares que él experimenta.

Por la misma dignidad de su naturaleza, el Salvador debe sufrir solo. La ladera de la montaña con Cristo sobre ella me parece un símbolo evocador de su vida terrenal. Su gran alma vivió tremendas, sublimes y terribles soledades, y allí en medio de una noche de aflicciones su espíritu comulgó el evangelio con el Padre, y nadie pudo acompañarlo en los sombríos valles y lóbregos barrancos de su experiencia única. De toda la guerra de su vida pudo haber dicho en algunos sentidos que "de los pueblos nadie había conmigo" (Is. 63:3). Al final esto se volvió literalmente cierto, porque todos lo abandonaron (Mr. 14:50), uno lo negó, y otro lo traicionó, por lo que pisó el lagar solo.

En los últimos y máximos sufrimientos de su vida vinieron sobre él las torturas penales de parte de Dios, el castigo de nuestra paz fue sobre Él. Fue arrestado en el huerto de Getsemaní por los oficiales de Dios antes que se le acercaran los oficiales de los judíos. Allí en el suelo se puso de rodillas y luchó hasta que sudó sangre por todos los poros, y su alma estuvo "muy triste, hasta la muerte" (Mt. 26:38). Hemos oído la historia de las aflicciones del Maestro y sabemos cómo fue acosado de dificultad en dificultad, y que fue tratado con una mezcla de desdén y crueldad delante de cada tribunal. Cuando lo llevaron ante Herodes y Pilato, y casi lo matan a latigazos, lo paseaban de un lado al otro y gritaban: *¡Ecce homo!* Esto es: "¡He aquí el hombre!" (Jn. 19:5). La maldad no los había satisfecho; debían ir aún más lejos, y lo clavaron a una cruz y se mofaron de Él mientras la fiebre le resecaba la boca y le hacía sentir que el cuerpo se le disolvía en polvo. Jesús grita: "Tengo sed" (v. 28) y es escarnecido con vinagre. Ya sabemos el resto, pero me gustaría que recordáramos mejor que los más agudos azotes y las aflicciones más severas fueron en el interior de su ser... mientras la mano de Dios lo golpeaba, y la vara de hierro de la justicia lo destrozaba, por así decirlo, bajo las ruedas. Con razón lo llamaron "varón de dolores". Siento que me quedé sin palabras, como si mi lengua estuviera atada, al tratar de hablar sobre este tema. No puedo encontrar palabras adecuadas y dignas de mi tema, pero sé que embellecer el lenguaje degradaría en lugar de adornar las agonías de mi Señor.

¡Que la cruz se mantenga sublime en su simplicidad! No necesita decoración. Si yo tuviera coronas de las flores más selectas para colgar, con gusto las colocaría allí, y si en vez de guirnaldas de flores cada flor fuera una joya de incalculable valor, consideraría que la cruz se las merecía. Pero como no tengo nada de eso, me alegro de que la cruz sola, en su desnuda simplicidad, no necesite NADA del lenguaje mortal.

Vuélvanse a su Salvador sangrante, oyentes míos. Sigan mirando hacia Él, y encuentren en el "varón de dolores" a su Señor y Dios.

Y ahora la última expresión es: Él fue...

Experimentado en quebranto

En el dolor tuvo un amigo. No es que simplemente supo que este se hallaba en otros, sino que lo padeció Él mismo. Hemos leído de aflicción. Hemos simpatizado con el dolor. A veces hemos sentido dolor. Pero el Señor lo sintió más intensamente que otros seres en lo más íntimo de su alma. Él, más allá de todos nosotros, estuvo familiarizado con esta tradición de letras negras. Conoció el secreto del corazón que se niega a ser consolado. Se sentó a la mesa del sufrimiento, comió el pan negro del dolor, y remojó su bocado en vinagre. Habitó en las aguas de Mara (cp. Éx. 15:23), y conoció bien el pozo amargo. Él y el dolor fueron amigos inseparables.

Esta fue una amistad continua. Por cierto, no tocó a la puerta de la casa del infortunio para tomar un reconstituyente. Tampoco sorbió de vez en cuando del ajenjo y la hiel. Pero la copa de cuasia[2] siempre estuvo en su mano, y las cenizas se mezclaron siempre con su pan. Jesús no ayunó solo cuarenta días en el desierto; el mundo siempre fue un desierto para Él, y su vida fue una larga cuaresma.

No afirmo que después de todo Él no fuera feliz, porque en lo profundo de su alma la benevolencia le proporcionó siempre una fuente viva de gozo. Hubo un gozo al que un día entraremos: "El gozo de Jehová" (Neh. 8:10), "el gozo puesto delante de él" por el cual "sufrió la cruz, menospreciando el oprobio" (He. 12:2). Pero eso no elimina en nada el hecho de que su amistad con el dolor fue continua e íntima más allá de lo que cualquier hombre alguna vez experimentara.

Fue en realidad una amistad *creciente* con el dolor, porque cada paso lo ahondó más en las sombras de la tristeza. Así como hay un progreso en la enseñanza y la vida de Cristo, también lo hay en sus sufrimientos. La tempestad se hacía cada vez más tétrica. Su sol se elevó en una nube, pero se ocultó en la noche colmada de horrores, hasta que en un momento las nubes se abrieron de repente y a voz en cuello proclamó: "Consumado es", y despuntó una mañana gloriosa cuando todos esperaban una noche eterna.

Recordemos una vez más que esta familiaridad de Cristo con el dolor fue una relación voluntaria por nuestro bien. Él nunca había conocido el dolor en absoluto, y en cualquier momento pudo haber despedido a la aflicción. Pudo haber regresado en un instante a las realezas del cielo y a la felicidad del mundo superior, o incluso quedándose aquí pudo haber vivido sublimemente indiferente a los infortunios de la humanidad. Pero no lo haría. Permaneció hasta el final, por amor a nosotros, con su amigo el dolor.

Ahora bien, ¿qué debo decir como conclusión? Solo esto: admiremos el amor superlativo de Jesús. ¡Oh amor, amor! ¿Qué has hecho? ¿Qué has hecho? Eres omnipotente en el sufrimiento. Pocos de nosotros podemos soportar el dolor. Quizás aún muchos menos podemos soportar tergiversaciones, calumnias e ingratitudes. Estas

---

2. Cuasia es una medicina amarga hecha de corteza de árbol y utilizada como tónico e insecticida.

son avispas horribles que aguijonean como con fuego. Los hombres han sido conducidos a la locura por crueles escándalos destilados de lenguas venenosas.

Cristo soportó durante su vida estos y otros padecimientos. Amémoslo, mientras pensamos en cuánto debió amarnos. ¿Intentaremos esta tarde, antes de venir a la mesa de comunión, hacer que nuestras almas se saturen del amor de Cristo? Pongámoslas en remojo en su amor toda la tarde, hasta que como una esponja bebamos dentro de nosotros mismos el amor de Jesús. Y luego comparezcamos esta noche, por así decirlo, para dejar que el amor fluya hacia Él otra vez mientras nos sentamos a su mesa y participamos de los emblemas de su muerte y su amor. Admiremos el poder de su amor, y después oremos porque tengamos un amor de alguna manera igual en poder.

JOHN MACARTHUR

Autor de éxitos de ventas según el *New York Times*

LA
DEIDAD
DE
CRISTO

La deidad de Cristo es una defensa bíblica de la divinidad de Jesús, la piedra angular de la doctrina cristiana. Usando más de una docena de textos del Nuevo Testamento, el pastor y teólogo John MacArthur explora cómo Jesús es Dios, y por qué es importante. Este estudio profundizará tu conocimiento de Cristo, y por lo tanto tu amor por Él, fortificando tu voluntad y aumentando la adoración.

EDITORIAL PORTAVOZ

NUESTRA VISIÓN

Maximizar el efecto de recursos cristianos de calidad que transforman vidas.

NUESTRA MISIÓN

Desarrollar y distribuir productos de calidad —con integridad y excelencia—, desde una perspectiva bíblica y confiable, que animen a las personas a conocer y servir a Jesucristo.

NUESTROS VALORES

Nuestros valores se encuentran fundamentados en la Biblia, fuente de toda verdad para hoy y para siempre. Nosotros ponemos en práctica estas verdades bíblicas como fundamento para las decisiones, normas y productos de nuestra compañía.

Valoramos la excelencia y la calidad.
Valoramos la integridad y la confianza.
Valoramos el mérito y la dignidad de los individuos y las relaciones.
Valoramos el servicio.
Valoramos la administración de los recursos.

Para más información acerca de nuestra editorial y los productos que publicamos visite nuestra página en la red: www.portavoz.com.